ReiseWortSchatz
Afrikaans

Impressum

Joseph van Zyl
ReiseWortSchatz Afrikaans
erschienen im
Reise Know-How Verlag Peter Rump GmbH
Osnabrücker Straße 79, D-33649 Bielefeld

1. Auflage 1999

Konzeption
Michael Blümke

Gestaltung
Umschlag: G. Pawlak, P. Rump (Layout), G. Pawlak (Realisierung)
Inhalt: P. Rump (Layout), M. Blümke (Realisierung)

Druck und Bindung
Fuldaer Verlagsanstalt GmbH, Fulda

ISBN 3-89416-591-X
Printed in Germany

Joseph van Zyl

ReiseWortSchatz Afrikaans

REISE KNOW-HOW im Internet

Aktuelle Reisetips und Neuigkeiten
Ergänzungen nach Redaktionsschluß
Büchershop und Sonderangebote
Weiterführende Links zu über 100 Ländern

www

http://www.reise-know-how.de/

Der
Reise Know-How Verlag
Peter Rump GmbH
ist Mitglied der Verlagsgruppe
REISE KNOW-HOW

Einige kurze Erläuterungen zur afrikaansen Grammatik und zu diesem ReiseWortSchatz

Geschlecht

Eine gute Nachricht: Im Afrikaans gibt es keine Geschlechter und deshalb auch nur einen Artikel: **die**, der auch für den Plural benutzt wird. Der unbestimmte Artikel ist **'n**.

Substantive

Hinter jedem Substantiv (Hauptwort) ist in Klammern der Plural bzw. die Pluralendung angegeben. So findet man beispielsweise unter dem Stichwort "Abend" die Übersetzung "aand (-e)", was bedeutet, daß die Pluralform "aande" lautet. Erscheint keine Angabe, gibt es keine Pluralform.

Adjektive

Wird hinter der Grundform in Klammern eine zweite Form oder eine Endung aufgeführt, handelt es sich um die "gebeugte" Form, die man verwendet, wenn das Adjektiv (Eigenschaftswort) vor einem Substantiv steht (z. B.: das interessante Buch). Erscheint keine weitere Angabe, gibt es nur die eine Form.

Verben

Verben (Tätigkeitswörter) werden in Afrikaans **nicht konjugiert** (gebeugt). Man stellt einfach nur eines der Personalpronomen: ek (ich), jy (du), hy (er), sy (sie), dit (es), ons (wir), julle (ihr), hulle (sie) oder u (Sie) vor den angegebenen Infinitiv (Grundform).

Hinter jedem Verb ist in Klammern die Vergangenheitsform angegeben. Die meisten Verben werden mit der Konstruktion **het** (= haben), **ge + Grundform** gebildet:

lesen = lees (ge-) →
ich habe gelesen = ek het gelees

Einige Verben haben (wie im Deutschen) eine abtrennbare Vorsilbe, in diesen Fällen verfährt man nach der Regel **het, Vorsilbe + ge + Grundform**:

durchstreichen = doodkrap (doodge-) →
ich habe durchgestrichen = ek het doodgekrap

Wird nichts in Klammern angegeben, bildet man die Vergangenheit **ohne ge-**, also nur mit **het + Grundform**:

beginnen = begin →
ich habe begonnen = ek het begin

Abkürzungen

Die Abkürzung (med.) steht für medizinisch.
Werden für ein deutsches Wort zwei oder mehr afrikaanse Übersetzungen angegeben, erscheinen diese jeweils mit der entsprechenden Nummer (① ② ③ usw.).
Mit dem Pfeil ⇨ wird auf eine mit dem Stichwort in Zusammenhang stehende Redewendung oder Formulierung hingewiesen.
Nach dem Zeichen ℹ finden sich landeskundliche Informationen.

Lautschrift

Die in diesem Band verwendete Lautschrift kann **wie im Deutschen gelesen** werden. Sie kommt mit nur einem Sonderzeichen aus – dem **ə**, das wie das "e" in "schick<u>e</u>n" oder "bitt<u>e</u>" gesprochen wird.

Betonung

Um die richtige Betonung müssen Sie sich keine Gedanken machen – die entsprechende Silbe ist in der Lautschrift **unterstrichen**!

ab ①vanaf (Präposition) vannaf ②af (Adverb) aff
abbiegen afdraai (afge-) afdrai
Abend aand (-e) ahnt
Abendessen aandete (-s) ahntiətə
abends in die aand/saans ən di ahnt/ßahnß
aber maar mahr
abfahren vertrek fərträk
Abfahrt vertrek fərträk
Abfahrtszeit vertrek tyd (tye) fərträk tejt
Abfall afval affal ⓘ*Auch Kopf, Magen und Pfoten eines Schafes als Delikatesse zubereitet.*
abfliegen wegvlieg (wegge-) wächflich
Abflug vertrek van vliegtuig fərträk fan flichtöich
Abflugshalle vetrek saal (sale) fərträk ßahl
Abflugszeit vertrek tyd (tye) fərträk tejt
Abfluß riool (riole) rijuəl
Abführmittel purgasie (-s) pörchaßi
Abgase uitlaatgas (-se) öitlahtchaß
abgelaufen verval fərfall
abgelegen afgeleë afchəliə
Abgrund afgrond (-e) afchrohnt
Abhang helling (-s) hälləng
abhängen von afhang (afge-) van afhang fann
abheben (Geld) geldtrek (geldge-) chällträk
abholen ①gaan haal (Person) chahn hahl ②afhaal (afge-) (Karten) affhahl
Abitur matriek matrick
Abkommen skikking ßkəkkəng
abkürzen afkort (afge-) afkohrt
Abkürzung ①kortpad (-paaie) (Straße) kortpatt ②afkorting (-s) (Sprache) affkohrtəng

ABKÜRZUNGEN (AFKORTINGS)

Afr. afrikahnß Afrikaans
ANC ah-en-ßiə zur Zeit regierende Partei Südafrikas
asb. assəblif bitte
ATM ah-tiə-em Geldautomat
bot. butahniß botanisch
Bpk. bəpärk GmbH
BTW biə-tiə-wiə Mehrwertsteuer
g. chramm Gramm
h/v. huk/fann Ecke (bei Adressenangaben)
Km. kilumiətər Kilometer
me. məfrou/mejjöfrou Frau/Fräulein
mnr. məniər Herr
N.P. en-piə zur Zeit oppositionelle Partei Südafrikas
R rannt südafrikanische Währung
S.A.P. eß-ah-piə südafrikanische Polizei
SABC eß-ej-bi-ßi südafrikanische Rundfunkgesellschaft
SAL/SAA eß-ah-äl/eß-ej-ej südafrikanische Fluggesellschaft
ZA sett-ah internationales Kennzeichen für Südafrika

ablegen (Schiff) losmaak (losge-) loßmahk
Ablegestelle losmaakplek (-ke) loßmahkpläck
ablehnen verwerp fərwärp
Ablehnung verwerping fərwärpəng
abmachen ①afspreek (afge-) (vereinbaren) afßpriək ②losmaak (losge-) (entfernen) loßmahk
Abmachung ooreenkoms uriənkommß
abmelden, sich kennis gee van vertrek kännəs chiə fann fərträk
abnehmen ①gewig verloor (Gewicht) chəwəch fərlur ②optel (opge-) (Telefonhörer) optäll
abrechnen die rekening maak (gemaak) di riəkənəng mahk
Abreise vertrek fərträk
abreisen vertrek fərträk
abreißen (Gebäude) afbreek (afge-) afbriək
absagen kanselleer (ge-) kannßəliər
Absatz ①afsət (Verkäufe) afßett ②hak (-ke) (Schuhe) hack
abschaffen afskaf (afge-) afßkaf
Abschied afskeid afßkejt
abschleppen wegsleep (wegge-) wächßliəp
Abschleppseil sleeptou (-e) ßliəptou
Abschleppwagen wegsleepwa (-ens) wächßliəpwa
abschließen toesluit (toege-) tußlöit
Abschluß ①afsluiting (-s) (Ende) afslöitəng ②diploma (-s) (Studium) dəpluəma
Abschlußprüfung eindeksamen (-s) ejntäckßahmən
abschneiden afsny (afge-) afßnej

Abschnitt ①gedeelte (-s) (Abgeschnittenes) chədiəltə ②tydvak (-ke) (Zeit) tejtfack
abschreiben afskryf (afge-) afßkrejf
abseits afgeleë afchəliə
absenden wegstuur (wegge-) wächßtür
Absender afsender (-s) afßenndər
Absicht oogmerk (-e) uəchmärk
absichtlich aspris aßprəß
Abstand afstand (-e) afßtant
absteigen (Berg) afstap (afge-) afßtapp
abstimmen stem (ge-) ßtemm
Abstimmung stemming (-e oder -s) ßtemməng
abtasten aftas (afge-) aftass
Abteil kompartement (-e) kompartəment
Abteilung afdeling (-s) afdiələng
abtreiben ①aborsie bewerkstellig (Kind) aborßi bəwärkßtälləch ②wegdrywe (weggedryf) (Schiff) wächdrejwə
Abtreibung aborsie (-s) aborßi
abtrocknen, (sich) afdroë (afgedroog) afdruə
abwärts ①ondertoe (Richtung) onnərtu ②agteruit (gesundheitlich) achtəröit
Abwässer rioolwater rijuəlwahtər
Abwechslung afwisseling (-e) afwəßəlləng
Abwehrkräfte weerstandskrag (-te) wiərßtanntskrach
abwesend afwesig (-e) afwiəßəch
abwischen afvee (afge-) affiə
Abzug (Foto) afdruk (-ke) afdröck
Abzweigung (Straße) padverdeling (-s) pattvərdiələng
Achse as (-se) ass
acht agt acht
achten ①respekteer (ge-) (jemanden achten) rəßpecktiər ②oplet (opge-) (achten auf) opplätt
achthundert agt honderd acht honndərt
Achtung! pas op! passop
achtzehn agtien achtin
achtzig tagtig tachtəch
Adapter adapter (-s) adaptər ℹ *Dreipolige Adapter sind vor Ort erhältlich.*
addieren optel (opge-) opptäll
Adel adel adəl
Ader aar (are) ahr
adoptieren adopteer (ge-) adoptiər
Adresse adres (-se) adress
Afrika Afrika afrika
afrikanisch Afrikatale afrikatahle
AG aandelemaatskappy (-e) ahndiələmahtskappej
Agentur agentskap (-pe) achenntskap
ähnlich gelyksoortig (-e) chəlejkßurtəch
Ähnlichkeit ooreenkoms (-te) uəriənkomms
Ahnung idee (-s) idiə
Aids Aids ejds
Akt handeling (-e) hanndələng
aktiv aktief (-tiewe) aktiff
aktuell aktueel (-tuele) aktschüjiəl
Alkohol alkohol (-e) alkəhol ℹ *Die Promillegrenze liegt bei 0,8.*
alkoholfrei alkoholvry alkəholfrej
All heelal hiəl-all
Allah Allah alla
alle ①almal (jeder) ammall ②op (Adjektiv) (aufgebraucht) opp
allein alleen alliən
Allergie allergie (-ë) allärchi
allergisch (gegen) allergies (-e) allärchiß
alles alles alles
allgemein algemeen (-mene) allchemiən
Allgemeinbildung algemene opvoeding allchemiənə opfudəng
Alphabet alfabet (-te) alfabett
als ①toe (zeitlich) tu ②as (Vergleich) ass
also so (Satzeinleitung) ßuə
alt oud (ou) out
Altar altaar (altare) altahr
Altenheim ouetehuis (-e) ouətəhöiß
Alter ouderdom (-me) oudərdomm
altmodisch outyds (-e) outejtß
Altstadt geskiedkundige stadsentrum chəßkitköndəchə ßtattßänntrömm ℹ *Keine Altstädte wie in Europa, gewöhnlich nur Stadtzentren mit ein paar historischen Gebäuden.*
Amateur amateur (-e) amatöər
Amerika Amerika amerika
amerikanisch Amerikaans (-e) amerikahns
Ampel robot (-te)/verkeerslig (-te) ruəbott/fərkiərßləch
Amphitheater amfiteater (-s) amfiteater
Amt ①kantoor (kantore) (Behörde) kantur ②amp (-te) (Position) amp

amtlich amptelik (-e) amtələk
amüsieren (sich) ①amuseer (ge-) amüßiər ②vermaak (-) fərmahk
an aan ahn
Ananas pynappel (-s) pejnappel
anbauen (Pflanzen) kweek (ge-) kwiək
anbieten aanbied (aange-) ahnbitt
anbraten prutbraai (ge-) prötbrai
Andenken aandenking (-s) ahndenkəng
Andenkenladen aandenkingswinkel (-s) ahndenkəngßwənkəl
Andenkenstand aandenkingskiosk (-e) ahndenkəngßkiosk
andere ander ander
ändern, (sich) verander fərander
anders anders anders
Anfall (med.) aanval (-le) ahnfall
Anfang begin bəchən
anfangen ①aanvang (aange-) ahnfang ②begin bəchən
Anfänger beginner (-s) bəchənnər
anfassen vat (ge-) fatt
Anfrage navraag (navrae) nahfrahch
angeben ①aangee (aange-) (Information) ahnchiə ②verklaar (Zoll) fərklahr ③grootpraat (grootge-) (prahlen) chruətpraht
Angebot aanbod (aanbiedinge) ahnbott
angefault begin vrot bəchən frott
angegossen / wie ... (sitzen) nousluitend (-e) noußlöitənt
Angehörige familielid (familielede) famililət
Angeklagte beskuldigde (-s) bəßkölldəchtə
Angelegenheit aangeleentheid (-hede) ahnchəlianthejt
angeln visvang (visge-) fəßfang
Angelrute visstok (-ke) fəßtock
angenehm aangenaam (-name) ahnchənahm
Angestellte werknemer (-s) wärkniəmər
Angewohnheit gewoondheid (-hede) chəwuənthejt
angreifen aanval (aange) ahnfall
Angst angs (-te) angs
ängstlich bang bang
anhalten ①keer (ge-) (Dieb) kiər ②stop (ge-) (Taxi) ßtopp
Anhalter ry-loper (-s) rejluəpər ℹ*ein wenig riskant in Südafrika* ⇨per Anhalter fahren = ryloop (ge-) rejluəp
Anhänger ①sleepwa (-waens) (am Auto) ßliəpwa ②liefhebber (-s) (Sport) lifhebbər
Ankauf aankope ahnkuəpə
Anker anker (-s) ankər
Anklage aanklag (-klae) ahnklach
ankommen aankom (aange-) ahnkom
ankündigen aankondig (aange-) ahnkondəch
Ankunft aankoms (-te) ahnkoms
Ankunftshalle aankomsportaal (-tale) ahnkomsportahl
Ankunftszeit aankoms (-tye) ahnkoms
Anlaßer ①aansitter (-s) ahnßəttər ②starter (-s) ßtahtərß
anlegen (Schiff) aandoen (aange-) ahndun
Anlegestelle ankerplek (-ke) ankərpläck
anmachen ①maak (ge-) (Salat) mahk ②tjaaf (ge-) (Sex) tschahf
anmelden, sich aanmeld (aange-) ahnmält
Anmeldung aanmelding (-s) ahnmäldəng
annähen (Knopf) vaswerk (vasge-) fasswärk
annehmen aanneem (aange-) ahniəm
anprobieren aanpas (aange-) ahnpass
Anrede toespraak (-sprake) tußprahk
Anruf oproep (-e) (Telefon) oprup
Anrufbeantworter antwoordmasjien (-e) antwurtmaschin
anrufen ①bel (ge-) bäll ②oproep maak oprup mahk
anschauen aankyk (aange-) ahnkejk
anscheinend oënskynlik (-e) uənßkejnlək
Anschluß ①aansluiting (-s) (Zug) ahnßlöitəng ②verbinding (-) (Telefon) vərbəndəng
anschnallen, sich vasmaak (vasge-) (Auto) fassmahk
Ansicht ①opinie (-s) (Meinung) upinni ②gesig (-te) (Anblick) chəßəch
anspringen (Auto) vat (ge-) fatt
anspruchslos maklik (-e) macklək
anspruchsvoll kieskeurig (-e) kißköərəch
Anstalt instituut (-tute) ənßtətüt
anständig ordentlik (-e) ordenntlək

anstecken, (sich) aansteek (aange-) ahnßtiək
ansteckend aansteeklik (-e) ahnßtiəklək
anstelle in plaas van ən plahß fann
anstellen aanstel (aange-) ahnßtäl
anstrengen (sich) inspan ənßpann (jou)
anstrengend vermoeiend (-e) fərmuiənt
Antarktis Antartika antarktika
antarktisch Antarkties (-e) antarktiß
Anteil gedeelte (-s)/aandeel (-dele) chədiəltə/ahndiəl
Antenne opvangdraad (-drade)/antenna (-s) opfangdraht/antenna
Antibabypille die pil di pəl
Antibiotikum antibiotika antibiotika
antik antiek antik
Antike antieke tyd antike tejt
Antiquitäten oudhede outhiədə
Antrag aansoek (-e) ahnßuk
Antwort antwoord (-e) antwurt
antworten antwoord (ge-) (auch am Telefon) antwurt
Anwalt/Anwältin prokureur prokəröər
anwesend aanwesig (-e) ahnwiəßəch
Anzahl aantal (-le) ahntal
Anzahlung ①paaiement (-e) (Rate) paiəmennt ②deposito (-'s) (Sicherheitsleistung) dəpuəßətu
Anzeige ①klag (-tes) (Polizei) klach ②kennisgewing (-s) (Bekanntgabe) kännəßchiəwəng
anzeigen ①aankla (aange-) (Polizei) ahnkla ②bekend (ge-) maak (bekanntgeben) bəkännt mahk
Anzeigetafel kennisgewingbord (-de) kennəßchiəwəngbort
anziehen ①aantrek (aange-) (etwas anziehen) ahnträk ②nader (ge-) trek (sich anziehen) nahdər träk
Anzug pak (-ke) (Kleidung) pack
Apfel appel (-s) appəl
Apotheke apteek (apteke) aptiək ℹ *sind gleichzeitig auch Drogerien*
Apotheker(in) apteker (-s) aptiəkər
Apparat ①toestel (-le) (Gerät) tußtäll ②telefoon (-fone) (Telefon) tälefuən
Appetit aptyt aptejt
Aprikose appelkoos (-kose) appəlkuəß
April April aprəll
Aquarell akwarel (-le) akwaräll
Arbeit werk (-e)/arbeid wärk/arbejt
arbeiten werk (ge-) wärk
Arbeiter(in) werker (-s)/werkster (-s) wärker/wärkßtər
Arbeitgeber werkgewer (-s) wärkchiəwər
Arbeitnehmer werknemer (-s) wärkniəmər
Arbeitsamt arbeidsburo (-'s) arbejtsbüruə
Arbeitserlaubnis werkspermit (-te) wärkspərmət
arbeitslos werkloos (-lose) wärkluəß
Arbeitslosigkeit werkloosheid wärkluəßhejt ℹ *zur Zeit über 50% in Südafrika*
Arbeitsplatz werkplek (-ke) (Ort) wärkpläck
Arbeitszeit werktyd (-tye) wärktejt
Archäologie argeologie archiuluchi
Architekt(in) argitek architeck
Architektur argitektuur architecktür ℹ *z. B. Kapholländisch und Viktorianisch*
Ärger probleme (Unannehmlichkeit) publiəmə
ärgerlich lastig (-e) lastəch
Argument argument (-e) archüment
Arktis Arkties arktieß
arktisch Arkties arktieß
arm arm (-e) arm
Arm arm (-s) arm
Armband armband (-e) armbant
Armbanduhr polshorlosie (-s) polshorluəßi
Armee leër (-s) liər
Ärmel mou (-e) mou
Armut armoede armudə
arrogant arrogant (-e) arruchant
Art soort (-e) ßuərt
Artikel ①ware (Ware) wahrə ②artikel (-s) (Paragraph) artikəl
Artischocke artisjok (-ke) artischock
Arznei medisyne mədəsejnə
Arzt/Ärztin dokter (-s) doktər
Aschenbecher asbak (-ke) assbak
asiatisch Asiaties (-e) aßiatiß
Asien Asië aßiə
Ast tak (-ke) tack
Asthma asma assma

Atem asem (-s) aßəm
Atemgerät respirator (-s) reßpirator
Atlas atlas (-se) atlas
atmen asemhaal (asemge-) aßəmhahl
Atmosphäre atmosfeer (-fere) atmosfiər
ℹ *Manchmal ist die Ozonschicht gefährlich dünn.*
Atoll ringeiland (-e) rəngejland
Atomenergie atoomenergie atuəmenerchi
Atomkraftwerk kernkragsentrale kärrənkrachßentrahlə
Attest attestaat (-tate) attestaht
Aubergine eiervrug (-te) ejərfröch
auch ook uək
auf op op
aufbewahren ①bêre (ge-) (aufheben) bärə ②bewaar (Gepäck) bəwahr
Aufenthalt verblyf (-blywe) fərblejf
Aufenthaltsdauer duur van verblyf dühr fan fərblejf
Aufenthaltsgenehmigung verblyfspermit (-te) fərblejfspərmət
auffallen ①opval (opge-) opfall ②oopval (oopge-) (sich öffnen) uəpfal
auffordern versoek fərßuck
Aufführung opvoering (-s) (Theater) opfuhrəng
Aufgabe taak (take) tahk
Aufgang trap (-pe) (Treppe) trapp
aufgeben ①aflewer (afge-) (Post) afliəwər ②inhandig (inge-) (Gepäck) ənhandəch
aufgeschlossen ontvanklik (-e) ontfanklək
aufhängen ophang (opge-) ophang
aufheben ①optel (opge-) (Äpfel) optäll ②bêre (ge-) (aufbewahren) bärə
aufhören ophou (opge-) ophou
aufklären (sich) duidelik maak (- gemaak) döidələk mahk
auflegen (Telefon) neersit (neerge-) nierßət
aufmachen oopmaak (oopge-) uəpmahk
aufmerksam oplettend (-e) oplettənt
⇨aufmerksam machen = aandag vestig (ge-) ahndach feßtəch
Aufnahme ①foto (-'s) (Foto) fuətu ②opname (-s) (Musik) opnahmə
Aufnahmeprüfung toelatingseksamen (-s) tulahtəngsekßahmən
aufnehmen ①geld leen (- geleen) (Kredit) chält liən ②opneem (opge-) (Musik) opniəm
aufpassen oppas (opge-) oppaß
aufrecht regop rächop
aufregen (sich) opwen (opge-) jou opwen
aufregend opwindend opwəndənt
aufschließen oopsluit (oopge-) uəpslöit
Aufschnitt koue vleis(-e) kouə flejß
aufschreiben opskryf (opge-) opskrejf
aufstehen ①opstaan (opge-) (vom Bett) opßtahn ②oopstaan (oopge-) (Tür) uəpßtahn
aufsteigen (Berg) opklim (opge-) opkləm
aufstellen opstel (opge-) opßtäl
Auftrag ①opdrag (-te) (Anweisung) opdrach ②bestelling (-s) (Bestellung) bəßtälləng
Auftritt optrede (-s) optriədə
aufwachen wakker word (- geword) wackər wort
aufwachsen groot word (- geword) chruət wort
aufwärmen warm maak (- gemaak) warrəm mahk
aufwärts boontoe buəntu
aufzählen optel (opge-) optäl
Auge oog (oë) uəch
Augenarzt/-ärztin oogdokter (-s) uəchdoktər
Augentropfen oogdruppels uəchdröppəlß
Augenzeuge ooggetuie (-s) uəchətöiə
August Augustus ouchößtöß
aus ①uit öit ②van (Herkunft) fann ③af (Licht) af
Ausbildung opleiding oplejdəng
Ausdruck uitdrukking (-s) öitdrökkəng
Ausfahrt uitgang (Straße) öitchang
Ausflug uitstappie (-s) öitßtappi
ausführlich met besonderhede met beßonderhiədə
ausfüllen (Formular) invul (inge-) ənföll
Ausgabe uitgawe (-s) öitchawe
ausgeben uitgee (uitge-) öitchiə
ausgebucht vol bespreek foll beßpriək
ausgehen (Abend) uitgaan (uitge-) öitchahn
ausgezeichnet uitstekend (-e) öitßtiəkənt
Ausgrabungen opgrawings opchrawəngs
aushalten uithou (uitge-) öithou
Aushilfe hulp hölp
Auskunft inligting (-s) ənləchtəng

auslachen uitlag (uitge-) öitlach
Ausland buiteland böitəlant
Ausländer(in) buitelander (-s) böitəlandərs
ausländisch buitelands (-e) böitəlants
Auslandsgespräch oorsese oproep urßiəßə oprup ℹ *Man muß 09 vorwählen.*
auslaufen (Schiff) vertrek fertrăk
ausleeren leegmaak (leegge-) liəchmahk
ausleihen uitleen (uitge-) öitliən
ausmachen afsit (afge-) afßət
Ausnahme uitsondering (-e) öitßondərəng
ausnahmsweise vir 'n slag fərə slach
ausnutzen gebruik chəbröik
auspacken uitpak (uitge-) öitpack
Auspuff uitlaatpyp (-e) öitlahtpejp
Ausreise vertrek fərträk
ausreisen vertrek fertrăk
ausruhen, sich rus (ge-) röss
Ausrüstung uitrusting (-s) öitrößtəng
ausschalten afskakel (afge-) afskakel
Ausschlag uitslag öitslach
aussehen lyk (ge-) lejk
außen buitekant böitekant
Außenkabine buitekajuit (-e) böitekajöit
Außenspiegel truspieël (-s) trüßpihl
außer behalwe bəhalwe
außerdem buitendien böitendien
äußere buitenste böitenßte
Äußere uiterlike öiterləke
außergewöhnlich buitengewoon (-wone) böitenchewuən
außerhalb buite böite
äußerlich uiterlik (-e) öiterlək
außerordentlich buitengewoon (-wone) böitenchewuən
äußerst ontsettend (-e) ontßettent
Aussicht ① uitsig (-te) (vom Berg) öitßəch ② vooruitsig (-te) (Zukunfts-) fuərōitßəch
Aussprache uitspraak (-sprake) öitßprahk
Ausstattung uitrusting (-s) öitröstəng
aussteigen uitklim (uitge-) öitkləm
ausstellen (Dokument) uitreik (uitge-) öitrejk
Ausstellung (Kunst) uitstalling (-s) öitßtalləng
Ausstellungsort (Dokument) plek van uitreiking pläck van öitrejkəng
Ausstellungsraum uitstallingsruimte (-s) öitßtalləngsröimte
austauschen uitruil (uitge-) öitröil
Australien Australië ustraliə
australisch Australies ustraliß
Ausübung (relig.) uitoefening (-e) öitufenəng
ausverkauft uitverkoop öitverkuəp
Auswahl verskeidenheid verskejdenhejt
Ausweg uitweg öitwäch
Ausweis ID-boekie i diə-buki
auswendig uitwendig öitwendəch
Auszahlung uitbetaling (-s) öitbetahləng
ausziehen (etwas/sich) uittrek (uitge-) öiträk
Auszubildende(r) vakleerling (-e) fackliərləng
authentisch eg (-te) äch
Auto kar (-re) kar
Autobahn snelweg (-weë) ßnälwiə ℹ *Die Höchstgeschwindigkeit ist 120 km/h.*
Autobahnausfahrt afrit (-te) afrət
Autobahndreieck hoofweg interseksie(-s) huəfwäch ənterseksi
Autobahnkreuz wisselaar (-s) wəssəlahr
Autofähre motorpont(-e) muətərpont
ℹ *Autofähren gibt es so gut wie gar nicht in Südafrika und Namibien.*
Autofahrer(in) motorbestuurder(-s) muətərbeßtührdər
Automat outomaat (-mate) outumat
Automatikwagen outomatiese kar(re) outumatißə kar
automatisch outomaties (-e) outumatiß
Automechaniker(in) motorwerktuigkundige (-s) muətərwärktöichköndəchə
Autonomie outonomie outunumie
Autor(in) skrywer(-s)/skryfster(-s) skrejwer/skrejfßtər
Autovermietung motorhuur muətərhuhr
Autowaschanlage/-straße motorwassery (-e) muətərwasserej
Baby baba (-s) baba
Babynahrung babakos babakos
Bach spruit ßpröit
backen bak (ge-) back
Bäcker(in) bakker (-s) backer
Bäckerei bakkery (-e) backerej ℹ *Außer den*

normalen Bäckereien verkaufen sogenannte "tuisnywerhede" privat gebackene Waren.

Badestrand baaiplek (-ke) baaipläck

Badeanzug baaikostuum (-tume) baaikoßtüm

Badehose swembroek (-e) swembruk

baden baai (ge-) baai

Badetasche strandsak (-ke) ßtrantßak

Badetuch handdoek (-e) handuk

Badeurlaub strandvakansie (-s) ßtrantfakanßi ℹ *große Badekultur*

Badewanne bad (-dens) batt

Bahnhof stasie (-s) ßtaßi

Bahnsteig platform (-s) platform

Bahnübergang spooroorgang (-e) ßpururchang

Bakterien bakterie backteriə

bald gou chou

Balkon ① balkon (-ne) (Wohnung) balkon ② voorbalkon (-ne) (Theater) fuərbalkonn

Ball bal (-s) ball

Ballett ballet (-te) ballett

Banane piesang (-s) pißang

Band ① band (-e) (zum Binden) band ② band (-e) (Buch) bannt

Bänderriß geskeurde ligament(-e) chəsköərdə ləchament

Bandscheibe rugraatskyf (-skywe) röchrahtskejf

Bank bank (-e) bank ℹ *Modernes Banksystem, viele internationale Banken haben in den Großstädten Filialen.*

Bankangestellte bankklerk(-e) bankklärk

Bankleitzahl tak nommer(-s) tack nommər

Bar kroeg (kroeë) (Kneipe) kruch

Bär beer (bere) biər

barfuß kaalvoet (-e) kahlfut

Bargeld kontant kontant

Barock barok barock

Barometer barometer (-s) barumiəter

Bart baart (-e) bahrt

Basilikum basilikum baßilikum

Basis basis (-se) bahßis

basteln knutsel (ge-) knötßəl

Batterie battery (-e) batterej

Bau gebou (-e) chəbou

Bauch pens (-e) pehns

Bauchschmerzen maagpyn mahchpejn

bauen bou (ge-) bou

Bauer/Bäuerin boer (-e)/boervrou (-ens) buhr/buhrfrou

Bauernhaus plaashuis (-e) plahßhöis

Baum boom (bome) buəm

Baumwolle katoen katunn

Baustelle ① bouterrein (-e) (Gelände) bouterrejn ② padwerke (Straße) pattwärkə

Bauwerk bouwerk (-e) bouwärk

beachten oplet (opge-) oplett

Beamte/Beamtin amptenaar (nare)/amptenares (-se) amptenahr/amptenaress

beanstanden beswaar maak (gemaak) bəßwahr mahk

Beanstandung beswaar (-sware) beßwahr

beantragen aansoek doen (gedoen) ahnßuk dunn

beantworten beantwoord beantwuərt

bearbeiten bewerk bəwärk

Bearbeitungsgebühr proseseerfooi (-e) prossəßiərfoi

beaufsichtigen opsig hou (gehou) opßəch hou

beben bewe (ge-) biəwə

Becher beker (-s) biəkər

Becken skottel (-s) skottel

bedauern betreur bətröər

bedecken bedek (-te) bədäck

bedeuten beteken bətiəkən

Bedeutung betekenis (-se) bətiəkənəß

bedienen bedien bədin

Bedienung bediening bədiennəng

Bedingung voorwaarde (-s) fuərwahrdə

bedingungslos onvoorwaardelik onfuərwahrdələk

Bedrohung bedreiging (-s) bədrejchəng

Bedürfnis behoefte (-s) bəhufftə

beeilen, sich gou maak (gemaak) chou mahk

beenden beëindig bə-ejndəch

Beerdigung begrafnis (-se) bəchraffnəs

Beere bessie (-s) bessi

Beet bedding (-s) beddəng

Befehl bevel (-le) bəfäl

befehlen beveel bəfiəl

befürchten bevrees bəfriəs

begabt talentvol (-le) talentfoll

begegnen, (sich) raakloop (-geloop) rahkluəp
begeistert entoesiasties (-e) entußiaßtiß
Begeisterung entoesiasme entußiaßmə
Beginn begin bəchən
beginnen begin bəchən
beglaubigen geloofsbrief gee (gegee) chəluəfsbrief chiə
begleiten begelei bəchəlej
Begleiter(in) begeleier (-s)/begeleidster (-s) bəchəlejər/bəchəlejtßtər
begreifen begryp bəchrejp
Begriff begrip (-pe) bəchrəp
begrüßen, (sich) groet (ge-) chrutt
Begrüßung begroeting (-s) bəchruttəng
behaart harig (-e) harəch
behalten behou bəhou
Behälter houer (-s) bəhouər
behandeln behandel bəhandəl
Behandlung behandeling bəhandələng
behaupten (etwas) beweer bəwiər
beherrschen, (sich) beheers bəhiərs
behindern hinder (ge-) həndər
behindert ①gebreklik (-e) chəbrəklik ②gestrem (-de) chəßtrem
Behinderung hindernis (-se) həndərnəs
Behörde administratiewe liggaam (-game) admənəßtratiewwə ləchahm
bei by bej
Beichte belydenis (-se) bəlejdənəß
beichten bieg (ge-) bich
beide albei/beide albej/bejdə
Beifall goedkeuring chutköərəng
beige beige/geelgrys beige/chiəlchrejs
Beilage bylae (-s) bejlaə
Beileid simpatie ßəmpati
Bein been (bene) biən
Beispiel voorbeeld (-e) fuərbiəlt ⇨zum Beispiel (z. B.) = by voorbeeld (b. v.) bej furbiəlt
beißen byt (ge-) bejt
bekämpfen beveg bəfäch
bekannt bekend (-e) bəkennt
Bekannte bekende (-s) bəkenndə
bekanntmachen bekend maak (gemaak) bəkennt mahk
Bekanntschaft kennis (-se) kennəß
beklagen, (sich) kla (ge-) klah
Bekleidungsgeschäft klerewinkel (-s) kliərəwənkəl
bekommen kry (ge-) krej
belasten belas bəlass
belebt besig (-e) biəßəch
beleidigen beledig bəliədəch
Beleidigung belediging (-s) bəliədəchəng
Beleuchtung beligting bələchtəng
Belgien België bälchiə
belgisch Belgies bälchiß
beliebt gewild (-e) chəwəlt
bellen blaf (ge-) blaff
Belohnung beloning (-s) bəluənəng
Bemerkung opmerking (-s) opmärkəng
bemühen, sich moeite doen (gedoen) muitə dunn
benachrichtigen laat weet (gelaat) laht wiət
benehmen, sich gedra chədra
Benehmen gedrag chədrach
benutzen gebruik chəbröik
Benutzungsgebühr gebruikersfooi (-e) chəbröikərsfoi
Benzin petrol pettrəl ℹ *Ist relativ preiswert im Vergleich zu Deutschland, kann aber nur in bar bezahlt werden.*
beobachten waarneem (waarge-) wahrniəm
bequem gemaklik (-e) chəmaklək
beraten raad gee (gegee) raht chiə
Beratung raadpleging (-s) rahtpliəchəng
berauben beroof bəruəf
berechtigt geregtig chərächtəch
Bereich gebied (-e) chəbit
bereit bereid bərejt
Berg berg bärch
bergab afdraand afdrahnt
bergauf opdraand opdrahnt
Bergbau mynbou mejnbou ℹ *einer der Haupt-Wirtschaftszweige*
Bergsteiger(in) bergklimmer (-s) bärchkləmmər
Bergwerk myn (-e) mejn
Bericht verslag (-slae) vərßlach
berichten verslag gee (gegee) fərßlach chiə
Beruf beroep (-e) bərup
beruflich i.v.m. sake ən fərbannt met ßahkə

BERUFE (BEROEPE)

Angestellte(r) werknemer (-s) wärkniəmər
Anwalt/Anwältin prokureur prokəröər
Arbeiter/-in werker (-s)/werkster (-s) wärker/wärkßtər
Arzt/Ärztin dokter (-s) doktər
Bäcker(in) bakker (-s) back
Bauer/Bäuerin boer (-e)/boervrou (-ens) buhr/buhrfrou
Beamter/Beamtin amptenaar (nare) amptenahr
Elektriker(in) elektrisiën ilektrischien
Friseur/Friseuse haarkapper (-s)/haarkapster (-s) haarkappər/haarkapßtər
Händler(in) handelaar (-s) handəlahr
Kellner/-in kelner (-s)/kelnerin (-ne) kälnər/kälnərən
Krankenpfleger/Krankenschwester verpleegster (-s)/verpleër (-s) fərpliəchßtər/fərpliər
Lehrer/-in onderwyser (-s)/onderwyseres (-se) ondərwejßər/ondərwejßəress
Maurer(in) messelaar (-s) messəlahr
Mechaniker(in) werktuigkundige (-s) wärktöichköndəchə
Metzger/-in slagter (-s)/slagster (-s) ßlachtər/ßlachßtər
Schüler(in) skolier (-e) ßkuəlihr
Sekretär/-in sekretaris (-se)/ sekretaresse (-s) ßəkrətahraß/ßəkrətaressə
Student(in) student (-e) ßtüdent
Techniker(in) tegnikus tächniköß
Verkäufer/-in verkoper (-s)/verkoopster (-s) fərkuəpər/fərkuəpßtər

Berufsausbildung vakopleiding fak-opləjdəng
Berufserfahrung werksondervinding wärksondərvəndəng
Berufsschule vakskool (-skole) fakskuəl
berufstätig werkend (-e) wärkənt
beruhigen gerusstel (gerusge-) chərößtäl
Beruhigungsmittel kalmeermiddel (-s) kalmiərmədəl
berühmt beroemd (-e) bərummt
berühren aanraak (-geraak) ahnrahk ⇨Nicht berühren! = nie aanraak nie! ni ahnrahk ni
Berührung aanraking (-s) ahnrahkəng
Besatzung bemanning (-s) bəmannəng
beschädigen beskadig bəskahdəch
beschäftigen ①aanstel (aange-) (anstellen) ahnßtäl ②jou besig hou (gehou) (sich) jou biəßəch hou
Beschäftigung ①werk (-e) (Tätigkeit) wärk ②tydverdryf (Zeitvertreib) tejtfərdrejf
bescheiden beskeie bəskejə
Bescheinigung skriftelike bevestiging (-s) skrəftələkə bəfeßtəchəng
beschleunigen bespoedig bəßpuddəch
Beschluß besluit (-e) bəslöit
beschreiben beskryf bəskrejf
Beschreibung beskrywing (-s) bəskrejwəng
beschützen beskerm bəskärrəm
Beschwerde ①las (-te) (Bürde) lass ②beswaar (-sware) (Rechtsmittel) bəßwahr
beschweren, sich beswaar maak (gemaak) bəswahr mahk
Besen besem (-s) biəßəm
besetzt beset bəßett
besichtigen bekyk bəkejk
Besichtigung besigtiging (-s) bəßəchtəchəng
besitzen besit bəßət
Besitzer besitter (-s) bəßəttər
besonders veral fəral
besorgen besorg bəßorch
besser beter biətər
beständig konstant (-e) konßtant
bestätigen bevestig bəfeßtəch
Bestätigung bevestiging (-s) bəfeßtəchəng
Bestechung omkoping omkuəpəng
Besteck eetgereedskap (pe) iətchəriətskap
bestehen (Prüfung) slaag (ge-) slahch
bestehen aus bestaan uit bəstahn öit
besteigen (Berg) opklim (opge-) opkləm
bestellen bestel bəßtäl
Bestellschein bestelvorm (-s) bəßtälform
bestimmen bepaal bəpahl
bestrafen bestraf bəßtraff
Bestrahlung bestraling (-s) bəßtrahləng
Besuch besoek (-e) bəßuk
besuchen besoek bəßuk

betätigen, (sich) besig / werksaam wees (gewees) biəßəch / wärkßahm wiəß
betäuben verdoof vərduəf
Betäubung verdowing (-s) vərduəwəng
beten bid (ge-) bətt
betonen beklemtoon bəklemtuən
Betonung beklemtoning (-s) bəklemtuənəng
Betrag bedrag (-drae) bədrach
betreten betree bətriə
Betrieb besigheid (-hede) biəßəchhejt
Betrug bedrog bədroch
betrügen (Partner) bedrieg bədrich
betrunken dronk dronk
Bett bed (-dens) bett
Bettdecke bedsprei betßprej
Bettlaken bedlaken (-s) bettlahkən
Bettruhe rus röss
Bettwäsche beddegoed beddəchut
beurteilen beoordeel bə-urdiəl
Bevölkerung bevolking bəfolkəng ℹ *um die 40 Milionen Menschen*
bevor voor fuər
bewachen oppas oppaß
bewässern besproei bəßprui
bewegen, (sich) beweeg bəwiəch
beweglich beweeglik (-e) bəwiəchlək
Bewegung beweging (-s) bəwiəchəng
Beweis bewys (-e) bəwejß
bewerben, sich aansoek doen (gedoen) ahnßuk dunn
Bewerbung aansoek (-e) ahnßuk
Bewerbungsunterlagen aansoekvorms ahnßukforms
bewölkt bewolk (-te) bəwolk
bewußt bewus (psych.) bəwöß
Bewußtsein bewussyn (phys.) bəwößejn
bezahlen betaal bətahl
Beziehung ①verhouding (-s) (persönliche) vərhoudəng ②betrekking (-e) (geschäftlich) bəträckəng
Bezirk distrik (-te) daßtrək
bi(sexuell) biseksueel (-ele) bißekschiəl
Bibel bybel (-s) bejbəl
Bibliothek biblioteek (-teke) bəbliutiək
bieder (Kleidung) eenvoudig (-e) iənfoudəch
Bier bier (-e) bihr
bieten aanbied (aange-) ahnbitt
Bikini bikini (-'s) bəkini
Bild ①prent (-e) (allg.) prent ②foto (-'s) (Foto) fuətu
bilden vorm (ge-) form
Bildhauer beeldhouer (-s) biəlthouər
Bildschirm beeldskerm biəltskärəm
Bildung ontwikkeling ontwəkkələng
billig goedkoop chutkuəp
Bindehautentzündung oogvliesontsteking uəchflißontßtiəkəng
binden, (sich) verbind fərbənt
Bindung binding bəndəng
Birne ①peer (pere) (Obst) piər ②gloeilamp (-e) (Lampe) chluilamp
bis tot tot
bis jetzt tot nou tot nou
bisher tot nou toe tot nou tu
Bischof biskop (-pe) bəskopp
bisexuell biseksueel (-ele) bißekschiəl
Biß(wunde) bytwond (-e) bejtwont
bißchen, ein 'n bietjie ə biki
Bitte versoek (-e) fərßuk
bitte! asseblief! assəbliff
bitten ①vra (ge-) (betonend) frah ②smeek (ge-) (flehen) ßmiək
bitter bitter bəttər
Blähungen winde wəndə
Blase blaas blahß
blasen blow job gee (gegee) (sexuell) blou dschob chiə
Blatt ①vel (-le) (Papier) blatt ②blaar (blare) (Baum) blahr
blau blou blou
Blaubeere bloubessie (-s) bloubessi
Blei lood luət
bleiben bly (ge-) blej
bleifrei loodvry (-e) luətfrej
Bleistift potlood (-lode) potluət
blenden ①verblind (Auge) fərblənt ②demp (gedemp) (Licht) demp
Blick ①blik (-ke) (freundliche) bləck ②uitsig (-te) (Aussicht) öitßəch
blind blind (-e) blənt
Blinddarm blindederm (-s) bləndəderm
Blinker flikkerlig (-te) fləckərləch

Blitz blits (-e) blətz
Blitzlicht flits (-e) flətß
blitzt, es ... dit blits (geblits) dət blətz
blöd dom domm
blühen bloei (ge-) blui
Blume blom (-me) blomm
Blumenhändler bloemis (-te) bluməß
Blumenkohl blomkool blommkuəl
Blumenstrauß ruiker (-s) röikər
Blumentopf blompot (-te) blommpott
Blumenvase blomvaas (vase) blommfahß
Bluse bloes (-e) bluß
Blut bloed blutt
Blutdruck bloeddruk bludrök
Blüte blom (-me) blomm
bluten bloei (ge-) blui
Bluterguß bloedstorting (-s) bluttßtortəng
Blütezeit bloeityd (-tye) bluitejt
Blutgruppe bloedgroep (-e) bluttchrup
blutig bloedig (-e) bluddəch
Blutprobe bloedtoets (-e) bluttuts
Bluttransfusion bloedoortapping (-s) blutturtappəng
Blutung bloeding bluddəng
Blutvergiftung bloedvergiftiging bluttvərchəftəchəng
Boden ①grond (-e) (Erde) chront ②vloer (-e) (Haus) fluhr
Bogen boog (boë) buəch
Bohnen, grüne ... groen boontjies grun buinkiß
Boot boot (bote) buət
Bord boord burt ⇨an/von Bord gehen = an/van boord gaan (ge-) ahn/fann burt chahn
Bordkarte instopkaartjie (-s) ənßtopkahrki
Börse ①beursie (-s) (Geld) böərßi ②effektebeurs (-e) (Aktien) iffektəböərß
böse ①sleg (schlimm) släch ②kwaad (zornig) kwaht ③infaam (verrucht) ənfahm
Botanischer Garten botaniese tuin (-e) butaniße töin ℹ *Hier kann man Eindrücke bekommen vom Pflanzenreichtum Südafrikas.*
Botschaft ①ambassade (-s) (Amt u. Gebäude) ambaßahdə ℹ *Die Botschaften von Deutschland, Österreich und der Schweiz befinden sich in Kapstadt und Pretoria.* ②boodskap (-pe) (Nachricht) buətßkapp
Boutique boetiek (-e) butick
Branchenbuch (Gelbe Seiten) geel bladsye chiəl blattßejə
Brandsalbe brandsalf brantßalf
Branntwein brandewyn brannəwejn
brasilianisch Brasiliaans braßəliahns
Brasilien Brasilië braßəliə
braten braai (ge-) braai
Braten (Grillfleisch) braaivleis braaiflejs
Brauch gebruik (-e) chəbröik
brauchen benodig bənuədəch
braun bruin bröin
Braut bruid (-e) bröit
Bräutigam bruidegom (-s) bröidəchomm
brav ①soet (artig) ßutt ②dapper (tapfer) dappər
brechen ①breek (ge-) briək ②opbring (opge-) (sich) opbrəng
Brechreiz neiging (-s) om te braak nejchəng
breit breed briət
Breite breedte (-s) briətə
Bremse ①briek (-e) brick ②rem (-me) rem
bremsen briek (ge-) brick
Bremsflüssigkeit ①briekolie (-s) brickuəli ②remuloeistof remflulßtof
Bremslicht brieklig (-te) brickləch
brennen brand (ge-) brant
Brett ①skinkbord (-e) (Tablett) skənkbort ②plank (-e) (Bohle) plank
Brief brief (briewe) brif
Briefkasten posbus (-se) posboss
Briefmarke seël (-s) ßiəls
Brieftasche briewetas (-se) briwətaß
Briefträger(in) posbode (-s) posbuədə
Briefumschlag koevert (-e) kufärt
Brille bril (-le) brəl
Brillenetui brilhuisie (-s) brilhöißi
bringen bring (ge-) brəng
Broccoli brokkoli brokkuli
Brombeere braambessie (-s) brahmbessi
Bronchitis brongitis bronchitəs
Bronze brons brons
Broschüre brosjure (-s) broschürə
Brot brood (brode) bruət
Brötchen broodjie (-s) bruiki
Bruch (med.) breuk (-e) bröək

Brücke brug (brûe) bröch
Bruder broer (-s) bruhr
Brühe ①vleissop (-pe) (Fleisch) flejssop ②sous (-e) (Soße) ßouß
Brunnen ①put (-te) (natürlicher) pött ②fontein (-e) (Quelle) fontejn ③boorgat (-e) (gegrabener) buərchat
Brust bors (-te) bors
brutal brutaal (-tale) brütahl
Bruttosozialprodukt brutto binnelandse produk brütto bənnəlantßə prudök
Buch boek (-ke) buk
buchen boek (ge-) buk
Buchhandlung boekwinkel (-s) bukwənkəl
Buchstabe letter (-s) lettər
buchstabieren spel (ge-) ßpäl
Bucht baai (-e) baai
Buchung boeking (-s) bukəng
Buddha Boeddha (-s) budda
Buddhismus Boeddhisme buddəßmə
Buddhist(in) Boeddhis (-te) buddəß
buddhistisch Boeddhisties buddəßtiß
Bügeleisen strykyster (-s) ßtrejkejßtər
bügeln stryk (ge-) ßtrejk
Bühne verhoog (-hoë) fərhuəch
bummeln rondloop (rondge-) rontluəp
bumsen ①bots (ge-) (krachen) botts ②naai (ge-) (koitieren) naai
Bundesland provinsie (-s) prufənßi
bunt bont bont
Bure Afrikaner (-s) afrikahnər
Burg kasteel (-tele) kaßtiəl
Bürger burger (-s) börgər
Bürgerkrieg burgeroorlog (-loë) börgərurloch
Bürgermeister burgermeester (-s) börgərmiəßtər
Bürgersteig sypaadjie (-s) ßejpaiki
Büro ①kantoor (-tore) (Arbeitsplatz) kantur ②buro ('s) (Behörde) büruə
Bürste borsel (-s) borßəl
Bus bus (-se) böss
Busbahnhof busstasie (-s) bößtaßi
Busch bos boss
Busen boesem (-s) bussəm
Büste ①borsbeeld (-e) (Marmor) borsbiəlt ②borste (weibliche Brust) borßtə

Büstenhalter bra ('s) brah
Butter botter bottər
byzantinisch Bisantyns bißantejns
Cabrio kabriolet (-te) kabriulett
Café koffiehuis (-e) koffihöis ℹ *Mit "Café" ist ein kleiner Gemischtwarenladen gemeint, zum Hinsetzen geht man ins "koffiehuis".*
campen kamp (ge-) kamp
Campingplatz kampeerplek (-ke) kampiərpläk ℹ *gibt es reichlich über das Land verstreut*
Charakter karakter (-s) karaktər
charakteristisch karakteristies karaktərəßtiß
Charterflug huurvlug (-te) hürflöch
Chauffeur chauffeur (-s) schuföər
Chef baas (base) bahß
Chemie chemie chemi
chemisch chemies (-e) chemiß
China Sjina schina
chinesisch Sjinees (-nese) schiniəß
Chirurg(in) snydokter (-s) ßnejdoktər
Cholera cholera kuələra
Chor koor (kore) kur
Christ(in) Christen (-e) chrəßtən
christlich Christelik (-e) chrəßtələk
Computer rekenaar (-s) riəkənahr
Cousin(e) niggie (-s) nəchi
Creme room (rome) ruəm
Curry kerrie kärri
da ①daar (dort) dahr ②omdat (weil) omdatt
Dach dak (-ke) dak
daheim tuis töis
damals destyds/toe deßtöits/tu
Dame ①dame (-s) dahmə ②koningin (-ne) (Schach und Kartenspiel) kuənəngən
Damenbekleidung vroueklere frouəkliərə
Damenbinde saniteitsdoekie (-s) ßanitejtsducki
damit ①daarmee (mit dem) dahrmiə ②sodat (daß) ßuədatt
Dämmerung skemer skiəmər ℹ *relativ kurz in diesen Breiten*
dampfen stoom (ge-) ßtuəm
danach ①daarna (später) dahrna ②soos (... aussehen) ßuəß
daneben ①langsaan (örtlich) langßahn ②verby (am Ziel vorbei) fərbej

dankbar dankbaar (-bare) dankbahr
danke dankie danki
danken dank (be-) dank
dann ①toe (danach) tu ②dan (um die Zeit/in diesem Falle) dann
Darm derm (-s) därm
darstellen uitbeeld (uitge-) öitbiəlt
darum daarom dahrom
daß dat datt
Datum datum (-s) dahtöm
Dauer duur dür
dauern duur duhr
Dauerwelle vaste gelwing faßtə cholwəng
Daumen duim (-e) döim
dazwischen daartussen dahrtössən
Deck dek (-ke) däk
Decke ①kombers (-e) (Bett) kombärs ②plafon (-ne) (Zimmer) plafonn
Deckel deksel (-s) däkßəl
dein(e) jou jou
Dekoration versiering (-s) fərßihrəng
Demokrat demokraat (-krate) demukraht
Demokratie demokrasie demukraßi
demokratisch demokraties (-e) demukrahtiß
Demonstration demonstrasie (-s) demonßtrahßi
denken (an) dink (ge-) dənk
Denkmal gedenkteken (-s) chədenktiəkən
Denkmalschutz monumentesorg monümentəßorch
denn want want
Deo deodorant (-e) diodərant
deprimiert neerslagtig (-e) niərslachtəch
deshalb dus/derhalwe döss/därhalwə
Design ontwerp (-e) ontwärp
Desinfektionsmittel ontsmettingsmiddel (-s) ontsmettəngsməddəl
desinfizieren ontsmet ontsmett
deswegen daarom/derhalwe dahrom/därhalwə
deutlich duidelik (-e) döidələk
deutsch Duits (-e) döits
Deutschland Duitsland döitsland
Dezember Desember deßembər
Dia filmskyfie (-s) fəlmskejfi
Diabetes diabetes diabiətəs
Diabetiker diabetikus (-se) diabiətiköss
Diagnose diagnose (-s) diachnuəßə
Diamant diamant (-e) diamant ⓘ*Bei einigen Diamantenminen werden Touristen durchgefürt und auch Diamanten zum Kauf angeboten.*
Diät dieet (diëte) di-iət
dicht dig (-te) dəch
Dichter digter (-s) dəchtər
dick dik/vet dək/fett
Dieb dief (diewe) diff
Diebstahl diefstal diffßtal
dienen dien (ge-) dien
Dienst diens (-te) diens
Dienstag Dinsdag dənsdach
Dienstmädchen diensmeisie (-s) diensmejßi
diese(r, -s) (hier/da) ①hierdie/daardie (adjektivisch) hirdi/dahrdi ②hierdie een/daardie een (substantivisch) hirdi iən/dahrdi iən
Diesel diesel dießəl
Diktator diktator dəktator
Diktatur diktatuur dəktatür
diktieren dikteer (ge-) dəktiər
Dill dill dəl
Ding ding (-e) dəng
Diplom diploma (-s) dəpluəma
diplomatisch diplomaties dəplumahtiß
direkt direk (-te) diräk
Direktflug direkte vlug (-te) diräktə flöch
Direktor direkteur (-e) dəraktöər
Dirigent dirigent (-e) dərəchent
Diskothek disko (-'s) dəsku
Diskussion diskussie (-s) dəskössi
diskutieren bespreek bəßpriək
Dispo-Rahmen oortrokke limiet uərtrockə ləmit
Doktor doktor (-s) doktər
Dollar dollar (-s) dollər
dolmetschen vertolk fərtolk
Dolmetscher(in) tolk (-e) tolk
Dom katedraal (-drale) katədrahl
Donner donder dondər
Donnerstag Donderdag dondərdach
donnert, es dit dreun (gedreun) dət dröən
doppelt dubbel (-e) döbbəl
Doppelzimmer dubbelkamer (-s) döbbəlkamər
dort daar dahr

Dose doos (dose) duəß
Dosenöffner blikoopmaker (-s) bləkuəpmakər
Dozent dosent (-e) dußent
Draht draad (drade) draht
dramatisch dramaties (-e) dramatiß
draußen buite böitə
Dreck vuilgoed föilchut
dreckig vuil föil
drehen draai (ge-) draai
drei drie dri
Dreieck driehoek (-e) drihuk
dreieckig driehoekig (-e) drihukkəch
dreihundert driehonderd drihondərt
dreimal drie keer dri kiər
dreißig dertig därtəch
dreitausend drieduisend dridöißənt
dreizehn dertien därtin
dringend dringend (-e) drəngənt
drinnen binne bənnə
Drittel 'n derde ə därdə
Drogerie apteek (teke) aptiək
drohen dreig (ge-) drejch
Drohung dreigement (-e) drejchəment
Druck ①druk (Hand) drök ②drukking (Vorgang) dröckəng
drucken druk (ge-) drök
drücken druk (ge-) drök
Druckerei drukkery (-e) drökkərej
Drucksache drukwerk drökwärk
Dschungel oerwoud (-e) uhrwout
du jy jej
Duft geur (-e) chöər
duften geur afgee (afgegee) chöər afchiə
dumm dom domm
Dummheit domheid dommhejt
düngen bemes bameß
Dünger mis məß
dunkel donker donkər
dunkelblau donkerblou donkərblou
dunkelbraun donkerbruin donkərbröin
dunkelhaarig donkerharig donkərhaarəch
Dunkelheit donker donkər
dünn dun dön
dünsten smoor (ge-) smur
dunstig mistig (-e) məßtəch
durch ①deur döər ②gedurende (zeitlich) chədührendə
durch und durch deur en deur döər en döər
durcheinander deurmekaar döərməkahr
durcheinanderbringen deurmekaar bring (gebring) döərməkahr brəng
Durchfahrt deurreis döərejs
Durchfall loopmaag luəpmahch
durchfallen (Prüfung) druip (ge-) dröip
durchführen uitvoer (uitge-) öitfuhr
Durchgang deurgang (-e) döərchang
Durchmesser diameter diamiətər
durchnäßt papnat papnat
durchqueren deurkruis (ge-) döərkröiß
Durchschnitt deursnee döərsniə
durchschnittlich gemiddeld (-e) chəməddəlt
durchsehen deurkyk (deurge-) döərkejk
durchsichtig deurskynend döərskejnənt
durchstreichen doodkrap (doodge-) duətkrap
durchsuchen deursoek (deurge-) döərsuk
dürfen mag mach
Durst dors dors
durstig dors dors
Dusche stort (-e) ßtort
duschen stort (ge-) ßtort
Duschgel seep ßiəp
Duschvorhang stortgordyn (-e) ßtortchordejn
Dutzend dosyn (-e) dußejn
duzen, (sich) met "jy" en "jou" aanspreek met "jej" en "jou" ahnßpriək
Ebbe laagwater laachwatər ℹ *Hier ist der Unterschied zwischen Ebbe und Flut nicht so groß wie in Europa.*
eben (nicht uneben) gelyk (-e) chəlejk
Ebene vlakte (-s) flacktə
ebenso net so net suə
EC-Karte tjek kaart tscheck kahrt ℹ *Die EC Karte wird nicht akzeptiert.*
Echo eggo ('s) echu
echt eg (-te) äch
Ecke hoek (-e) huk ⇨Ecke ... und ... = op die hoek van ... op di huk fan
eckig hoekig (-e) hukəch
edel edel edəl
Edelstein edelsteen (-stene) edəlßtiən ℹ *Viele Sorten wie z. B. Rubine kommen hier vor.*

egal om't ewe omt iəwə
ehe voordat fuərdat
Ehefrau eggenote (-s) ächənuətə
Ehemann eggenoot (-e) ächənuət
Ehepaar egpaar (-pare) ächpahr
Ehre eer iər
ehrgeizig ambisieus ambißiöß
ehrlich eerlik (-e) iərlək
Ei eier (-s) ejərs
Eiche akkerboom (-bome) akkərbuəm
Eidechse akkedis (-se) akkədəs
Eierstock eierstok (-ke) ejərßtock
eifersüchtig jaloers (-e) jaluhrs
eigenartig eienaardig (-e) ejənahrdəch
eigene eie ejə
Eigenschaft eienskap (-pe) ejənskapp
Eigenschaftswort byvoeglike naamwoord (-e) bejfuchləkə nahmwuərt
eigensinnig eiesinnig (-e) ejəßinnəch
eigentlich eintlik ejntlək
Eigentum eiendom (-me) ejəndomm
Eigentümer eienaar (-s) ejənahr
Eilbrief spoedbrief (-briewe) ßputbrief
eilig haastig (-e) hahßtəch
Eilzustellung spoedpos sputposs
Eimer emmer (-s) emmər
einatmen inasem (inge-) ənahßəm
Einbahnstraße eenrigtingstraat (-strate) iənrəchtəngßtraht
einbrechen inbreek (inge-) ənbriək
Einbruch inbraak (-brake) ənbrahk
einchecken ①inweeg (inge-) (Flughafen) ənwiəch ②aanmeld (aange-) (Hotel) ahnmält
Eindruck indruk (-ke) əndrök
einerseits ... andererseits aan die een kant ... maar aan die ander kant ahn di iən kant ... mahr ahn di ander kant
einfach eenvoudig (-e) iənfoudəch
Einfahrt ingang (-e) ənchang
Einfall inval (-le) ənfall
einfarbig eenkleurig (-e) iənklöərəch
Einfluß invloed ənflutt
einführen invoer (inge-) ənfuhr
Eingang ingang (-e) ənchang
Eingeborene inboorling (-e) ənburləng
Eingeweide ingewande ənchəwandə
eingleisig eensporig (-e) iənßpurəch
einheimisch inheems (-e) ənhiəmß
einheitlich uniform üniforrəm
einig (sein) ooreenstemmig ən uəriənßtemməg
einige sommige ßommachə
einigen, sich met mekaar ooreenstem met məkahr uəriənßtem
einigermaßen ①in 'n sekere mate (Grad) ən ə ßiəkərə mahtə ②so-so (leidlich) ßuə-ßuə
Einigung ①ooreenstemming (Absprache) uriənßtemməng ②vereniging (eines Volkes) fəriənəchəng
Einkauf aankope ahnkuəpə
einkaufen inkopies doen (ge-) ənkuəpiß dun
Einkaufsbummel inkopie toer (toere) ənkuəpi tuhr ℹ *Sehr flexible Ladenzeiten, viele Geschäfte haben auch abends und sonntags geöffnet.*
Einkaufswagen trollie (-s) trolli
Einkommen inkomste ənkommßtə
einladen uitnooi (uitge-) öitnoi
Einladung uitnodiging (-s) öitnuədəchəng
einlegen (Essen) inlê (inge-) ənleh
Einleitung inleiding (-s) ənlejdəng
einmal eenkeer iənkiər
Einmaleins vermenigvuldiging fərmiənəch-földəchəng
einmalig uniek (-e) ünik
einmischen, sich inmeng (inge-) ənmeng
Einnahme inname ənahmə
einpacken inpak (inge-) ənpak
Einreise binnekoms bənnəkomms
Einreisebestimmungen regulasies vir besoekers rechülahßiß vər bəßuckərs ℹ *Kein Visum nötig, nur ein Reisepaß, der noch mindestens sechs Monate gültig ist.*
einreisen 'n/die land binnekom (binnege-) ə/die lannt bənnəkomm
einrichten inrig (inge-) ənrəch
Einrichtung inrigting (-s) ənrəchtəng
eins een iən
einsam eensaam (-same) iənßahm
einschalten inskakel (inge-) ənskahkəl
einschenken inskink (inge-) ənskənk
einschlafen aan die slaap raak (geraak) ahn die ßlahp rahk

einschließlich insluitende ənßlöitəndə
Einschreiben registreer (ge-) rəchəßtriər
einstecken ①insteek (inge-) (Schlüssel) ənßtiək ②verduur (Beleidigung) fərdühr
einsteigen ①inklim (inge-) (Auto) ankləm ②opklim (opge-) (Flugzeug/Zug) opkləm
einstellen ①aanstel (aange-) (Arbeitskräfte) ahnßtäl ②staak (ge-) (aufgeben) ßtahk
einstimmig eenparig (-e) iənpahrəch
einstürzen inmekaarstort (inmekaarge-) ənməkahrßtort
eintippen (Geheimnummer) tik (ge-) tək
eintönig eentonig (-e) iəntuənəch
eintreten binnekom (-gekom) bənnəkomm
Eintritt(spreis) toegang tuchang
Eintrittskarte toegangskaartjie (-s) tuchangskahrki
einverstanden ooreenstem (ooreenge-) ur iənßtem
einwandern immigreer (geïmmigreer) əmməchriər
einwandfrei onberispelik (-e) onbərəßpələk
einweisen insit (inge-) (Heilanstalt) ənßət
einwerfen (Brief/Münzen) ingooi (inge-) əngoi
Einwohner inwoner (-s) ənwuənər
ⓘ*Südafrika hat ungefähr 40 Millionen Einwohner.*
Einzahl enkelvoud enkəlfout
einzahlen inbetaal ənbətahl
Einzelheit besonderheid (-hede) bəßondərhejt
einzeln afsonderlik (-e) afßondərlək
Einzelzimmer enkelkamer (-s) enkəlkahmər
einzigartig uniek (-e) ünik
einzige enigste iənəchßtə
Eis ①roomys (Speiseeis) ruəmejs ②ys (Winter) ejß
Eisen yster ejßtər
Eisenbahn spoorweg (-weë) ßpurwäch
ⓘ*heißt "Spoornet"*
eisern hard (-e) hart
eisig ysig (-e) ejßəch
eitel ydel ejdəl
Eiter etter ettər
eitrig etterig ettərəch
ekelhaft walglik (-e) walchlək
ekeln, sich walg (ge-) walch
Elastikbinde rekkie (-s) räcki
elastisch elasties (-e) elaßtiß
elegant elegant (-e) elechant
elektrisch elektries (-e) elektriß
Elektrizität elektrisiteit elektrißitejt ⓘ*Das Stromnetz hat 220/230 Volt.*
Element element (-e) element
Elend ellende ellende
elf elf älf
Ellbogen elmboog (-boë) älmbuəch
Eltern ouers ouərs
empfangen ontvang ontfang
Empfänger ontvanger (-s) ontfanger
Empfangshalle ontvangskamer (-s) ontfangskamer
empfehlen aanbeveel ahnbəfiəl
empfinden voel (ge-) full
empfindlich gevoelig (-e) chəfulləch
Emulsion emulsie imölpi
Ende einde ejnde
enden eindig (ge-) ejndəch
Endergebnis eindresultaat (-tate) ejntressöltaht
endgültig finaal (-nale) finahl
Endhaltestelle laaste stopplek (-e) lahßte ßtoppläk
endlich eindelik ejndələk
Endreinigung laaste reinigingsproses (-se) lahßte rejnəchəngßprusses
Endung einde (-s) ejnde
Energie energie enerchi
energisch energiek (-e) enerchik
eng nou nou
Enge engte engte
Engel engel (-e) engəl
enger machen nouer maak (gemaak) nouər mahk
England Engeland engəland
Engländer(in) Engelsman engəlsman
englisch Engels (-e) engəls
Enkel kleinkind (-ers) klejnkənt
entdecken ontdek ondäck
Entdeckung ontdekking (-s) ondäckəng
Ente eend (-e) iənt
entfernen (med.) verwyder vərwejdər

Entfernung distansie (-s) daßtahnßi
entgegengesetzt teenoorgestel (-de) tianurchaßtäl
enthalten ①bevat (beinhalten) bafatt ②weerhou (sich) wiarhou
enthusiastisch entoesiasties (-e) entuschiaßtiß
entkernen ontpit ontpat
entlang langs langs
entlassen (Krankenhaus) ontslaan (-slane) ontslahn
entscheiden, (sich) 'n besluit neem (geneem) a baslöit niam
Entscheidung besluit (-e) baslöit
Entschluß besluit (-e) baslöit
entschuldigen, sich verskoon farskuan
entsorgen wegdoen met (weggedoen) wächdun met
entspannen, (sich) ontspan ontßpann
Entspannung ontspanning ontßpannang
entstehen ontstaan ontßtahn
enttäuscht teleurgestel (-de) talöarchaßtäl
Enttäuschung teleurstelling (-s) talöarßtällang
entweder ... oder òf ... òf off ... off
entwerfen ontwerp ontwärp
entwerten kaartjie laat knip kahrki laht knap
entwickeln, (sich) ontwikkel ontwackal
Entwicklung ontwikkeling ontwackalang
Entwicklungshelfer(in) vrywillige bystandswerker (-s) frejwallacha bejßtantswärkar
Entwicklungshilfe ontwikkelingsbystand ontwackalangs-bejßtant
Entwurf ontwerp (-e) ontwärp
entziffern ontsyfer ontßejfar
entzündet ontsteek ontßtiak
Entzündung ontsteking ontßtiakang
Epidemie epidemie (-s) epadiami
Epoche tydperk (-e) tejtpärk
er hy hej
erbauen opbou (opge-) opbou
Erbsen ertjies ärkiß
Erdbeben aardbewing (-s) ahrtbiawang
Erdbeere aarbei (-e) ahrbej
Erde aarde ahrda
Erdgeschoß grondvloer (-e) chrontfluhr
Erdöl petroleum petrualiöm
Erdteil wêrelddeel (-dele) wäraldial
Ereignis gebeurtenis (-se) chaböartanaß
erfahren ①ervaar (Verb) ärfahr ②ervare (Adj.) ärfahra
Erfahrung ondervinding ondarfandang
erfinden uitvind (uitge-) öitfant
Erfindung uitvinding (-s) öitfandang
Erfolg sukses Böcksess
erfolgreich suksesvol (-le) Böcksessvol
erforschen ondersoek ondarßuk
erfreulich verblydend (-e) farblejdant
erfrischend verfrissend (-e) farfrassant
Erfrischung verfrissing (-s) farfrassang
Erfrischungstuch vefrissingslap (-pe) farfrassangslapp
ergänzen ①voltooi (vervollständigen) folltoi ②jou/mekaar aanvul (aange-) (sich/einander) jou/makahr ahnföl
Ergebnis resultaat (-tate) ressöltaht
ergreifen gryp (ge-) chrejp
erhalten ①ontvang (bekommen) ontfang ②jouself onderhou (sich) jousälf ondarhou
erholen, sich ①ontspan (relaxen) ontßpann ②herstel (med.) härßtäl
Erholung ontspanning ontßpannang
erinnern, sich (an) onthou/herinner onthou/härrannar
Erinnerung herinnering (-e) härrannarang
erkältet verkoue hê (gehad) farkoua heh
Erkältung verkoue farkoua
erkennen herken härkenn
erklären verduidelik vardöidalak
Erklärung ①verduideliking (-s) (Aufschluß) fardöidalakang ②verklaring (-s) (Aussage) farklahrang
Erlaubnis toestemming tußtemmang
erleben beleef baliaf
Erlebnis belewenis baliawanas
erledigen (etwas) klaarmaak (klaarge-) klahr mahk
erleichtern vergemaklik varchamacklak
Ermäßigung afslag afßlach
ermorden vermoor farmur
Ernährung voeding fuddang
ernst ernstig (-e) ärnßtach
Ernst erns ärns

Ernte oes (-te) uß
Erntehelfer oeswerker (-s) ußwärkər
ernten oes (ge-) uß
Eroberung verowering (-s) fəruəwərəng
eröffnen (Konto) oopmaak (oopge-) uəpmahk
Eröffnung opening (-s) uəpənəng
erregen opwek (opge-) opwäck
erreichbar bereikbaar (-bare) bərejkbahr
erreichen bereik bərejk
errichten oprig (opge-) oprəch
Ersatz plaasvervanger (-s) plahßfərfangər
Ersatzteil onderdeel (-dele) ondərdiəl
erscheinen verskyn fərskejn
erschießen doodskiet (doodge-) duətskitt
erschöpft uitgeput (-te) öitchəpött
erschrecken laat skrik laht skrək
ersetzen vervang fərfang
erst eers iərs
erstatten (Anzeige) 'n klag lê (gelê) ə klach leh
erstaunt sein verbaas wees fərbahß wiəß
erste eerste iərßtə
Erste Hilfe eerste hulp iərßtə hölp
ersticken verstik/versmoor fərßtək/fərßmur
Ertrag opbrengs (opbrengste) opbrengs
ertrinken verdrink fərdrənk
erwähnen noem (ge-) num
erwärmen ①warm maak (ge-) (haben) warm mahk ②warm word (ge-) (sich) warrəm wort
erwarten verwag fərwach
erweitern wyer maak (gemaak) wejər mahk
erzählen vertel fərtäll
Erzählung storie (-s) ßturi
erzeugen ①produseer (Güter) prodüßiər ②voortplant (voortge-) (Kinder) fuərtplant
erziehen groot maak (gemaak) (Kinder) chruət mahk
erzogen ①opgevoed (gut erzogen) opchəfutt ②onopgevoed (schlecht erzogen) onopchəfutt
es dit dət
Esel esel/donkie iəßəl/donki
eßbar eetbaar iətbahr
essen eet (ge-) iət
Essen ①kos (Nahrung) koss ②ete (-s) (Mahlzeit) iətə
Essenszeiten etenstye iətənßtejə
Essig asyn aßejn
etwa ongeveer onchəfiər
etwas iets itß
euer(e) julle jöllə
Europa Europa öəruəpa
europäisch Europees öərupiəß
Experiment eksperiment (-e) eckßpriment
exportieren uitvoer (uitge-) öitfuhr
extravagant uitspattend (-e) öitßpattənt
Fabrik fabriek (-e) fabrik
Fach vak (-ke) fack
Facharbeiter vakarbeider (-s) fackarbejdər
Fachausdruck vakterm (-e) facktärm
Fachmann vakman (-ne) fackmann
fad ①flou flou ②vaal fahl
Faden garing charəng
fähig (zu) in staat ən ßtaht
Fähigkeiten vermoë fərmuə
Fahne ①vlag (vlae) (Flagge) flach ②alkoholwalm (-s) (Geruch) alkoholwalləm
Fahrbahn rybaan (-bane) rejbahn
Fähre pont (-e) ponnt
fahren ①ry (ge-) (Auto/Zug/Rad) rej ②vaar (ge-) (Schiff) fahr
Fahrer(in) bestuurder (-s) bəßtührdər
Fahrerflucht tref-en-trap-ongeluk tref-en-trap onchəlöck
Fahrkarte reiskaartie (-s) rejßkahrki
Fahrkartenautomat outomatiese kaartjiesmasjien (-e) outumahtißə kahrkimaschin
Fahrkartenschalter kaartjieskantoor (-tore) kahrkißkantur
Fahrplan tydtafel (-s) tejttafel
fahrplanmäßig volgens tydtafel folchəns tejttafel
Fahrpreis tarief (tariewe) tariff
Fahrrad fiets (-e) fiets
Fahrradfahrer(in) fietsryer (-s) fietsrejər
Fahrradflickzeug patch en solution pätsch en ßəluschən
Fahrschein kaartjie (-s) kahrki
Fahrschule ryskool (-skole) rejskuəl
Fahrt ①rit (-te) (Bus) rət ②reis (-e) (Reise) rejß
Fahrtdauer duur van 'n reis dühr fan ə rejß

Fahrtroute roete (-s) ruttə
Fahrzeugpapiere voertuig lisensie fuhrtöich ləßenßi
fair regverdig (-e) rächfärdəch
Fall ①geval (Einzel-) chəfall ②val (-le) (Sturz) fall
Falle val (-le) fall
fallen val (ge-) fall
falsch vals (-e) falls
falsch verbunden verkeerde nommer fərkiərdə nommer
Fälschung vervalsing (-s) fərfallßəng
Falte ①vou (-e) (Kleidung) fou ②plooi (-e) (Gesicht) ploi
falten vou (ge-) fou
Familie gesin (-ne) / familie (-s) chəßən

FAMILIE (FAMILIE)

Bruder broer (-s) bruhr
Cousin neef (-s) niəf
Cousine niggie (-s) nəchi
Ehefrau vrou (-ens) frou
Ehemann man (-s) mann
Enkel kleinseun (-s) klejnsöən
Enkelin kleindogter (-s) klejndochtər
Großmutter ouma (-'s) oumah
Großvater oupa (-'s) oupah
Mutter ma (-'s) mah
Neffe, Nichte broerskind/susterskind bruhrßkənt/ßößtərßkənt
Onkel oom (-s) uəm
Schwager swaer (-s) ßwahr
Schwägerin skoonsuster (-s) ßkuənßößtər
Schwester suster (-s) ßößtər
Schwiegermutter/-vater skoonma (-'s)/skoonpa (-'s) ßkuənmah/ßkuənpah
Schwiegersohn skoonseun (-s) ßkuənßöən
Schwiegertochter skoondogter (-s) ßkuəndochtər
Sohn seun (-s) ßöən
Tante tannie (-s) tanni
Tochter dogter (-s) dochtər
Vater pa (-'s) pah

Familienname familienaam (-name) familinahm
Familienstand huwelik status hüwələk ßtatöß
fanatisch fanaties (-e) fanahtiß
fangen vang (ge-) fang
Farbe kleur (-s) klöər

FARBEN (KLEURE)

beige beige beige
blau blou blou
braun bruin bröin
gelb geel chiəl
grau grys chrejß
grün groen chrun
lila pers pärß
orange oranje uranjə
rosa pink pink
rot rooi roi
schwarz swart ßwart
türkis turkoois törkoiß
weiß wit wət

färben kleur (ge-) klöər
farbig gekleur (-de) chəklöər
Farbton kleurskakering (-s) klöərßkakiərong
Fassade fasade (-s) fassadə
fassen ①vat (ge-) (ergreifen) fatt ②begryp (begreifen) bəchrejp
fast amper ampər
Fastenzeit vastyd faßtejt
faul ①vrot (Obst) frot ②lui (Person) löi
Faust vuis (-te) föiß
Faxgerät faksmasjien (-e) faksmaschin
Faxnummer faksnommer (-s) faksnommer
Februar Februarie febrüari
Feder veer (vere) fiər
fehlen ontbreek ontbriək
Fehler fout (-e) fout
fehlerlos foutloos (-lose) foutluəß
Feier fees (-te) fiəß
feierlich feestelik (-e) fiəßtələk
feiern feesvier (feesge-) fiəßfihr
Feiertag vakansiedag (-dae) fakanßidach
feige lafhartig (-e) laffhartəch
Feige vy (-e) fej
Feigling lafaard (-e) laffahrt

F

feilschen handel dryf (gedryf) handel drejf ⓘ*Ist gang und gäbe bei allen Flohmärkten.*
fein fyn fejn
Feind vyand (-e) fejant
Feindschaft vyandskap fejantßkapp
Feinschmecker fynproewer (-s) fejnpruwwər
Feld veld (-e) fällt
Fell vel (-le) fäll
Fels(en) rots (-e) rotts
Fenster venster (-s) fenßter
Fensterladen hortjie (-s) horrki
Fensterplatz venster sitplek (-ke) fenßter ßətpläck
Ferien vakansie (-s) fakanßi
Ferienhaus vakansiehuis (-e) fakanßihöiß
Ferienwohnung vakansiewoning (-s) fakanßiwuənəng
fern veraf fährraf
Ferne verte fährtə
Ferngespräch hooflyngesprek (-ke) huəflejnchəßpräck ⓘ*Für eine Auslands-verbindung muß 09 vorgewählt werden.*
Fernost Verre Ooste färrə uəßtə
fernöstlich Verre Oostelik (-e) värrə uəßtələk
Fernsehapparat televisietoestel (-le) tälləwißitußtäl
Fernsehen televisie (-s) tälləwißi
Ferse hakskeen (-skene) hackßkiən
fertig klaar klahr
Fertighaus prefab (-s) prifäb
fest vas faß
Fest fees (-te) fiəß
festhalten vashou (vasge-) faßhou
Festland vasteland faßtəlant
festlich feestelik (-e) fiəßtələk
Festspiele feesspel fiəßpäl
feststellen vasstel (vasge-) faßtäl
Festung vesting (-s) feßtəng ⓘ*z. B. das berühmte "Kasteel" in Kapstadt*
fett vet fett
feucht klam klamm
Feuchtigkeit vogtigheid fochtəchejt
Feuchtigkeitscreme vogroom fochruəm
Feuchttücher natlap (-pe) nattlapp
Feuer vuur (vure) führ
Feuerwehr brandweer brantwiər
Feuerzeug aansteker (-s) ahnßtiəkər
ficken naai (ge-) nai
Fieber koors kuərs
Filet lendestuk (-ke) lendəßtök
Filiale tak (-ke) tack
Film ①fliek (-e) (Kino) flick ②film (-s) (Foto) fälləm ⓘ*kann man auch in der Apotheke entwickeln lassen*
filmen afneem (afge-) affniəm
finden vind (ge-) fənt
Finger vinger (-s) fəngər
Firma firma (-s) fərma
Fisch vis (-se) fəß
Fischerboot vissersboot (-bote) fəßərßbuət
flach ①vlak (nicht tief) flack ②plat (eben) platt
Fläche vlak (-ke) flack
Flamme vlam (-me) flamm
Flasche bottel (-s) bottəl
Flaschenöffner botteloopmaker (-s) bottəluəpmahkər
Fleck vlek (-ke) fläck
Fleisch vleis flejß
Fleiß ywer ejwər
fleißig fluks (-e) flöks
flicken regmaak (regge-) rächmahk
Fliege vlieg (vlieë) flich
fliegen vlieg (ge-) flich
fliehen vlug (-ge-) flöch
Fließband monteerbaan (-bane) montiərbahn
fließen vloei (ge-) flui
flirten ①flirt (ge-) flərt ②flankeer (ge-) flankier
Flitterwochen wittebrood wəttəbruət
Floh vlooi (-e) floi
Flohmarkt vlooimark (-te) floimark
Florist(in) bloemis blumәß
Flossen vinne fənnə
Flöte fluit (-e) flöit
flüchten vlug (ge-) flöch
Flüchtling vlugteling (-e) flöchtələng
Flug vlug (-te) flöch
Flugdauer duur van vlug dühr fan flöch
Flügel vlerk (-e) flärk
Fluggesellschaft lugredery (-e) löchriədərej ⓘ*Die größte Gesellschaft heißt '"Die Suid-Afrikaanse Lugdiens".*

Flughafen lughawe (-ns) löchawə
Flugplan vlugtydtafel (-s) flöchtejttahfəl
Flugpreis vliegprys (-e) flichprejß
Flugroute vliegroete (-s) flichruttə
Flugschalter vliegtoonbank (-e) vlichtuənbank
Flugticket vliegtuigkaartjie (-s) flichtöichkahrki
Flugzeug vliegtuig (-tuie) flichtöich
Flur gang (-e) chang
Fluß rivier (-e) rəfihr
flüssig vloeibaar (-bare) fluibahr
Flüssigkeit vloeistof (-stowwe) fluißtoff
Flußmündung riviermonding (-s) rəfihrmondəng
Flußufer rivieroewer (-s) rəfihruwwər
flüstern fluister (ge-) flöißtər
Flut ①hoogwater (Gezeiten) huəchwater ②vloed (-e) (Wassermasse) flutt
Folge ①gevolg (-e) chəfolch ②reeks (Reihe) riəkß
folgen volg (ge-) folch
Fön haardroër (-s) haardruər
fönen droogblaas (droogge-) druəch-blahß
fordern eis (ge-) ejß
fördern bevorder bəfordər
Form vorm (-s) form
förmlich ①formeel (Benehmen) formiəl ②letterlik (buchstäblich) lettərlək
formlos vormloos (-lose) formluəß
Formular vorm (-s) form
Forscher navorser (-s) nahforßər
Forschung navorsing nahforßəng
fort weg wäch
fortpflanzen, sich voortplant (voortge-) fuərtplannt
Fortpflanzung voortplanting fuərtplanntəng
Fortschritt vooruitgang fuəröltchang
Fortsetzung voortsetting fuərtßettəng
Foto foto (-'s) fuətu
Fotoapparat kamera (-s) kamera
Fotogeschäft kamerawinkel (-s) kamerawənkəl
fotografieren fotografeer (ge-) fuətuchrafiər
Fracht vrag (-te) frach
Frage vraag (vrae) frahch
Fragebogen vraelys (-te) fraəlejß
fragen vra (ge-) frah
Franc frank frank
Franken ①Franke (fränkisch) frankə ②Switserse frank (Währung) ßwətßərßə frank
frankieren frankeer (ge-) frankiər
Frankreich Frankryk frankrejk
Franzose/Französin Frans frans
französisch Frans (-e) frans
Frau vrou (-ens) frou
Frauenarzt/-ärztin ginekeloog (-loë) chənəkəluəch
Fräulein mejuffrou mejöffrou
frech parmantig (-e) parmantəch
frei vry frej
freiberuflich vry-skut frej-ßkött
Freiheit vryheid frejhejt
Freitag Vrydag frejdach
freiwillig vrywillig (-e) frejwəlləch
Freizeit vrye tyd frejə tejt
fremd vreemd (-e) friəmt
Fremde vreemdeling (-e) friəmdələng
Fremdsprache uitheemse taal öithiəmßə tahl
Fresko fresko (-'s) freßku
fressen vreet (ge-) friət
Freude vreugde fröəchdə
freuen, sich bly wees blej wiəß
Freund(in) vriend (-e)/vriendin (-ne) frint/frindən
Freundeskreis vriendekring (-e) frindəkrəng
freundlich vriendelik (-e) frindələk
Frieden vrede friədə
Friedhof begraafplaas (-plase) bəchraffplahß
friedlich vreedsaam (-same) friətßahm
frieren vries (ge-) friß
frisch vars fars
Friseur haarkapper (-s)/haarkapster (-s) haarkappər/haarkapßtər
fricioron, (sich) hare laat doen haare laht dun
frittiert in olie gebak ən uəli chəback
froh bly blej
fröhlich vrolik (-e) fruələk
fromm vroom fruəm
Frosch padda (-s) padda
Frost ryp rejp
Frostschutzmittel anti-vriesmiddel anti-frißməddəl
Frucht vrug (-te) fröch
früh vroeg (vroeë) fruch

früher vroër fruər
frühestens op die vroegste op die fruchßtə
Frühling lente lentə
Frühstück ontbyt ontbejt
Frühstücksraum ontbytsaal (-sale) ontbejtßahl
fühlen voel (-ge) full
Führer leier (-s) lejər
Führerschein rybewys (-e) rejbəwejß
ℹ *Nationale Führerscheine mit Lichtbild reichen eigentlich aus, besser ist aber ein internationaler Führerschein.*
Führung leiding lejdəng
füllen (mit) vul (ge-) föll
Füllfederhalter vulpenhouer (-s) föllpenhouər
Füllung vulling völləng
fünf vyf fejf
fünfhundert vyfhonderd fejfhondərt
fünfmal vyfkeer fejfkiər
fünftausend vyfduisend fejfdöißənt
fünfzehn vyftien fejftin
fünfzig vyftig fejftəch
funktionieren werk (ge-) wärk
für vir fər
furchtbar verskriklik (-e) fərskrəklək
fürchten, sich bang wees (gewees) bang wiəß
Fürst(in) vors/vorstin forß/forßtən
Fürwort voornaamwoord (-e) fuərnahmwuərt
Fuß voet (-e) futt
Fußball sokker ßockər ℹ *Zusammen mit Rugby und Cricket die beliebtesten Sportarten.*
Fußballspiel sokkerspel ßockərßpäll
Fußgänger(in) voetganger (-s) futtchangər
Fußgängerübergang voetganger oorgang (-gange) futtchangər urchang
Fußgängerzone wandellaan (-lane) wandəllahn ℹ *Es gibt viel weniger Fußgängerzonen als in Europa.*
Futter voer furr
füttern voer (ge-) furr
Gabel vurk (-e) fork
gähnen gaap (ge-) chahp
Galerie galery (-e) chalərej
Galle gal chall
Gang ① rat (-te) (Auto) ratt ② gerieg (-te) (Menü) chərächt ③ gang (-e) (Flugzeug, Zug) chang
Gangplatz gangsitplek (-ke) changßətpläk
Gans gans (-e) chahnß
ganz ① heeltemaal (hele) (vollständig) hiəltəmal ② heel (hele) (adjektiv) hiəl
Garage garage (-s) gərahtsch
Garantie waarborg (-e) wahrborch
garantieren waarborg (ge-) wahrborch
Gardine gordyn (-e) chordejn
garen gaar maak chahr mahk
Garten tuin (-e) töin
Gartengeräte tuingereedskap töinchəriətskap
Gartenmöbel tuinmeubels töinmöəbəls
Gas gas (-se) chaß
Gasflasche gasbottel (-s) chaßbottəl
Gaskocher gasstoof (-stowe) chaßtuəf
Gasse smal straat (- strate) ßmall ßtraht
Gast gas (-te) chaß
Gastgeber gasheer (-here) chaßhiər
Gasthaus gastehuis (-e) chaßtəhöis
Gaststätte restaurant (-e) reßturant
Gebäck gebak/koek chəback/kuk ℹ *z. B. Milchtorte und koeksisters*
gebacken gebak (Verb) chəback
Gebärmutter baarmoeder (-s) bahrmuddər
Gebäude gebou (-e) chəbou
geben gee (ge-) chiə
Gebet gebed (-e) chəbett
Gebiet gebied (-e) chəbitt
gebildet opgevoed opchəfutt
Gebirge gebergte (-s) chəbärchtə
Gebiß stel tande ßtäl tandə
geblümt geblom chəblomm
geboren gebore chəbuərə
gebraten gebraai (-de) chəbraai
Gebrauch gebruik (-e) chəbröik
Gebrauchsanweisung gebruiksaanwysing (-s) chəbröiks-ahnwejßəngs
gebrochen gebroke chəbruəkə
Gebühr fooi (-e) foi
gebührenfrei kosteloos (-lose) koßtəluəß
gebührenpflichtig met koste met koßtə
Geburt geboorte (-s) chəburtə
Geburtsjahr geboortejaar chəburtəjahr
Geburtsort geboorteplek (-ke) chəburtəpläk
Geburtstag verjaarsdag (-dae) fərjahrsdach

Geburtsurkunde geboortesertifikaat (-kate) chəburtəßärtifikaht
Gebüsch bosse bosse
Gedächtnis geheue chəhöə
Gedanke gedagte (-s) chədachtə
Gedicht gedig (-te) chədəch
Geduld geduld chədölt
geduldig geduldig (-e) chədöldəch
gedünstet gesmoor chəsmur
geeignet geskik (-te) chəskək
Gefahr gevaar (-vare) chəfahr
gefährlich gevaarlik (-e) chəfahrlək
Gefälle afdraand (-e) (Straße) afdrahnt
gefallen hou van (gehou -) hou fan
gefälscht vervals (-de) fərfalls
gefangen gevang chəfang
Gefängnis gevangenis (-se) chəfangənəß
Gefäß vat (-e) fatt
gefriert, es dit vries (gevries) dət friß
gefroren gevries (-de) chəfriß
Gefühl gevoel (-ens) chəfull
gegen teen tiən
Gegend area (-s) aria
Gegengift teengif tiənchəf
Gegensatz teëstelling (-s) tiəßtälləng
Gegenstand voorwerp (-e) fuərwärp
Gegenteil ①teendeel tiəndiəl
②teenoorgestelde (... von) tiənurchəßtäldə
⇨im Gegenteil = inteendeel əntiəndiəl
gegenüber ①toonoor (jemandem ...) tiənur
②oorkant (räumlich) urkannt
Gegenwart teenwoordigheid tiənwurdəchejt
Gegenwind teenwind tiənwənt
Gegner teenstaander (-s) tiənßtahndər
Gehalt salaris (-se) ßəlahrəß
Geheimnummer kodenommer kuədənommər
gehen ①gaan (ge-) chahn ②loop (ge-) (aufrecht) luəp
Gehirn brein (-e) brejn
Gehirnerschütterung harsingskudding (-s) harßəngsköddə
Gehör gehoor chəhur
gehorchen gehoorsaam wees chəhurßahm wiəß
gehören (zu) behoort bəhurt
Gehweg voetpad (-paaie) futtpatt
Geige viool (viole) fiuəl

geil jags jachß
Geist gees (-te) chiəß
geistig verstandelik (-e) fərßtandələk
geistlich geestelik chiəßtələk
Geistliche geestelike chiəßtələkə
geistreich geesryk (-e) chiəßrejk
geizig suinig (-e) ßöinəch
gekocht gekook chəkuək
gelähmt verlam (-de) fərlamm
Gelände terrein (-e) tərrejn
Geländewagen vier-by-vier fihr-bej-fihr
gelb geel chiəl
Gelbfieber geelkoors chiəlkurs
Geld geld chält
Geldautomat tellermasjien (-e) tällərmaschin
ℹ *Mit der internationalen Kreditkarte kann Geld am Automaten abgehoben werden.*
Geldbeutel/-börse beursie (-s) böərßi
Geldschein banknoot (-note) banknuət
Geldstrafe boete (-s) buttə
Gelegenheit ①geleentheid (-hede) chəliənthejt ②winskopie (Schnäppchen) wənßkuəpi
Gelenk lit (-te) lət
gelingen slaag (ge-) ßlahch
gelten geld (ge-) chält
Gemälde skildery (-e) skəldərej
Gemäldesammlung skilderyversameling (-s) skəldərej-fərßahmələng
gemein gemeen (-mene) chəmiən
Gemeinde gemeente (-s) chəmiəntə
Gemeinheit gemeenheid chəmiənhejt
gemeinnützig van algemene nut fan alchəmiənə nött
Gemeinschaft gemeenskap (-pe) chəmiənskap
gemischt gemeng (-de) chəmeng
Gemüse groente chruntə

GEMÜSE (GROENTE)
Artischocke artisjok (-ke) artischock
Aubergine eiervrug (-te) ejərfröch
Blumenkohl blomkool blommkuəl
Broccoli brokkolie brokkuli
Erbsen ertjies ärkiß
gr. Bohnen groen boontjies grunn buinkiß

G

Gurke komkommer (-s) komkommər
Karotte geelwortel (-s) chiəlwortəl
Kartoffel aartappel (-s) artappəl
Lauch prei prej
Paprikaschote russiepeul (-e) rössipöəl
Pilz sampioen (-e) ßampiun
Rosenkohl spruitkool ßpröitkuəl
Süßkartoffel patat (-s) pətatt
Tomate tamatie (-s) tamahti
Zwiebel ui (-e) öi

G

Gemüsehändler groentewinkel (-s) chruntəwənkəl
gemustert met patrone met patruənə
gemütlich gesellig (-e) chəßälləch
genau presies (-e) prəßiß
genehmigen goedkeur (goedge-) chutköər
Genehmigung goedkeuring chutköərəng
genesen genees chəniəß
genießen geniet chənitt
Genitalien geslagsdele chəslachsdiələ
genug genoeg chənuch
genügen genoeg wees (gewees) chənuch wiəß
Genuß genot chənott
geöffnet oop uəp
Gepäck bagasie bəchahßi
Gepäckaufbewahrung bagasiekantoor bəchahßikantur
Gepäckband bagasieband (-e) bəchahßibannt
Gepäckfach bagasiesluitkas bəchahßislöitkaß
Gepäckkontrolle bagasiekontrole bəchahßikontruələ
Gepäcknetz bagasierak (-ke) bəchahßirack
Gepäckschein bagasiebewys (-e) bəchahßibəwejs
Gepäckträger kruier (-s) kröiər
gepflegt netjies (-e) nehkiß
gepunktet gespikkel (-de) chəßpəkkel
gerade ①sopas (soeben) ßuəpass ②reguit (nicht schräg) rächöit
geradeaus reguit aan rächöit ahn
Gerät toestel (-le) tußtäl
geräumig ruim röim
Geräusch geluid (-e) chəlöit
gerecht regverdig (-e) rächfärdəch
Gericht gereg (Justiz & Essen) chəräch
gerichtlich geregtelik (-e) chərächtələk
gering gering (-e) chərəng
gern graag chrahch
Geröll los klippe loß kləppə
Geruch reuk (-e) röək
Gerüst stellasie (-s) ßtəllaßi
gesamt totaal (-tale) tutahl
Gesamtbetrag totale bedrag (bedrae) tutahlə bədrach
Gesang gesang chəßang
Geschäft besigheid (-hede) biəßəchejt
Geschäftsführer(in) bestuurder (-s) bəßtührdər
Geschäftsmann/-frau besigheidsman/-vrou biəßəchejtsmann/biəßəchejtsfrou
geschehen gebeur chəböər
Geschenk geskenk (-e) chəskenk
Geschichte ①storie (-s) (Erzählung) ßturi ②geskiedenis (-se) (als Wissenschaft) chəßkidənəß
geschickt handig (-e) handəch
Geschirrtuch vadoek (-e) faduk
Geschlecht geslag (-te) chəslach
Geschlechtskrankheit geslagsiekte (-s) chəslachßiktə
Geschlechtsorgane geslagsorgaan (-organe) chəslachs-orchahn
geschlossen gesluit (-e) chəslöit
Geschmack smaak (smake) ßmahkə
geschmacklos ①smaakloos (-lose) ßmahkluəs
geschmackvoll smaakvol ßmahkfol
geschnitzt gesny (-de) chəßnej
geschwächt swak ßwack
Geschwindigkeit spoed ßputt
Geschwindigkeitsbegrenzung spoedbeperking (-s) ßputtbəpärkəng
Geschwindigkeitsübertretung spoedoortreding ßputt-urtriədəng
Geschwister broers en susters brurrs en ßößtərs
geschwollen opgeswel (-de) opchəßwäl
Geschwür sweer (swere) ßwiər
Geselle maat (-s) maht

Gesellschaft ①geselskap (Geselligkeit) chəßälskap ②samelewing (soziale Struktur) ßahməliəwəng ③genootskap (wirtschaftlich) chənuətßkap
Gesellschaftsspiel groepspel chrupßpäl
Gesetz wet (-te) wett
gesetzlich wettiglik (-e) wettəchlək
Gesicht gesig (-te) chəßəch
Gesichtsausdruck gesigsuitdrukking (-s) chəßəchs-öidröckəng
Gesichtspflege versorging van die gesig fərßorchəng fan die chəßəch
gesperrt gespér (-de) chəßpärr
Gespräch gesprek (-ke) chəßpräk
Gesprächsthema onderwerp(-e) van 'n gesprek ondərwärp fan ə chəßpräk
Gestalt gestalte (-s) chəßtalltə
gestehen ①erken (Zugeben) ärkenn ②beken (bekennen) bəkenn
gestern gister chəßtər
gestohlen gesteel (-de) chəßtiəl
gestorben gesterf/doodgegaan chəßtärf/duətchəchahn
gestreift gestreep (-te) chəßtriəp
Gestrüpp struikgewas ßtröikchəwass
gesund gesond (-e) chəßont
Gesundheitszustand gesondheidstoestand (-e) chəßonthejts-tußtant
geteilt durch gedeel deur chədiəl döər
Getränk drank (-e) drank
Getränkekarte dranklys (-te) dranklejs
Getreide graan (grane) chrahn
Getreidefeld koringland (-e) kurəngland
Getriebe aandrywing ahndrejwəng
Gewächshaus broeihuis (-e) bruihöis
gewagt (Kleidung) gewaag (-de) chəwahch
Gewalt geweld chəwält
Gewaltherrschaft tirannie (-ë) tirani
Gewässer waters wahtərs
Gewehr geweer (gewere) chəwiər
Gewerbe ①besigheid (-hede) (Erwerbszweig) biəßəchejt ②ambag (-te) (Erwerbstätigkeit) ambach
Gewerkschaft vakunie (-s) fack-ünni
Gewicht gewig (-te) chəwəch
Gewinn wins (-te) wəns
gewinnen wen (ge-) wenn
Gewissen gewete chəwiətə
Gewitter onweer onwiər
gewittert, es dit is onweer dət əß onwiər
gewöhnen, sich (an) gewoond raak (geraak) aan chəwuənt rahk ahn
Gewohnheit gewoonte (-s) chəwuəntə
gewöhnlich ①gewoon (nicht hervorstechend) chəwuən ②gewoonlik (in der Regel) chəwuənlək
Gewölbe gewelf (-welwe) chəwälf
gewölbt gewelf (-de) chəwälf
Gewürz spesery (-e) ßpəßərej
Giebel gewel (-s) chiəwəl
gierig gierig (-e) chihrəch
gießen giet (ge-) chitt
Gift gif chəf
giftig giftig (-e) chəftəch
Gin Gin Gin (wie auf Deutsch)
Gipfel toppunt (-e) toppönt
Gipsverband gipsverband (-e) chəpsfərbannt
Girokonto lopende bankrekening (-e) luəpəndə bankriəkənəng
Gitarre kitaar (-tare) kitahr
Gitter tralies trahliß
glänzen skitter (ge-)/glans (ge-) skəttər/chlans
glänzend skitterend (-e) skəttərənt
Glas glas (-e) chlaß
Glasscherbe glasstuk (-ke) chlaßtöck
glatt glad (-de) chlatt
Glaube geloof (-lowe) chəluəf
glauben glo (ge-) chluə
gläubig gelowig (-e) chəluəwəch
glaubwürdig geloofwaardig (-e) chəluəwahrdəch
gleich ①netnou (sofort) nettnou ②dieselfde (identisch) dißälfdə
gleichen, sich lyk soos lejk ßuəß
gleichfalls net so nett suə
gleichgültig om't ewe omt iəwə
gleichzeitig gelyktydig (-e) chəlejktejdəch
Gleis spoorlyn (-e) ßpurlejn
Glocke klok (-ke) klock
Glockenturm kerktoring (-s) kärkturəng
Glück geluk chəlöck
glücklich gelukkig (-e) chəlöckəch
Glücksspiel gelukspel chəlöckßpäl

G

Glückwunsch gelukwens (-e) chəlöckwenß
Glühbirne gloeilamp (-e) chluilamp
GmbH Bpk. (Beperk) bəpärk
Gobelin tapisserie (-s) tapəßiəri
Gold goud chout
golden goue chouə
Golf gholf golf
Gotik Gotiek chuətick
gotisch Goties (-e) chuətiß
Gott ①God chott ②god (-e) (Gottheit) chott
Gottesdienst kerkdiens (-te) kärkdinß
göttlich goddelik (-e) choddələk
Grab graf (-te) chraff
graben graaf (ge-) chrahf
Graben sloot (-slote) ßluət
Grabstein grafsteen (-stene) chraffßtiən
Grad graad (grade) chraht
Graf graaf chrahf
Gramm gram (-me) chramm
Grammatik grammatika chrammatika
Grammatikregeln taalreëls tahlriəlß
Grapefruit pomelo ('s) pumiəlouß
Gras gras chrass
gratulieren gelukwens (gelukge-) chəlöckwenß
grau grys chrejß
grausam wreed (wrede) wriət
greifen gryp (ge-) chəchrejp
grell skril ßkrəl
Grenzbeamte/-beamtin grenswag (-te) chrenßwach
Grenze grens (-e) chrenß
Griechenland Griekeland chrickəlant
griechisch Grieks (-e) chrickß
Griff ①greep (grepe) (...nach) chriəp ②handvatsel (-s) (zum Festhalten) hantfatßəl
Grimasse skewebek ßkiəwəbäck
Grippe griep chripp
grob grof (growwe) chroff
groß groot chruət
großartig wonderlik (-e) wondərlək
Großbritannien Groot-Brittanje chruət-brətanjə
Größe ①grootte (Umfang) chruətə ②grootheid (Bedeutung) chruəthejt
Großeltern grootouers chruətouərß
Großmutter ouma ouma
Großraumwagen oop treinwa uəp trejnwa
größtenteils grotendeels chruətəndiəlß
Großvater grootvader chruətfahdər
großzügig vrygeeflik (-e) frejchiəflək
grün groen chrun
Grund ①grond (-e) chront ②rede (-s) (Veranlassung) riədə
gründen stig (ge-)/grond (ge-) ßtəch/chront
Grundkenntnisse basiese kennis bahßißə kennəß
Grundlage grondslag chrontßlach
gründlich deeglik (-e) diəchlək
grundsätzlich prinsipieel (-piële) prənßipiəl
Grundschule laerskool (-skole) lahrßkuəl
Grundstück erf (erwe) ärf
Gruppe groep (-e) chrup
Gruppensex groepseks chrupßeks
Gruß groet (-e) chrut
grüßen groet (ge-) chrut
Gulden gulden chöldən
gültig geldig (-e) chäldəch
Gummi rubber röbbər
günstig voordelig (-e) fuərdiələch
Gurke komkommer (-s) komkommər
Gürtel beld (-e)/gordel (-s) bält/chordəl
gut goed (goeie) chutt
Gut besitting (-s) bəßəttəng
Gutachten deskundige bevinding (-dinge) dessköndəchə bəfəndəng
Güterzug goederetrein (-e) chuddərətrejn
gutmütig goedaardig (-e) chuttahrdəch
Gutschein koopbewys (-e) kuəpbəwejß
Gutschrift krediet krəditt
Gymnasium hoërskool (-skole) hurßkuəl
Gymnastik gimnastiek chəmnaßtick
Haar haar (einzelnes)/hare (kollektiv) hahr/hahrə
Haarfestiger stileerroom stilliəruəm
Haargel gel dschel
Haarspray haarsproei hahrßprui
Haarspülung hare laat uitspoel hahrə laht öitßpul
haben ①hê (gehad) (besitzen) heh ②het (gehad) (Hilfsverb) het
hacken kap (ge-) kapp
Hafen hawe (-ns) hawə

Hagel hael hahl
Hahn ①kraan (krane) (Wasser) krahn ②haan (hane) (Männchen) hahn
Haken ①haak (hake) hahk ②haakplek (-ke) (Hindernis) hahkpläk
halb half (halwe) half
Halbinsel skiereiland (-e) ßkihrejlant
Halbkreis halfsirkel (-s) halfßərkəl
Halbpension kamer met ontbyt en aandete kahmər met ontbejt en ahntiətə
halbvoll halfvol halffoll
Hälfte helfte hälftə
Halle saal (sale) ßahl
Hals ①nek (-ke) (äußere) näck ②keel (kele) (Rachen) kiəl
Halsband halssnoer (-e) halßnuhr
Halskette halsketting (-s)/neklis (-se) halßkettəng/näckləß
Halsschmerzen keelseer kiəlßiər
Halt! stop! ßtopp
haltbar houbaar (-bare) houbahr
halten hou (ge-) hou
Haltestelle ①stilhouplek (-ke) ßtəlhoupläck ②buohalto (c) (Buc) bößhaltə
Halteverbot stilhou verbode ßtəlhou fərbuədə
Hammer hamer (-s) hahmər
Hand hand (-e) hant ⇨die Hand geben = die hand gee (ge-) = die Hand geben die hant chiə
Handarbeit handearbeid handə-arbejt
Handbremse handbrick (c) hantbrick
Handel handel handəl
handeln ①handel (ge-) (agieren) handəl ②kibbel (ge-) (feilschen) kəbbəl
handgemacht handgemaak (-te) hantchəmahk
Handgepäck handbagasie hantbəchahßı
Händler(in) handcloor (ɔ) handɔlahr
Handlung handeling (-e) handələng
Handschrift handskrif (-te) hantßkriff
Handschuhe handskoen (-e) hantßkun
Handtasche handsak (-ke) hantßak
Handtuch handdoek (-ke) handuk
Handvoll, eine ... 'n handvol ə hantvoll
Handwerker(in) ambagsman (-ne) ambachßmann

Hang ①helling (-s) (ab...) hälləng ②neiging (-s) (Neigung) nejchəng
Hängebrücke hangbrug (-brûe) hangbröch
hängen ophang (opge-) ophang
harmlos ①onskadelik (-e) (unschädlich) onßkadələk ②onskuldig (-e) (unschuldig) onßköldəch
harmonisch harmonies (-e) harmuəniß
hart hard (-e) hart
hartnäckig hardnekkig (-e) hartnäckəch
Hase haas (hase) hahß
Haß haat haht
hassen haat (ge-) haht
häßlich lelik (-e) liələk
Haufen hoop (hope) huəp
haufenweise by hope bej huəpə
häufig dikwels dəkwəlß
Hauptbahnhof hoofstasie (-s) huəf-ßtahßi
Hauptgericht hoofgereg (-te) huəf-chərăch
Hauptsache hoofsaak (-sake) huəfßahk
hauptsächlich hoofsaaklik (-e) huəfßahklək
Hauptschule hoërskool (-skole) hurßkuəl
ⓘ *Es gibt es nur Grundschulen und dem Gymnasium ähnliche Schulen, ein Hauptschulabschluß ist vergleichbar mit "Standerd agt" (nach zehn Jahren Schule).*
Hauptstadt hoofstad (-stede) huəfßtatt
ⓘ *Hauptstadt = Pretoria*
Hauptstelle (Bank) hoofkantoor (-kantore) huəfkantur
Hauptstraße hoofstraat (-strate) huəfßtraht
Hauptwort selfstandige naamwoord (-e) ßälfßtandəchə nahmwurt
Haus huis (-e) höiß
Hausarbeit huisskoonmaakwerk höißkuənmahkwärk
Hausaufgabe huiswerk höißwärk
Häuserblock woonstelblok (-ke) wuənßtälblock
hausgemacht tuisgemaak (-te) töißchəmahk
Haushalt huishouding (-s) höißhoudəng
Haushaltswaren huishoudelike artikels höißhoudələkə artikəlß
Hausnummer huisnommer (-s) höißnommər
Hausschuhe pantoffel (-s) pantoffəl
Haustier troeteldier (-e) truttəldihr
Haut vel (-le) fäl

H

Hautarzt/-ärztin ①dermatoloog (-loë) därmatuluəch ②veldokter (-s) fälldoktər
Hautcreme velroom fälruəm
Hautfarbe velkleur fälklöər
heben lig (ge-) (Last) ləch
Hecke heining (-s) hejnəng
Heer leër (-s) liər
Heft ①skryfblok (-ke) (Schreib...) ßkrejfblock ②brosjure (-s) (Broschüre) broschürə
heftig hewig (-e) hiəwəch
heidnisch heidens (-e) hejdənß
heilbar geneesbaar (-bare) chəniəßbahr
heilen gesond maak (gemaak) chəßont mahk
heilig heilig (-e) hejləch
Heilmittel geneesmiddel (-s) chəniəßməddəl
Heilpraktiker(in) heler (-s) hiələr
Heilung genesing (-s) chəniəßəng
Heim tuiste (-s) töißtə
Heimat tuiste (-s) töißtə
heimkommen tuiskom (tuisge-) töißkomm
heimlich heimlik (-e) hejmlək
Heimweh heimwee hejmwiə
heiser hees hiəß
heiß warm warm
heißen ①word genoem wort chənum ②beteken (bedeuten) bətiəkən
heiter helder häldər
heizen verwarm fərwarm
Heizkörper verwarmer (-s) fərwarrəmər
Heizung verwarming fərwarməng
Hektar hektaar häcktahr
Held(in) held (-e)/heldin (-ne) hält/häldən
helfen help (ge-) hälp
Helfer(in) helper (-s) hälpər
hell helder häldər
hellblau ligblou ləchblou
hellbraun ligbruin ləchbröin
Hemd hemp (hemde) hemp
Henkel handvatsel (-s) hanntfattßəl
Herbst herfs härfß
Herd stoof (stowe) ßtuəf
Herde trop (-pe) tropp
Herdplatte stoofplaat (-plate) ßtuəfplaht
hereinkommen inkom (inge-) ənkomm
Hering (Zelt) tentpen (-ne) tentpen
Herpes herpes härpeß
Herr ①heer (here) (Mann) hiər ②baas (base) (Gebieter, Besitzer) bahß
Herrenbekleidung manskleding mannßkliədəng
herrlich heerlik (-e) hiərlək
herrschen heers (ge-) hiərß
herstellen vervaardig fərfahrdəch
herum rondom rontom
hervorragend uitstaande öitßtahndə
Herz hart (-e) hart
Herzfehler hartgebrek hartchəbräck
Herzinfarkt hartinfarksie (-s) hartənfarkßi
herzlich hartlik (-e) hartlək
Herzog hertog (-toë) härtoch
Herzschrittmacher pasaangeër (-s) paßahnchiər
Heu hooi hoi
heucheln huigel (ge-) höichəl
Heuschnupfen hooikoors hoikurß
heute vandag fandach
Hexe heks (-e) häks
Hexenschuß spit in die rug ßpət ən die röch
hier hier hihr
hierher hiernatoe hihrnatu
Hilfe hulp hölp
Hilfskraft helper (-s) hälpər
Himbeere framboos (-bose) frambuəß
Himmel hemel hiəməl
Himmelsrichtung hemelstreek (-streke) hiəməlßtriək
hin und her heen en weer hiən en wiər
hin und zurück soontoe en terug ßuntu en tröch
hinausgehen buite gaan (gegaan) böitə gahn
hindern hinder (ge-) həndər
Hindernis hindernis (-se) həndərnəß
Hindu Hindoe (-s) hindu
Hinduismus Hindoeïsme hinduəßmə
hinduistisch Hindoes (-e) hinduß
hindurch ①deur (räumlich) döər ②gedurende (zeitlich) chədührəndə
Hinfahrt reis soontoe rejß ßuntu
hinfallen val (ge-) fall
hinlegen, (sich) gaan lê chahn leh
hinten agter achtər
Hinreise heenreis hiənrejß

hinter agter (-ste) achtər

hintereinander agtermekaar achtərməkahr

Hintergrund agtergrond (-e) achtərchront

hinterher agterna achtərnah

Hinweis ①wenk (-e) (Wink) wenk ②verwysing (-s) (Verweisung) fərwejßəng

hinweisen (auf) daarop wys (gewys) dahrop wejß

Hinweisschild informasiebord (-e) ənformahßibort

hinzufügen byvoeg (byge-) bejfuch

Hirte herder (-s) härdər

historisch histories (-e) hißturiß

Hitze hitte həttə

Hitzewelle hittegolf (-golwe) həttəcholf

HIV-positiv HIV-positief äitsch-ai-wi-positif

HNO-Arzt/-Ärztin Oor, Neus en Keel Dokter ur, nöəß en kiəl doktər

Hobby stokperdjie (-s) ßtokpärki

hoch hoog (hoë) huəch

Hochhaus toringgebou (-e) turəng-chəbou

Hochsaison hoogseisoen (-e) huəchßejßun

Hochschule universiteit (-e) üniwärßitejt

Hochspannung hoogspanning huəchßpannəng

höchstens hoogstens huəchßtənß

Höchstgeschwindigkeit maksimumsnelheid (-hede) mackßimömßnälhejt

Hochzeit bruilof (-te) bröilof

Hochzeitsreise wittebrood wəttəbruət

Hoden teelbal (-le) tiəlball

Hof ①binneplaas (-plase) (Innenhof) bənnəplahß ②plaas (plase) (Bauernhof) plahß

hoffen hoop (ge-) huəp

hoffentlich hopelik huəpələk

Hoffnung hoop huəp

höflich hoflik (-e) hoflək

Höhe hoogte (-s) huəchtə

Höhepunkt hoogtepunt (-e) huəchtəpönt

hohl hol hohl

Höhle grot (-te) chrot ⓘ *die wichtigsten sind: Die Kango Grotte, Sudwala Grotte und Die Sterkfontein Grotte*

holen gaan haal chahn hahl

Hölle hel häl

Holz hout hout

Honig heuning höənəng

hören hoor (ge-) hur

Horizont horison hurißon

horizontal horisontaal (-tale) hurißontahl

Hörsaal voorlesingsaal (-sale) fuərliəßəngßahl

Hose broek (-e) bruk

Hosentasche broeksak (-ke) brukßak

Hotel hotel (-le) hutäl

Hotelbesitzer hoteleienaar (-nare) hutäl-ejənahr

Hotelkette hotelketting hutälkettəng

Hotelverzeichnis lys van hotelle lejß fan hutällə

hübsch mooi moi

Hubschrauber helikopter (-s) hälikoptər ⓘ *Helikopterflüge werden in vielen Orten angeboten.*

Hüfte heup (-e) höəp

Hüftgelenk heupgewrig (-te) höəpchəwrəch

Hügel heuwel (-s) höəwəl

Huhn hoender (-s) hundər

Hühnerfleisch hoendervleis hundərflejß

Humor humor hümor

Hund hond (-e) hont

hundert hondert hondərt

hundertmal honderdmaal hondərtmahl

hunderttausend honderdduisend (-e) hondərdöißənt

Hunger honger hongər

hungrig honger hongər

Hupe toeter (-s) tuhtər

hupen toet (ge-) tuht

hüpfen huppel (ge-) höppəl

husten hoes (ge-) huß

Husten hoes huß

Hustensaft hoesstroop hußtruəp

Hut hoed (-e) hutt

hüten, sich (vor) jou hoed (gehoed) jou hutt

Hütte hut (-te) hött

hygienisch higiënies (-e) hichi-əniß

ich ek äk

ideal ideaal (ideale) idiahl

Idee idee (-s) idiə

Idiot ①idioot (idiote) idiuət ②dwaas (dwase) dwahß

ihr (Personalpronomen) julle jöllə

ihr(e) (Demonstrativpronomen) ①haar(e) hahr ②hulle höllə

I

Ihr(e) u ü
Illusion illusie (-s) ilüssi
Illustration illustrasie (-s) iləßtrahßi
Illustrierte geïllustreerde tydskrif (-te) chə-iləßtriərdə tejtßkrəf
Imbiß ligte maaltyd (-tye) ləchtə mahltejt
immer altyd altejt
immerhin darem (einräumend) darm
immun immuun imühn
Immunsystem immuunstelsel imühnßtälßəl
Impfpaß inentingsrekord ənentəngßrekort
Impfstoff entstof (-stowwe) entßtof
Impfung inenting (-s) ənentəng
importieren invoer (inge-) ənfurr
in ①in ən ②toe (z. B. ins Kino) tu
Indien Indië indiə
indisch Indies indiß *[i] Orientalischer Schmuck, Saris und Gewürze sind einige Spezialitäten der indischen Bazare.*
Indonesien Indonesië indunihßiə
indonesisch Indonesies indunihßiß
Industrie nywerheid (-hede) nejwərhejt
industriell nywerheids (-e) nejwərhejtß
Industriestadt nywerheidsstad (-stede) nejwərhejtßtatt
Infektion infeksie (-s)/ontsteking (-s) ənfekßi/ontßtiəkəng
infiziert aangesteek ahnchəßtiək
Information inligting ənləchtəng
informieren, sich inlig (inge-) ənləch
Infusion drup dröp
Ingenieur ingenieur (-e) ənchənöər
Inhaber besitter (-s) bəßəttər
inhalieren inasem (inge-) ən-ahßəm
Inhalt inhoud (-e) ənhout
Inhaltsverzeichnis inhoudsopgawe (-s) ənhoutßopchawə
Injektion inspuiting (-s) ənspöitəng
Inland binneland bənnəlant
innen binne-in bənnə-ən
Innenhof binnehof bənnəhof
Innenkabine binnekajuit (-e) bənnəkajöit
innere binneste bənnəßtə
innerhalb binne bənnə
innerlich innerlik (-e) ənnərlək
inoffiziell onoffisieel (-siële) onofischiəl
Inschrift inskripsie (-s) ənßkrəpßi
Insekt insek (-te) ənsek
Insektenschutzmittel insekweerder ənßekwiərdər *[i] in Apotheken erhältlich*
Insektenstich insekbyt (-e) ənßekbejt
Insel eiland (-e) ejlant
inserieren adverteer (ge-) atfərtiər
insgesamt gesamentlik (-e) chəßahməntlək
Installateur installeerder (-s) ənßtalliərdər
Instinkt instinkt (-e) ənßtənkt
Institut instituut (-tute) ənßtətüt
Instrument instrument (-e) ənßtröment
Insulin insulien inßəlihn
Inszenierung opvoering (-s) opfurrəng
intelligent intelligent (-e) əntələchent
interessant interessant (-e) intrəßant
Interesse belangstelling bəlangßtälləng
interessieren, sich (für) beland stel (gestel) bəlang ßtäl
interessiert geïntereseer chə-əntrəßiər
Internat koshuis (-e) kosshöiß
international internasionaal (-nale) əntərnaschunahl
Internist(in) internis (-te) əntərnəß
Interview onderhoud (-e) ondərhout
intolerant onverdraagsaam (-same) onfərdrahchßahm
inzwischen intussen əntössən
irgendein(e) iemand immant
irgendwann een of ander tyd iən of andər tejt
irren, (sich) misgis məßchəß
Irrtum vergissing fərchəssəng
Ischias heupjig höəpjəch
Islam Islam isslam
Isomatte isoleermat (-te) issuliərmatt
ist gleich presies so prəßissuə
Italien Italië itahliə
Italiener(in) Italianer/Italiaanse vrou italiahnər/italiahnßə frou
italienisch Italiaans italiahnß
ja ja ja
Jacke baadjie (-s) baaiki
Jagd jag (-te) jach
jagen ①jag (ge-) jach ②jaag (ver-) (vertreiben) jahch
Jäger jagter (-s) jachtər

Jahr jaar (jare) jahr
Jahrestag verjaarsdag (-dae) fərjahrßdach
Jahreszeit seisoen (-e) ßejßun
ⓘ *entgegengesetzt zu denen Europas*

JAHRESZEITEN (SEISOENE)
Frühling lente lentə
Sommer somer suəmər
Herbst herfs härfß
Winter winter wəntər

Jahrhundert eeu (-e) iu
jährlich jaarliks (-e) jahrləkß
Jahrtausend duisend jaar döißənt jahr
Jahrzehnt dekade (-s) dəkahdə
Januar Januarie janniahri ⓘ *vielerorts der heißeste Monat*
Japan Japan japan
japanisch Japannees (-nese) japəniəß
je ... desto hoe ... hoe hu ... hu
jedenfalls in elk geval ən älk chəfall
jeder elkeen älkiən
jedermann iedereen idəriən
jedesmal elke keer älkə kiər
jemals ooit oit
jemand iemand immant
jenseits anderkant andərkant
Jenseits hiernamaals hihrnamahlß
jetzt nou nou
Jod jodium juədiəm
joggen draf (ge-) draf
Joghurt jogurt juəchərt
Johannisbeere aalbessie (-s) ahlbessi
Journalist(in) joernalis (-te) jurrnaləß
Jubel gejuig chəjöich
Jude/Jüdin Jood (Jode)/Jodin (Jodinne) juət/juədən
jüdisch Joods (-e) juətß
Jugend jeug jöəch
Jugendherberge jeugtuiste (-s) jöəchtöißtə
jugendlich jong jong
Jugendliche jeugdige (-s) jöəchdəchə
Juli Julie jüli
jung jong jong
Junge seun (-s) ßöən
Junge bekommen kleintjies kry (ge-) klejnkiß krej
Jungfer, alte ... oujongnooi (-ens) oujongnoi
Junggeselle oujongkêrel (-s) oujongkärəl
Juni Junie jüni
Justizpalast geregshof (-howe) chərächßhof
Juwelier juwelier juwəlihr

K

Kabel kabel (-s) kabəl
Kabine kajuit (-e) kajöit
Käfer kewer (-s) kiəwər
Kaffee koffie (-s) koffi
Kaffeekanne koffiekan (-ne) koffikann
Kaffeemaschine filterkoffiemasjien (-e) fəltərkoffimaschin
Käfig hok (-ke) hok
kahl kaal kahl
Kahn roeiboot (-bote) ruibuət
Kaiser(in) keiser (-s)/keiserin (-ne) kejsər/kejsərən
Kakao kakao kakau
Kalbfleisch kalfsvleis kalfßflejß
Kalender almanak (-ke) almənack
Kalk kalk kalk
kalt koud (koue) kout
Kälte koue kouə
Kältewelle kouefront kouəfront
Kamera kamera (-s) kamәra
Kamin kaggel (-s) kachəl
Kamm kam (-me) kamm
kämmen, sich kam (ge-) kamm
Kampf geveg (-te) chəfäch
kämpfen veg (ge-) fäch
Kanada Kanada kanəda
kanadisch Kanadees (-dese) kanadiəß
Kanal kanaal (-nale) kanahl
Kandis(zucker) kandysuiker kandejßöikər
Kaninchen konyn (-e) kunejn
Kanne kan (-ne) kann
Kanone kanon (-ne) kannon
Kante kant (-e) kant
Kanzel kansel (-s) kanßəl
Kanzler kanselier (-e) kanßəlihr
Kapelle klein kerkie klejn kärki
Kapital kapitaal kapitahl
Kapitän kaptein (-e) kaptejn
Kapitel hoofstuk (-ke) huəfßtöck

Kapsel (med.) kapsule (-s) kapsülə
kaputt stukkend (-e) ßtökkənt
Karat karaat karaht
Kardinal kardinaal (-nale) kardinahl
Karibik Karibiese eilande karibißə ejlandə
karibisch Karibies (-e) karibiß
kariert geruit (-e) chəröit
Karies tandbederf tantbədärf
Karneval karnaval (-le) karnəfall
Karotte geelwortel (-s) chiəlwortəl
Karriere loopbaan (-bane) luəpbahn
Karte kaart (-e) kahrt
Kartei kaartregister (-s) kahrtrəchəßtər
Kartenspiel kaartspel kahrtßpäl
Kartoffel aartappel (-s) artappəl
Karton ①karton (Papier) kartonn ②kartondoos (-dose) (Schachtel) kartonduəß

K

Käse kaas (kase) kahß
Kasse til (-s) təl
Kassenbon verkoopstrokie (-s) fərkuəpßtruəki
Kassette kaset (-te) kaßet
Kassierer(in) kassier (-s) kaßihr
Kasten kas (-te) kaß
Katakomben katakombe (-s) katakombə
Katalog katalogus (-se) kataluchöß
Katalysator katalisator (-s) katalißahtor
Kategorie kategorie (-ë) katəchuri
Kater (Alkohol) babalaas babbəlass
Kathedrale katedraal (-drale) katədrahl
Katze kat (-te) katt
kauen kou (ge-) kou
Kauf koop kuəp
kaufen koop (ge-) kuəp
Käufer koper (-s) kuəpər
Kaufhaus afdelingswinkel (-s) afdiəlangßwangkəl
kaum skaars ßkahrß
Kehle keel (kele) kiəl
kehren ①omkeer (omge-) (wenden) omkiər ②vee (ge-) (mit Besen) fiə
Keim kiem (-e) kimm
keimen ontkiem ontkimm
kein(e) geen chiən
keinesfalls glad nie chlattni
keinmal nie eenkeer nie ni iənkiər ni
Keller kelder (-s) käldər
Kellner(in) kelner (-s)/kelnerin (-ne) kälnər/kälnərən
kennen ken (ge-) kenn
kennenlernen, (sich) leer ken (geleer) liər kenn
Kenntnisse kennis (-se) kennəß
Keramik ①keramik (Ware) kərahmik ②pottebakkerskuns (Technik) pottəbackərßkönß
Kerl kêrel (-s) kärəl
Kern kern kärn
Kerze kers (-e) kärß
Kessel ketel (-s) kiətəl
Kette ketting (-s) kettəng
Kiefer ①kakebeen (-bene) (anatomisch) kahkəbiən ②greinhoutboom (-bome) (botanisch) chrejnhoutbuəm
Kies gruis chröiß
Kilogramm kilogram kiluchramm
Kilometer kilometer kilumiətər
Kind kind (-ers) kənt
Kinderarzt/-ärztin kinderarts (-e) kəndərartß
Kinderbett kinderbed (-dens) kəndərbett
Kindergarten kleuterskool (-skole) klöətərskuəl
Kindersitz kindersitplek (-ke) kəndərßətpläk
Kindheit kinderdae kəndərdaə
Kinn ken (-ne) kenn
Kino fliek (-e) flick
Kiosk kiosk (-e) kiosk
Kirche kerk (-e) kärk
Kirchenschiff skip van'n kerk skəp fan ə kärk
Kirsche kersie (-s) kärßi
Kissen kussing (-s) kössəng
Kiste kis (-te) kəß
kitschig kitschagtig kitschachtəch
Kiwi kiwivrug (-te) kiwifröch
Klage klag (-tes) klach
klagen ①kla (ge-) (sich beschwerden) klah ②aankla (aange-) (juristisch) ahnkla
Klamotten toiings toiəngß
Klang klank (-e) klank
klar ①helder (Stimme) häldər ②natuurlik! (klar!) natührlək
Klasse ①klas (Zug) klass ②standerd (-s) (Schule) ßtandərt
klassisch klassiek (-e) klassik

Klassizismus klassisisme klassißəßmə
Klatsch ①klap (-pe) (eines Schlags) klapp ②geklets (Geschwätz) chəkletß
Klavier klavier (-e) klafihr
klebrig taai tai
Klebstoff gom chomm
Kleid rok (-ke) rock
Kleiderbügel klerehanger (-s) kliərəhangər
Kleiderschrank klerekas (-te) kliərəkass
Kleidung klere kliərə

KLEIDUNG (KLERE)
Anzug pak klere pack kliərə
Bluse bloes (-e) bluß
Hemd hemp (-de) hemp
Hose broek (-e) bruk
Hut hoed (-e) hutt
Jacke baadjie baaiki
Kleid rok (-ke) rock
Mantel jas (-se) jaß
Mütze mus (-se) möß
Rock romp (-e) romp
Schal serp (-e) ßärp
Schuhe skoene ßkunə
Slip onderbroek (-e) ônnərbruk
Socken sokkies ßockiß
Stiefel stewels ßtiəwəlß
Strümpfe sykouse sejkoußə
T-Shirt T-hemp (-hemde) tiə-hemp
Unterwäsche onderklere onnərkliərə

klein klein klejn
Kleingeld kleingeld klejnchält
Kleinigkeit kleinigheid klejnəchejt
kleinlich kleinlik (-e) klejnlək
klettern klim (ge-) kləm
Kletterpflanze rankplant (-e) rankplant
Klima klimaat klimaht
Klimaanlage lugreëling löchriələng
Klinge lem (-me) lemm
Klingel klokkie (-s) klocki
Klinik klinik (-e) klənick
Klinke deurknop (-pe) döərknopp
klopfen klop (ge-) klopp
Kloster klooster (-s) kluəßtər
klug slim ßləm
Knäckebrot gedroogte brood (brode) chədruəchtə bruət
Knall knal (-le) knall
knapp ①skraps (kärglich) ßkrappß ②skraps onder (vor Zahlen) ßkrapß ondər
Kneipe kroeg (kroeë) kruch
knicken ①knak (ge-) knack ②moedeloos wees (geknickt sein) muddəluəß wiəß
Knie knie (-ë) kni
knien kniel (ge-) knil
knittern kreukel (ge-) kröəkəl
Knoblauch knoffel knoffəl
Knöchel ①kneukel (-s) knöəkəl ②enkel (-s) (Fußknöchel) enkəl
Knochen been (bene) biən
Knopf knop (-pe) knopp
Knospe blomknop (-pe) blommknopp
Knoten knoop (knope) knuəp
Koch/Köchin kok (-ke)/kookster (-s) kock/kuəkßtər
kochen kook (ge-) kuək
Kocher kooktoestel (-le) kuəktußtäl
Kochsalzlösung soutoplossing (-s) ßoutoplossəng
Kochtopf kookpot (-te) kuəkpott
Köder (Angeln) lokaas lockahß ℹ *Es herrschen ideale Bedingungen zum Angeln.*
Koffer koffer (-s) / tas (-se) koffər
Kofferraum kattebak kattəback
Kohl kool kuəl
Kohle ①houtskool (Holz...) houtßkuəl ②steenkool (Stein...) ßtiənkuəl
Kohletabletten koolsteen (-stene) kuəlßtiən
Kollege/Kollegin kollega (-s) kuliəcha
Kombi (Auto) stasiewa (-waens) ßtahßiwa
Koma koma (-s) kuəma
Komfort gemak chəmack
komfortabel gemaklik (-e) chəmacklək
komisch snaaks (-e) ßnahkß
Komma komma (-s) komma
kommen kom (ge-) (auch sexuell) komm
Kommissar kommissaris (-se) komməßahrəß
kommunistisch kommunisties (-e) kommünəßtiß
Komödie komedie (-s) kumiədi
Kompaß kompas (-se) kommpass

K

komplett volledig (-e) volliədəch
Kompliment kompliment (-e) kompliment
kompliziert ingewikkeld (-e) ənchəwəckəlt
Komponist komponis (-te) kompunəß
Kompost kompos kommposs
Konditorei banketbakkery (-e) bankettbackərej
Kondom kondoom (-dome) konduəm
Konferenz konferensie (-s) konfərehnßi
Konfirmation aanneming ahniəməng
Kongreß kongres konchress
König(in) koning (-s)/koningin (-ne) kuənəng/kuənəngən
können kan (kon) kann
konsequent konsekwent (-e) konßəkwent
konservativ konserwatief (-tiewe) konßärwatif
konstruieren konstrueer (ge-) konßtrüər
Konstruktion konstruksie (-s) konßtrökßi
Konsulat konsulaat (-late) konßulaht
Kontakt kontak (-te) kontak
Kontaktlinsen kontaklense kontaklehnßə
Kontaklinsenflüssigkeit oplosmiddel vir kontaklense oplossməddəl fər kontaklehnßə
Kontinent kontinent (-e) kontinent
Konto rekening (-e) riəkənəng
Kontoauszug rekeningstrokie (-s) riekənəngßtruəki
Kontoinhaber rekeninghouer (-s) riəkənənghouər
Kontonummer rekeningnommer riəkənəngnommər
Kontostand rekening balans riəkənəng bəlahnß
Kontrolleur(in) kontroleur kontrulöər
kontrollieren kontroleer (ge-) kontruliər
konventionell konvensioneel (-nele) konfenschuniəl
konzentriert gekonsentreerd (-e) chəkonßentriərt
Konzert konsert (-e) konßärt
Konzertsaal konsertsaal (-sale) konßärtßahl
Kopf kop (-pe) kop
Kopfhörer oorfone urfuənə
Kopfsalat blaarslaai blahrßlaai
Kopfschmerzen hoofpyn huəfpejn
Kopfschmerztabletten hoofpyntablette huəfpejntablettə
Kopie kopie (-ë)/afskrif (-te) kupi/afßkrəf
Koran Koran kurahn
Korb mandjie (-s) mainki
Kork kurk körk
Korken kurk (-e) körk
Korkenzieher kurktrekker (-s) körkträkər
Korn ①koring (Getreide) kuərəng ②koringwyn (Brantwein) kurəngwejn
Körper liggaam (-game) ləchahm

KÖRPER (LIGGAAM)

Arm arm (-s) arrəm
Auge oog (oë) uəch
Bauch maag (mae) mahch
Bein been (bene) biən
Brust bors borß
Finger vinger (-s) fəngər
Fuß voet (-e) futt
Gesicht gesig (-te) chəßəch
Hand hand (-e) hannt
Kopf kop (-pe) kop
Lippe lip (-pe) ləp
Mund mond (-e) mont
Nase neus (-e) nöəß
Ohr oor (ore) uər
Rücken rug (rûe) röch
Schenkel bobeen (-bene) buəbiən
Schulter skouer (-s) ßkouər
Zahn tand (-e) tannt
Zeh toon (tone) tuən
Zunge tong (-e) tong

Körpercreme velroom fälruəm
körperlich liggaamlik (-e) ləchahmlək
Körperpflege persoonlike higiëne pərßuənləkə hichiənə
Körperverletzung besering (-s) bəßiərəng
korrekt korrek (-te) kurreck
Korrektur korreksie (-s) kurreckßi
Korridor gang (-e) chang
korrigieren korrigeer (ge-) korrəchiər
Kosmetika kosmetiek kossmiətick
Kosmetiktücher tissue (-s) tischu
kostbar kosbaar (-bare) koßbahr
kosten proe (ge-) pru
Kosten kostes koßtəß

kostenlos kosteloos (-lose) koßtəluəß
kostspielig duur dühr
Kostüm kostuum (-tume) koßtschim
Kotelett tjop (-s) tschopp
Kotflügel modderskerm (-s) moddərßkärm
Krach ①geraas (Lärm) chərahß ②rusie (-s) (Streit) rüßi
Kraft krag (-te) krach
kräftig ①fris gebou (-boude) (stämmig) frəß chəbou ②sterk (stark) ßtärk
Kragen kraag (krae) krahch
Kralle ①klou (-e) (eines Raubvogels) klou ②nael (-s) (Nagel) naəl
Krampf kramp (-e) kramp
krank siek ßick
Kranke sieke (-s) ßicktə
Krankengymnastik fisioterapie fischutärapi
Krankenhaus hospitaal (-tale) hoßpitahl
Krankenkasse siekefonds (-e) sickəfondß
Krankenpfleger verpleegster (-s) fərpliəchßtər
Krankenschein mediese kaart miədißə kahrt
Krankenschwester verpleër (-s) fərpliər
Krankenversicherung mediese versekering miədißə fərßiəkərəng ℹ *Es ist besser, vorher eine Reisekrankenversicherung abzuschließen.*
Krankenwagen ambulans (-e) ambülanß
Krankheit siekte (-s) ßicktə
krankschreiben doktersertifikaat uitskryf (-geskryf) doktərßärtifikaht öitßkrejf
Kranz krans (-e) kranß
kratzen krap (ge-) krapp
Kraut kruid (kruie) kröit
Krawatte das (-se) daß
Krawattennadel dasspeld (-e) daßpält
Krebs kanker kankər
Kredit krediet krədit
Kreditkarte kreditkaart (-e) krəditkahrt ℹ *Visa, American Express, Euro-/Mastercard und Diners Club werden akzeptiert.*
Kreide kryt krejt
Kreis ①kring (-e) (Freundes...) krəng ②sirkel (-s) (Zirkel) ßərkəl
Kreislauf ①bloedsomloop (Körper) blutßomluəp ②kringloop (-lope) (Jahreszeiten) krəngluəp
Kreislaufprobleme slegte bloedsomloop ßlächtə blutßomluəp
Kreisverkehr sirkelverkeer ßərkəlfərkiər
Kreuz kruis (-e) kröiß ⇨Suiderkruis = das Kreuz des Südens ßöidərkröiß
Kreuzfahrt bootsvaart (-e) buətßfahrt
Kreuzgang kruisgang (-e) kröißchang
Kreuzschlüssel vier-rigting spanner fihr-rəchtəng ßpännər
Kreuzung kruising (-s) kröißəng
Kreuzworträtsel blokkiesraaisel (-s) blockißraaißəl
kriechen kruip (ge-) kröip
Krieg oorlog (-loë) urloch
Krimi ①speurfilm (-s) (Film) ßpöərfilm ②speurverhaal (-verhale) (Buch) ßpöərfərhahl
Kriminalpolizei polisie pulißi
Krise krisis (-se) krißəß
Kritik kritiek krətik
kritisch krities (-e) kritiß
kritisieren kritiseer (ge-) krətəßiər
Krone kroon (krone) kruən
Krug kruik (-e) kröik
krumm krom kromm
Kruzifix kruisbeeld (-e) kröißbiəlt
Kubikmeter kubieke meter köbikə miətər
Küche kombuis (-e) komböiß
Kuchen koek (-e) kuk
Kugel koeël (-s) kuhl
Kugelschreiber balpuntpen (-ne) ballpöntpen
Kuh koei (-e) kui
kühl koel kul
Kühler verkoeler (-s) fərkullər
Kühlschrank yskas (-te) ejßkas
Kulissen toneelskerm (-s) tonialßkärm
Kultur kultuur (-ture) költühr
Kümmel komyn kumejn
kümmern, sich (um) oor iets kommer (ge-) ur itß kommər
Kunde/Kundin kliënt (-e) klient
kündigen ①kennis gee (gegee) (Wohnung/Arbeit) kennəß chiə ②ontslaan (entlassen) ontßlahn
Kunst kuns (-te) könß
Kunsthandwerk kunshandwerk könßhantwärk

K

Künstler(in) kunstenaar (-s)/kunstenares (-se) könßtənahr
künstlich kunsmatig (-e) könßmahtəch
Kunstrichtung kunsrigting (-s) könßrəchtəng
Kunststoff kunsstof (-stowwe) könßtof
Kunstwerk kunswerk (-e) könßwärk
Kupfer koper kuəpər
Kuppel koepel (-s) kuppəl
Kupplung koppeling koppələng
Kur kuur (kure) kühr
Kurbel slinger (-s) ßləngər
Kürbis pampoen (-e) pampun
Kurort ①gesondheidsplaas (-plase) chəßonthejtsplahß ②spa ßpa
Kurs koers (-e) (Richtung) kurrß
Kursgebühr leergeld liərchält
Kurswagen deurwa döərwa
Kurve draai (-e) draai
kurz kort kort
kürzen verkort fərkort
kürzlich onlangs onlangß
Kurzschluß kortsluiting (-s) kortßlöitəng
kurzsichtig bysiende bejßində
kuscheln liefkoos (ge-) lifkuəß
Kuß soen (-e) ßun
küssen soen (ge-) ßun
Küste kus (-te) köß
Küstengebiet kusgebied kößchəbit
Kuvert koevert (-e) kufärt
Labor laboratorium (-s) labrəturiöm
lächeln glimlag (ge-) chləmlach
lachen (über) lag (ge-) lach
lächerlich belaglik (-e) bəlachlək
Laden winkel (-s) wənkəl
Ladenbesitzer(in) winkelier (-s) wənkəlihr
Ladung vrag (-te) frach
Lage ①posisie (-s) (räumliche) pusißi ②toestand (-e) (Verhältnisse) tußtant
Lager laer (-s) lahr
Lammfleisch lamsvleis lammßflejß
Lampe lamp (-e) lamp
Land ①land (-e) lant ②grond (Boden) chront
Landarbeiter(in) plaaswerker (-s)/plaaswerkster (-s) plahßwärkər
Landausflug velduitstappie (-s) fältöitßtappi
landen land (ge-) lant
Ländervorwahl buitelandse kode böitəlantßə kuədə [i] *von Südafrika nach Deutschland: 0949, nach Österreich: 0943 und in die Schweiz: 0941*
Landhaus plaashuis (-e) plahßhöiß
Landkarte landkaart (-e) lantkahrt
ländlich landelik (-e) landələk
Landschaft landskap (-pe) lantßkapp
Landstraße groodpad (-paaie) chruətpatt [i] *Höchstgeschwindigkeit 100 km/h, wenn nichts anders angegeben*
Landung landing (-s) landəng
Landwirt(in) boer (-e)/boerevrou (-ens) buhr/buhrəfrou
Landwirtschaft landbou lantbou
lang lank (lang) lank
lange (Zeit) lang lang
Länge lengte (-s) lengtə
Längenmaß lengtemaat lengtəmaht
Langeweile verveeldheid fərfiəlthejt
länglich langwerpig (-e) langwärpəch
langsam stadig (-e) ßtahdəch
Langschläfer laatslaper (-s) lahtßlahpər
längst lankal lankal
langweilig vervelig (-e) fərfiələch
Lappen lap (-pe) lapp
Lärm geraas chərahß
lassen ①laat (erlauben) laht ②agter laat (gelaat) (zurücklassen) achtər laht
Last las (-te) laß
lästig lastig (-e) laßtəch
Lastwagen vragmotor (-s) frachmuətər
Latein Latyn latejn
Laub blare blahrə
Lauch prei prej
laufen hardloop (ge-) hartluəp
Laufmasche sykousleer ßejkoußliər
Laune bui böi
launisch humeurig (-e) hümöərəch
laut ①hard (-e) (Musik) hart ②volgens (Präposition) folchənß
läuten lui (ge-) löi
Lautsprecher luidspreker (-s) löitßpriəkər
lauwarm lou lou
Lawine sneeustorting (-s) ßniußtortəng
leben leef (ge-) liəf

Leben lewe (-ns) liəwə
lebendig lewendig (-e) liəwəndəch
Lebenshaltungskosten lewenskoste (-s) liəwənßkoßtə
lebenslänglich lewenslank liəwənßlank
Lebensmittel eetware iətwahrə
Lebensmittelgeschäft supermark ßupərmark
Lebensmittelvergiftung voedselvergiftiging futtßəl-fərchəftəchəng
Lebensstandard lewensstandaard (-e) liəwənßtandahrt
Lebensweise leefwyse liəfwejßə
Leber lewer liəwər
Lebewesen lewende wese (-ns) liəwəndə wiəßə
lebhaft lewendig (-e) liəwəndəch
Leck lek (-ke) läck
lecken lek (ge-) läck
Leckerbissen lekkerny (-e) läckərnej
Leder leer liər
Lederwaren leerware liərwahrə ℹ *z. B. Krokodil- und Straußenleder*
ledig ongetroud (-e) onchətrout
leer leeg (leë) liəch
leeren leegmaak (leegge-) liəchmahk
Leerungszeiten leegmaaktye liəchmahktejə
legen ① neersit/neerlê (neerge-) niərßət/niərleh ② lê (ge-) (Teppich/Eier) leh
legendär legendaries (-e) lechəndahriß
leger ① informeel (-mele) (Mode) ənformiəl ② traak-my-nie-agtig (Benehmen) trahk-mej-ni-achtəch
Lehm leem liəm
Lehne leuning (-s) löənəng
Lehrbuch handboek (-e) hantbuk
Lehre leerstelling (-s) liərßtelləng
lehren onderrig ondərəch
Lehrer(in) onderwyser (-s)/onderwyseres (-se) ondərwejßər/ondərwejßəress
Lehrgang kursus (-se) körßöß
Lehrling leerling (-e) liərləng
Leiche lyk (-e) lejk
leicht ① lig (-te) (Feder) ləch ② maklik (-e) (Aufgabe) maklək
Leichtathletik atletiek atlətik
leichtsinnig ligsinnig (-e) ləchßənnəch
Leid leed liət
Leid antun seer maak (ge-) ßiər mahk
leiden ① ly (ge-) (Hunger) lej ② uitstaan (uitge-) (jemanden ...) öitßtahn
Leidenschaft ① oorgawe urchawə ② hartstog hartßtoch
leider ongelukkig onchəlökəch
leihen, (sich) leen (ge-) liən
Leihgebühr huurfooi (-e) hührfoi
Leim lym lejm
Leine lyn (-e) lejn
Leinwand bioskoopskerm (-s) biußkuəpßkärm
leise sag (-te) ßach
leise stellen sagter stel (gestel) ßachtər ßtäl
leisten, sich bekostig bəkoßtəch
Leistung ① verrigting (-e) (Arbeit) fərəchtəng ② prestasie (-s) (Errungenschaft) prəßtahßi
leiten ① lei (ge-) (Person) lej ② bestuur (Unternehmen) bəßtühr
Leiter ① leer (lere) (Gerät) liər ② direkteur (-e) (Firma) dərəktöər ③ leier (-s) (Führer) lejər
Leitung ① bestuur (-sture) (Vorstand) bəßtühr ② elektriese kabels (Strom) iləktrißə kabəlß
lenken bestuur (Fahrzeug) bəßtühr
Lenkrad stuurwiel (-e) ßtührwihl
lernen leer (ge-) liər
lesbisch lesbies (-e) leßbiß
lesen lees (ge-) liəß
Leser(in) leser (-s) liəßər
leserlich leesbaar (-bare) liəßbahr
letzte laatste lahßtə
leuchten straal (ge-) ßtrahl
Leuchtturm vuurtoring (-s) führtuərəng
Leute mense mənßə
Licht lig ləch
Lichtmaschine kragopwekker (-s) krachopwäckər
Lichtschalter skakelaar (-s) ßkahkəlahr
Lichtschutzfaktor ligbeskermingsfaktor ləchbəßkärməngßfaktor ℹ *Die Sonne ist sehr stark, deshalb Cremes mit hohem Lichtschutzfaktor verwenden!*
Lid ooglid (-lede) uəchlət
Lidschatten oogskaduwee (-s) uəchßkadüwiə

lieb ①dierbaar (-bare) (teuer/liebenswert) dihrbahr ②oulik (-e) (nett) oulək
Liebe liefde lifdə
lieben liefhê (-gehad) lifheh
liebenswürdig lief (liewe) lif
lieber liewer (eher) liwwər
liebevoll liefdevol (-le) lifdəfoll
Liebhaber(in) minnaar (-s)/minnaares (-se) mənnahr/mənnahreß
lieblich ①lieflik (-e) (Gesicht) lifl ək ②sag (-te) (Wein) ßach
Liebling liefling (-e) lifləng
Lied lied (-ere) litt
liefern ①lewer (ge-) (Beweise) liəwər ②voorsien met (versorgen) fuərßin met
Lieferung aflewering (-s) afliəwərəng
Lieferwagen afleweringswa (-ens) afliəwərəngßwa
Liege bed (-dens) bett
liegen lê (ge-) leh
liegen an afhang van (abhängen von) afhang fan
Liegestuhl strandstoel (-e) ßtrantßtul
Liegewagen slaapwa (-ens) ßlahpwa
Lift hysbak (-ke)/lift (-s) hejßbak/ləft
Likör likeur (-e) likөər
lila pers pärß
Limonade koeldrank (-e) kuldrank
Linie lyn (-e) lejn
Linienbus tussenstede-bus (-se) tössənßtiədə böss
Linienflug geskeduleerde vlug (-te) chəßkedüliərdə flöch
Linienverkehr gereelde dienste chəriəldə dinßtə
linke linker lənkər
links links lənkß
Linsen lense lehnßə
Lippe lip (-pe) ləp
Lippenpflegestift lipice lipaiß
Lippenstift lipstiffie (-s) ləpßtəffi
Liste lys (-e) lejß
Liter liter litər
Literatur literatuur lətəratühr
loben loof (ge-) luəf
Loch gat (-e) (Kleidung & Zahn) chatt
Locke lok (-ke) lock
Lockenwickler haarkruller (-s) hahrkröllər
locker ①los (Schraube) loß ②ontspanne (Atmosphäre) ontßpannə
lockig gekrul (-de) chəkröl
Löffel lepel (-s) liəpəl
Loge losie (-s) luəßi
logisch logies (-e) luəchiß
Lohn ①loon (lone) (Wochenlohn) luən ②salaris (-se) (Gehalt) ßəlahrəß ③betaling (Bezahlung) bətahləng
lohnen, sich die moeite werd wees (gewees) die muitə wärt wiəß
Loipe kursus vir langafstandski körßöß fər langafßtantßki
lokal ①plaaslik (-e) (nähere Umgebung) plahßlək ②lokaal (-kale) (med.) lukahl
Lokal vertrek (-ke) fərträk
Lokomotive lokomotief (-tiewe) lokumutif
Los lootjie (-s) (Lotto) luiki
lose los (Adjektiv) loß
lösen ①losmaak (losge-) (lockern) loßmahk ②oplos (opge-) (math. Aufgabe) oploß
losfahren vertrek fərträk
loslassen loslaat (losge-) loßlaht
Lösung oplossing (-s) (Rätsel & med.) oplossəng
Lücke ①gaping (-s) (Spalte) chahpəng ②leemte (-s) (Leere) liəmtə
Luft lug löch
Luftdruck lugdruk löchdrök
lüften ventileer (ge-) ventiliər
Luftfeuchtigkeit lugvogtigheid löchfochtəchejt
Luftmatratze opblaasmatras (-se) opblahßmatrass
Luftpost lugpos löchpoß ⇨per Luftpost = per lugpos pər löchpoß
Luftpumpe lugpomp (-e) löchpomp
Lüftung ventilasie wentilahßi
Lüge leuen (-s) löən
Lunge long (-e) long
Lungenentzündung longontsteking longontßtiəkəng
Lust ①lus (-te) löß ②lus hê (gehad) (Lust haben) löß heh
lustig plesierig (-e) pləßihrəch

lutschen suig (ge-) ßöich
Luxemburg Luxemburg luxembörch
luxemburgisch Luxemburgs (-e) luxemnörchß
Luxus weelde wiəldə
luxuriös weelderig wiəldərəch
machen maak (ge) mahk
Macht mag mach
mächtig magtig (-e) machtəch
Mädchen meisie (-s) mejßi
Magazin ①tydskrif (-te) (Zeitschrift) tejtßkrəf ②magasyn (-e) (Handfeuerwaffe) machəßejn
Magen maag (mae) mahch
Magengeschwür maagsweer (-swere) mahchßwiər
mager maer mahr
Magnet magneet (-nete) machniət
mähen ①sny (ge-) (Rasen) ßnej ②maai (ge-) (Getreide) maai
mahlen maal (ge-) mahl
Mahlzeit maaltyd (-tye) mahltejt
Mai Mei mej
Mais mielies milіß
Makeup grimering chrəmiərəng
Makeup-Entferner grimeringverwyderaar chrəmiərəng-fərwejdərahr
mal maal mahl
Mal keer (kere)/maal (male) kiər/mahl
Malaria malaria məlahria ℹ *Im Nordosten des Landes verbreitet, in diesen Gebieten sind Vorsichtsmaßnahmen äußerst notwendig.*
malen ①skilder (ge-) (Gemälde) ßkəldər ②verf (ge-) (Wand) färf
Maler(in) ①kunsskilder (-s) (Kunst) könßkəldər ②verwer (-s) (Anstreicher) färwər
Malerei skilderkuns ßkəldərkönß
malnehmen vermenigvuldig fərmianachföldəch
Mama ma ('s) mah
man 'n mens ə menß
Manager(in) bestuurder (-s) bəßtührdər
manche sommige ßommәchə
manchmal somtyds ßommtejtß
Mandarine nartjie (-s) narki
Mandelentzündung mangelontsteking mangəlontßtiəkəng
Mangel gebrek chəbräk
Mann man (-s) mann
männlich manlik (-e) mannlək
Mannschaft ①span (-ne) (Rettung/Sport) ßpann ②manskap (-pe) (Truppe) manßkap
Mantel jas (-se) jaß
Mappe ①portefeulje (-s) (Zeichen...) portəfüljə ②lêer (-s) (Akten) lähr
Märchen sprokie (-s) ßpruəki
Margarine margarien marcharihn
Mark ①mark (Geldeinheit) mark ②murg (Knochen) mörch
Marke soort (-e) (Warentypen) ßurt
Markt mark (-te) mark
Markthalle markgebou (-e) markchəbou
Marktplatz markplein (-e) markplejn
Marmelade konfyt konfejt
Marmor marmer marmər
März Maart mahrt
Maschine masjien (-e) maschin
Maß ①maat (mate) (...einheit) maht ②perk (-e) (Grenze) pärk

MAßE & MENGENANGABEN (MATE & HOEVEELHEID)

Dutzend Dosyn (-e) dußejn
Gramm gram chramm
Kilogramm kilogram kiluchramm
Kilometer kilometer kilumiətər
Liter liter litər
Meter meter miətər
Millimeter milliliter məlilitər
Millimeter millimeter məllmiətər
Zentimeter sentimeter ßentimiətər

Massage massering (-s) massiərəng
Masse massa (-s) massa
Maßeinheit maateenheid (-hede) mahtiənhejt
Massenmedien massamedia massamidia
Masseur(in) masseur/masseuse massöər/massöəßə
mäßig middelmatig (-e) məddəlmahtəch
massiv massief (-siewe) massif
maßlos mateloos (-lose) mahtəluəß
Maßnahme maatreël (-s) mahtriəl
Maßstab maatstaf (-stawwe) mahtßtaf
Mast mas (-te) (maritim) maß
Material materiaal (-riale) materiahl

Materie materie matiəri
materiell materieel (-ële) materiəl
Mathematik wiskunde waßköndə
Matratze matras (-se) matrass
Matrose matroos (-trose) matruəß
Matsch modder moddər
matt moeg (moeë) much
Matte mat (-te) matt
Mauer muur (mure) mühr
Maul bek (-ke) bäck
Maurer messelaar (-s) messəlahr
maurisch Moors (-e) murß
Maus muis (-e) möiß
Maut tol toll
Mautstelle tolhek (-ke) tollhäk
Mechaniker(in) werktuigkundige (-s) wärktöichköndəchə
mechanisch meganies (-e) məchahniß
Medizin ①medisyne (Arznei) mədəßejnə ②geneeskunde (Wissenschaft) chəniəßköndə
Meer see (seë) ßiə
Meerblick seeuitsig (-te) ßiə-öitßəch
Mehl meel miəl
mehr meer miər
mehrere verskeie fərßkejə
mehrfach veelvuldig (-e) fiəlföldəch
Mehrheit meerderheid (-hede) miərdərhejt
mehrmals herhaaldelik (-e) härhahldələk
Mehrwertsteuer BTW biə-tiə-wiə ℹ *Ist immer im Preis eingeschlossen.*
Mehrzahl meervoud (-e) miərvout
Meile myl mejl
mein(e) my mej
meinen ①meen (ge-) miən ②bedoel (sprechen von) bədull
meinetwegen vir my onthalwe fər mej onthalwə
Meinung opinie (-s) upini ⇨öffentliche Meinung = openbare mening (-s) uəpənbahrə miənəng
meistens meestal miəßtal
Meister(in) meester (-s) miəßtər
Meisterschaft kampioenskap (-pe) kampiunßkap
Meisterwerk meesterstuk (-ke) miəßtərßtök
melancholisch melancholies (-e) melankuəliß

Meldung berig (-te) bərəch
Melodie melodie (-ë) meludi
Melone spanspek (-ke) ßpanßpäk
Menge menigte (-s) miənəchtə
Mensch mens (-e) menß
Menschenrechte menseregte menßərächtə
Menschheit mensdom menßdom
menschlich menslik (-e) menßlək
Menstruation maandstonde mahntßtondə
Menü spyskaart (-e) ßpejßkahrt
merken, (sich) iets onthou itß onthou
Merkmal kenteken (-s) kentiəkən
merkwürdig seldsaam (-same) ßältßahm
Messe ①misdiens (-te) (Kirche) məßdinß ②skou (-e) (Handel) ßkou ℹ *zu Ostern "Die Randse Skou"*
Messegelände skouterrein (-e) ßkoutərejn
messen meet (ge-) miət
Messer mes (-se) meß
Messing geelkoper chiəlkuəpər
Metall metaal (-tale) mətahl
Meter meter miətər
Methode metode (-s) mətuədə
Metzger(in) slagter (-s)/slagster (-s) ßlachtər/ßlachßtər
Metzgerei slagtery (-e) ßlachtərej
mexikanisch Mexikaans (-e) mexikahnß
Mexiko Mexiko mexiku
miauen miau (ge-) miau
Mietauto huurmotor (-s) hührmuətər ℹ *vertreten sind u. a.: Avis, Budget, Europcar, Imperial und Dolphin Car Hire*
Miete huur hühr
mieten huur (ge-) hühr
Mieter huurder (-s) hührdər
Mietvertrag huurkontrak (-te) hührkontrak
Migräne migraine mihgrejnə
Mikrophon mikrofoon (-fone) mikrufuən
Mikrowellengerät mikrogolfoond (-e) mikrucholfuənt
Milch melk mälk
Milchkaffee melkkoffie (-s) mälkoffi
mild sag (-te) ßach
militärisch militêr (-e) məllətär
Milliarde biljoen bəljun
Milligramm milligram məllichram

Milliliter milliliter məllilitər
Millimeter millimeter məllimiətər
Million miljoen məljun
Minderheit minderheid (-hede) məndərhejt
minderwertig minderwaardig (-e) məndərwahrdəch
mindestens minstens mənßtənß
Mineral miniraal (-rale) mənərahl
Mineralwasser mineraalwater mənərahlwatər
Minister(in) minister (-s) mənəßtər
Ministerium ministerie mənəßtiəri
Ministerpräsident(in) eerste minister iərßtə mənəßtər
minus minus minöß
Minute minuut (-nute) mənüht
mischen meng (ge-) meng
Mischung mengsel (-s) mengßəl
mißbrauchen misbruik məßbröik
Mißerfolg mislukking (-s) məßlökəng
Mißgeschick teëspoed tiəßput
mißhandeln mishandel məßhandəl
Mission sending (-s) ßendəng
mißlingen misluk məßlök
Mißtrauen wantroue wanntrouə
Mißverständnis misverstand (-e) məßfərßtant
mißverstehen verkeerd verstaan fərkiərt fərßtahn
Mist ①mis (Dünger) məß ②onsin (dummes Zeug) onßən
Misthaufen mishoop (-hope) məßhuəp
mit met met
Mitarbeiter(in) medewerker (-s)/ medewerkster (-s) miədəwärkər/miədəwärkßtər
Mitbewohner(in) medebewoner (-s) miədəbəwuənər
mitbringen saambring (saamge-) ßahmbrəng
miteinander met mekaar met məkahr
Mitgefühl meegevoel (-ens) miəchəfull
Mitglied lidmaat (-mate) lətmaht
mitkommen saamkom (saamge-) ßahmkomm
Mitleid medelye miədəlejə
mitmachen saamdoen (saamge-) ßahmdun
mitnehmen saamneem (saamge-) ßahmniəm
Mittag middag məddach
mittags smiddags ßməddachß
Mitte middel məddəl
mitteilen laat weet laht wiət
Mitteilung meedeling miədiələng
Mittel middele məddələ
Mittelalter Middeleeue məddəliuə
mittelalterlich Middeleeus (-e) məddəliuß
Mittelgang middelpad (-paaie) məddəlpatt
mittelmäßig middelmatig (-e) məddəlmahtəch
Mittelmeer Middellandse See məddəlantßə ßiə
Mittelohrentzündung middeloorontsteking məddəlurontßtiəkəng
Mittelplatz middelsitplek (-ke) məddəlßətpläk
Mittelpunkt middelpunt (-e) məddəlpönt
mitten in in die middel ən die məddəl
Mitternacht middernag (-te) məddərnach
Mittlere Reife intermediêr əntərmidiär
Mittwoch Woensdag wunßdach
Mixer menger (-s) mengər
Möbel meubels möəbəlß
möbliert gemeubileerd (-e) chəmöəbiliərt
Mode mode (-s) muədə
Modell model (-le) mudäl
Modenschau modeskou (-e) muədəßkou
modern ①modern (-e) (gegenwärtig) mudärrən ②verrot (verfaulen) fərrot
Moderne Kunst moderne kuns mudärnə könß
modisch modieus (-e) muədiöß
Mofa motorfiets (-e) muətərfitß
mögen hou van (gehou) (gerne haben) hou fan
möglich moontlik (-e) muəntlək
Möglichkeit moontlikheid (-hede) muəntləkhejt
Moment oomblik (-ke) uəmblək
Monat maand (-e) mahnt

MONATE (MAANDE)
Januar Januarie janniahri
Februar Februarie fehrüari
März Maart mahrt
April April aprəl
Mai Mei mej
Juni Junie jüni
Juli Julie jüli
August Augustus ouchößtöß
September September ßəptembər
Oktober Oktober oktuəbər
November November nuəfembər
Dezember Desember diəßembər

M

monatlich maandeliks (-e) mahndələkß
Monatskarte maandlikse seisoenkaartjie (-s) mahndələkßə ßejßunkahrki
Mönch monnik (-e) monnək
Mond maan (mane) mahn
monoton eentonig (-e) iəntuənəch
Montag Maandag mahndach
Monument monument (-e) monüment
Moor moeras (-se) murass
Moped bromfiets (-e) bromfitß
Mord moord (-e) murt
Mörder(in) moordenaar (-s)/moordenares (-se) murdənahr/murdənahress
morgen môre mohrə
Morgen ①môre (-s) (früh am Tag) mohrə ②morg (Messung von Land) morch
Morgendämmerung dagbreek dachbriək
morgens smôrens ßmohrənß
Mosaik mosaïek (-e) mußa-ik
Moschee moskee (-s) moskiə
Motiv motief (-tiewe) mutif
Motor enjin (-s) endschən
Motorboot motorboot (-bote) muətərbuət
Motoröl motorolie (-s) muətəruəli
Motorrad motorfiets (-e) muətərfitß
Motorschaden motorprobleme muətərprubliəmə
Mücke muskiet (-e) mößkit
Mückenstich muskietbyt (-e) mößkittbejt
müde moeg (moeë) much
Mühe moeite muitə
Mühle meul (-e) möəl
Müll vullis fölləß
Mullbinde verband (-e) fərbannt
Mülleimer asblik (-ke) aßblək
multiplizieren vermenigvuldig fərmiənəchföldəch
Mund mond (-e) mont
mündlich mondeliks (-e) mondələkß
Mündung uitmonding (-s) öitmondəng
Mundwasser mondspoelmiddel (-s) montßpulməddəl
Münze munt (-e) mönt
murmeln mompel (ge-) mompəl
Mus pap pap
Museum museum (-s) miusiəm
Musik musiek mößik
musikalisch musikaal (-kale) müßikahl
Musiker(in) musikus (musici) müßiköß
Muskat(nuß) muskaat mößkaht
Muskel spier (-e) ßpihr
Müsli muesli muhßli
Muslim(e) Moslem (-me) moßlem
muslimisch Moslems (-e) moßlemß
müssen moet (moes) mutt
Muster ①patroon (-trone) (Kleidung) patruən ②voorbeeld (-e) (Person: Vorbild) furbiəlt ③model (-le) (Vorlage) mudäll
Mut moed mutt
mutig dapper dappər
Mutter moeder (-s) mudər
Muttersprache moedertaal (-tale) mudərtahl
Mütze mus (-se) möß
nach ①na nah ②volgens (im Einklang mit) folchənß
nach und nach stadigaan ßtahdəchahn
Nachahmung nabootsing (-s) nahbuətßəng
Nachbar(in) buurman (bure) bührmann
nachdem nadat nahdat
nachdenken (über) nadink (nage-) nahdənk
nacheinander na mekaar nah məkahr
Nachfolger(in) opvolger (-s) opfolchər
Nachfrage navraag (-vrae) nahfrahch
nachgemacht vals (-e) falß
nachher daarna dahrnah
nachkommen ①agternakom (-gekom) (später) achtərnahkomm ②nakom (nage-) (Versprechen) nahkom
Nachkommen nakomelinge nahkuəmələngə
nachlassen ①nalaat (nage-) (leistungsmäßig) nahlaht ②afneem (afge-) (Gesundheid/Sturm) afniəm
nachlässig nalatig (-e) nahlahtəch
nachmachen naboots (nage-) nahbuətß
Nachmittag namiddag nahməddach
nachmittags in die namiddag ən di nahməddach
nachprüfen seker maak (gemaak) ßiəkər mahk
Nachricht(en) nuus nühß
Nachsaison buite seisoen höitə ßejßun
nachsehen ①seker maak (gemaak) ßiəkər mahk ②nasien (nage-) (Schulheft) nahßin

Nachsilbe agtervoegsel (-s) achtərfuchßəl
Nachspeise nagereg (-te) nahchəräch
nächste ①naaste (örtlich) nahßtə ②volgende (Reihenfolge) folchəndə
Nacht nag (-te) nach
Nachtclub nagklub (-s) nachklöb
Nachtdienst nagdiens (-te) nachdinß
Nachteil nadeel (-dele) nahdiəl
Nachtisch nagereg (-te) nahchəräch
nachts snags ßnachß
Nachttisch bedtafeltjie (-s) bettafəlki
nachweisen bewys bəwejß
Nacken nek (-ke) näk
nackt kaal kahl
Nadel naald (-e) nahlt
Nagel ①vingernael (-s) (Finger) fəngərnahl ②toonnael (-s) (Zeh) tuənahl
Nagelfeile naelfeil (-e) nahlfejl
Nagellack naellak nahlack
Nagelschere naelskêrtjie (-s) nahlßkärki
nahe ①naby (Präposition) nahbej ②nabye (Adjektiv) nabejə
nähen naai (ge-) nai
nähern, sich nader kom (gekom) nahdər komm
Nähmaschine naaimasjien (-e) naıməschın
Nahrung voedsel futtßəl
Nahrungsmittel voedingsmiddel (-s) fuddəngßməddəl
Naht naat (nate) naht
naiv naïef (naïewe) na-if
Name naam (name) nahm
Namenstag naamvieringsdag nahmfihrəngßdach ⓘ*ein unbekannter Brauch in Südafrika*
nämlich naamlik nahmlək
Narbe litteken (-s)ləttiəkən
Narkose narkose narkuəßə
Nase neus (-e) nöəß
Nasenbluten neusbloeding nöəßbluddəng
naß nat natt
Nation nasie (-s) nahßi
national nasionaal (-nale) naschunahl
Nationalität nasionaliteit (-e) naschunalitejt
Nationalpark nasionale park (parke) naschunahlə park ⓘ*Der bekannteste ist wohl der Krüger National Park, natürlich gibt es noch viele andere.*
Natur natuur natühr
Naturheilverfahren homeopatie huəmupati
natürlich natuurlik (-e) natührlək
Naturschutzgebiet natuurreservaat (-vate) natühressərfaht
Naturwissenschaft natuurwetenskap natührwiətənßkapp
Nebel mis məß
neben langs langß
nebenan langsaan langßahn
nebenbei terloops tərluəpß
nebeneinander langs mekaar langß məkahr
Nebenfluß sytak van 'n rivier ßejtak fan ə rəfihr
Nebenkosten ekstra uitgawes ekßtra öitchahwəß
nebensächlich onbeduidend (-e) onbədöidənt
Nebensaison buite seisoen böitə ßejßun
Nebensatz bysin (-ne) bejßən
Nebenstraße systraat (-strate) ßejßtraht
Nebenwirkung newe-effek niəwə-effek
Nebenwirkungen ongewenste uitwerkings onchəwenßtə öitwärkəngß
neblig mistig (-e) məßtəch
Neffe broerskind/susterskind bruhrßkənt/ßößtərßkənt
negativ negatief (-we) niəchatif
nehmen neem (ge-)/vat (ge-) niəm/fatt
neidisch afgunstig (-e) afchönßtəch
neigen ①geneig wees (zur Lüge) chənejch wiəß ②buig (ge-) (kippen) böich
nein nee niə
Nektarine kaalperske (-s) kahlpärßkə
Nelke ①naeltjie (-s) (Gewürz) nahlki ②angelier (-e) (Blume) angəlihr
nennen noem (ge-) num
Nerv senuwee (-s) ßiənəwiə
nervös senuweeagtig (-e) ßiənəwiə-achtəch
Nest nes (-te) ness
nett oulik (-e) oulək
Netz net (-te) (Angeln & Sport) nett
neu nuut (nuwe) nüt
neugierig nuuskierig (-e) nəßkirrəch
Neuheit nuwigheid (-hede) nüwəchejt
Neuigkeit nuus nühß
Neujahr Nuwejaar nüwəjahr
neulich onlangs (-e) onlangß

N

neun nege niachə
neunhundert negehonderd niachəhondərt
neunzehn negentien niachəntin
neunzig negentig niachəntəch
neutral neutraal (-trale) niutrahl
nicht nie ni
nicht nur ... sondern auch nie net ... nie, maar ook ni nett ... ni, mahr uək
Nichte broerskind ("Bruderkind")/susterskind ("Schwesterkind") bruhrßkənt/ßößtərßkənt
Nichtraucher nie-roker (-s) ni-ruəkər
Nichtraucherabteil nie-rokerskompartement (-e) ni-ruəkərßkomparətment
nichts niks nəkß
nie(mals) nooit noit
Niederlage nederlaag (-lae) niədərlahch
Niederlande Nederland niədərlannt
niederländisch Nederlands niədərlanntß
Niederschläge neerslag niərßlach
niedlich liefies liffiß
niedrig laag (lae) lahch
niemand niemand nimannt
Niere nier (-e) nihr
nieseln motreën (ge-) mottriən
niesen nies (ge-) niß
nirgends nêrens närənß
noch nog noch
noch nicht nog nie noch ni
Nonne non (-ne) nonn
Nord(en) noord (-e) nurt
nördlich noordelik (-e) nurdələk
Nordpol Noordpool nurtpuəl
normal normaal (-male) normahl
Normalbenzin gewone petrol chəwuənə petrəl
Not nood nuət
Notarzt noodarts (-e) nuətartß
Notausgang nooduitgang (-e) nuətöitchang
Notbremse noodrem (-me) nuətrem
Notdienst nooddiens nuədinß
Note ①punte (Schule) pöntə ②noot (Musik) nuət
notieren aanteken (aange-) ahntiəkən
nötig nodig (-e) nuədəch
Notiz ①aantekening (-e) (Vermerk) ahntiəkənəng ②notisie (beachten) nutahßi
Notlage haglike posisie hachləkə pusißi
Notlandung noodlanding (-s) nuətlandəng
Notruf noodroep (-e) nuətrup
Notsignal noodsein (-e) nuətßejn
Notverband noodverband nuətfərbannt
notwendig noodwendig (-e) nuətwendəch
November November nuəfembər
nüchtern nugter nöchtər
Nudeln macaroni mäckərouni
Null nul nöl
Nummer nommer (-s) nommər
Nummernschild nommerplaat (-plate) nommərplaht
nun ①nou (jetzt) nou ②nou ja (unter den Umständen) nou ja
nur ①net nett ②maar (allerdings) mahr
Nuß neut (-e) nöət
nützen benut bənött
nützlich nuttig (-e) nöttəch
Nutzpflanze nuttige plante nöttəchə plantə
Oase oase (-s) u-ahßə
ob of off
obdachlos dakloos (-lose) dakluəß
oben bo buə
Ober kelner kälnər
obere boonste buənßtə
Oberfläche oppervlakte (-s) oppərflaktə
oberflächlich oppervlakkig (-e) oppərflackəch
oberhalb bo van buə fan
Oberschenkel bobeen (-bene) buəbiən
Oberteil bostuk buəßtök
objektiv objektief (-tiewe) objektif
Obst vrugte fröchtə ℹ *Getrocknete Früchte ißt man gerne einfach so oder in Fleischgerichten.*

OBST (VRUGTE)
Ananas pynappel (-s) pejnappəl
Apfel appel (-s) appəl
Aprikose appelkoos (-kose) appəlkuəß
Banane piesang (-s) pißang
Beere bessie (-s) bessi
Birne peer (pere) piər
Erdbeere aarbei (-e) ahrbej
Grapefruit pomelo (-'s) pumiəlou
Guava koejawel (-s) kujawəl
Kaktusfeige turksvy (-e) törkßfej

Kirsche kersie (-s) kärßi
Mandarine nartjie (-s) narki
Mango mango (-'s) mängu
Netzmelone spanspek (-ke) ßpanßpäck
Orange lemoen (-e) ləmun
Papaya papaja (-s) papaja
Pfirsich perske (-s) pärßkə
Pflaume pruim (-e) pröim
Traube druif (druiwe) dröif
Wassermelone waatlemoen (-e) wahtləmun
Zitrone suurlemoen (-e) ßührləmun

Obsthändler groentewinkel (-s) chruntəwənkəl
Obstbaum vrugteboom (-bome) fröchtəbuəm
Obstkuchen vrugtekoek (-e) fröchtəkuk
Obstsaft vrugtesap (-pe) fröchtəßap
Obstschale vrugtebak (-ke) fröchtəbak
obwohl alhoewel alhuwäl
öde ①verlate (verlassen) fərlahtə ②vervelig (-e) (langweilig) fərfiələch
oder of off
Ofen oond (-e) uənt
offen ①oop (nicht geschlossen) uəp ②openhartig (-e) (geistig) uəpənhartəch ③openlik (-e) (ehrlich) uəpənlək
öffentlich publiek (-e) pöblick
offiziell offisieel (-ele) offischiəl
öffnen oopmaak (oopge-) uəpmahk
Öffnung opening (-s) uəpənəng
Öffnungszeiten openstye uəpənßteje
oft dikwels dəkwəlß
ohne sonder ßondər
Ohnmacht bewusteloosheid bəwößtəluəßhejt
ohnmächtig werden flou word (geword) flou word
Ohr oor (ore) ur
Ohrentropfen oordruppels urdröppəlß
Oktober Oktober oktuəbər
Öl olie (-s) uəli
Olive olyf (olywe) uəlejf
Olivenöl olyfolie uəlejfuəli
Olympische Spiele Olimpiese Spele uələmpißə ßpiələ
Oma ouma (-s) ouma
Omelett omelet (-te) omməlett
Onkel oom (-s) uəm
Opa oupa (-s) oupa
Oper opera (-s) uəpəra
Operation operasie (-s) uəpərahßi
Opfer ①slagoffer (-s) (Raub/Unfall) ßlachoffər ②offer (-s) (Opfergabe) offər
opfern offer (ge-) offər
Opposition opposisie opusißi
Optiker(in) oogdokter (-s) uəchdoktər
orange oranje uranjə
Orange lemoen (-e) ləmunn
Orchester orkes (-te) orkeß
Orden ①medalje (-s) (Auszeichnung) mədaljə ②orde (Ritter) ordə
ordentlich ordentlik (-e) ordentlək
ordnen ①rangskik (ge-) (sortieren) rangßkək ②regmaak (regge-) (aufräumen) rächmahk
Ordner lêer (-s) lähr
Ordnung orde ordə
Oregano oreganum origahnöm
Organ orgaan (-gane) orchahn
Organisation organisasie (-s) orchanißahßi
organisieren organiseer (ge-) orchanißiər
Orgasmus orgasme (-s) orchaßmə
orientieren, sich oriënteer (ge-) orientiər
original oorspronklik (-e) urßpronklək
Original oorspronklike stuk (-ke) urßpronkləkə ßtök
Originalzustand oorspronklike toestand (-e) urßpronkləkə tußtant
originell oorspronklik (-e) urßpronklək
Orkan orkaan (-kane) orkahn
Ort plek (-ke) pläk
örtlich plaaslik (-e) plahßlək
Ortschaft oord (-e) urt
Ortsgespräch plaaslike oproep (-e) plahßləkə oprup
Ortszeit plaaslike tyd (tye) plahßləkə tejt
Ost(en) Oos(te) uəß
Ostern Paasfees pahßfiəß
Österreich Oostenryk uəßtənrejk
österreichisch Oostenryks (-e) uəßtənrejkß
östlich oostelik (-e) uəßtələk
oval ovaal (-vale) ufahl
Ozean oseaan (oseane) uschiahn

paar, ein ... 'n paar ə pahr

Paar paar (pare) pahr

paarweise in pare ən pahrə

Päckchen pakkie (-s) packi

packen pak (ge-) pack

Packung pak (-ke) pack

Paddelboot pagaaiboot (-bote) pəchai buət

Paket pakkie (-s) packi

Palast paleis (-e) palejß

Palme palm (-s) palm

paniert met 'n broodkrummelkors met ə bruətkrömməlkorß

Panne ①motordefek (Motor) muətərdifeck ②pap wiel (Reifen) pap wihl

Pantoffel pantoffel (-s) pantoffəl

Papa pa ('s) pa

Papier papier (-e) papihr

Papiere identiteitsdokumente identitejtßdokümentə

Papierkorb snippermandjie (-s) ßnəpərmainki

Papiertaschentuch tissue (-s) tischu

Pappe ①kartonpapier kartonpapihr ②pap (Brei) pap

Paprika rooi rissie roi rössi

Paprikaschote rissiepeul (-e) rössipöəl

Papst pous pouß

Paradies paradys paradejß

parallel parallel (-e) paraläl

Parfüm parfuum (-s) parfühm

Pariser (Kondom) ①kondoom konduəm ②effie (-s) effi

Park park (-e) park

parken parkeer (ge-) parkiər

Parkett parket parkett

Parkhaus parkeergebou (-e) parkiərchəbou

Parkplatz parkeerplek (-ke) parkiərpläk

Parkschein parkeerbewys parkiərbəwejß

Parkstreifen parkeerstrepe parkiərßtriəpə

Parkuhr parkeermeter (-s) parkiərmiətər

Parkverbot parkering verbode parkiərəng fərbuədə

Parlament parlement (-e) parləment

Partei party (-e) partej

Parterre ①grongvloer chrontflur ②blombedding (Zierbeet) blombeddəng

Partie, mit von der ... deel van die groep diəl fan di chrup

Partner(in) ①lewensmaat (Lebens...) liəwənßmaht ②vennoot (-note) (Geschäfts...) fənuət

Party partytjie (-s) partejki

Paß ①paspoort (-e) (Papiere) paßpurt ②pas (-se) (Berg) paß

Passage passasie (-s) passahßi

Passagier(in) passasier (-e) passəßihr

passen pas (ge-) paß

passend passend (-e) passənt

passieren verbygaan (-gegaan) vərbejchahn

passiv passief (-siewe) passif

Paßkontrolle paspoortkontrole paßpurtkontroələ

pastellfarben pastelkleur (-e) paßtälklöər

Patenkind peetkind (-ers) piətkənt

Patenonkel peetpa piətpa

Patentante peetma piətma

Patient(in) pasiënt (-e) paschient

Pauschalreise vakansie pakket fakanßi packet

Pause pouse (-s) pousə

Pech ongeluk onchəlök

Pedal pedaal (-dale) pədahl

peinlich ①pynlik (-e) pejnlək ②uiters noukeurig (übergenau) öitərß nouköərəch

Pelz pels (-e) pälß

Penis penis (-se) piənəß

Pension ①pension (-e) (Ruhestand) penschiun ②losieshuis (-e) (Fremdenheim) lußißhöiß

pensioniert gepensioneerd chəpenschuniərt

perfekt volmaak (-te) follmahk

Periode periode (-s) piriuədə

Perle pêrel (-s) pärəl

Person persoon (-sone) pərßuən

Personalausweis identiteitsdokument (-e) identitejtßdoküment

persönlich persoonlik (-e) pərßuənlək

Perspektive perspektief (-tiewe) pərßpektif

Perücke pruik (-e) pröik

Petersilie pietersielie pitərßili

Pfad pad (paaie) patt

Pfanne pan (-ne) pann

Pfarrer dominee (-s) duəməni

Pfeffer peper piəpər

Pfefferstreuer peperpot piəpərpott
Pfeife ①fluit (-e) flöit ②pyp (-e) (Orgel/Tabak) pejp
pfeifen fluit (ge-) flöit
Pfeil pyl (-e) pejl
Pfennig pennie (-s) penni
Pferd perd (-e) pärt
Pfingsten Pinkster pənkßtər
Pfirsich perske (-s) pärßkə
Pflanze plant (-e) plant ℹ *eine ungewöhnlich große Artenvielfalt*

PFLANZEN (PLANTE)
Baobabbaum kremetartboom (-bome) krəmətattbuəm
Brotbaum (Cycad) broodboom bruətbuəm
Geranie malva (-s) malfa
Jakarandabaum jakaranda (-s) jakəranda
Kaktus kaktus (-se) kaktöß
Palme palmboom (-bome) pallәmbuəm
Protea protea (-s) prutia
Zuckerrohr suikerriet ßöikəritt

pflanzen plant (ge-) plant
Pflaster ①pleister (-s) (med.) plejßtər ②duur plek (teures ...) dühr pläk
Pflaume pruim (-e) pröim
Pflege versorging fərßorchəng
pflegen versorg fərßorch
Pflicht plig (-te) pləch
pflücken pluk (ge-) plök
pflügen ploeg (ge-) pluch
Pförtner portier (-s) portihr
Pfosten paal (pale) pahl
Pfote poot (pote) puət
Pfund pond (-e) pont
Pfütze plas (-se) plaß
Phantasie verbeelding fərbiəldəng
phantastisch fantasties (-e) fantaßtiß
Phase stadium (-s) ßtahdiöm
Philosophie ①wysbegeerte wejßbəchiərtə ②filosofie filußufi
physisch liggaamlik (-e) ləchahmlək
Pilger pelgrim (-s) pälchrəm
Pille pil (-le) pəl
Pilot vlieënier (-s) fliənihr
Pilz ①fungus (med.) föngchöß ②sampioen (-e) (eßbarer) ßampiun
Pinakothek kunsgalery (-e) könßchalərej
pink pienk pink
Pinsel kwas (-te) kwaß
Pinzette haartangetjie (-s) hahrtangəki
Pistole pistool (-tole) pəßtuəl
Plakat plakaat (-kate) plakaht
Plan plan (-ne) plann
planen planne maak (gemaak) plannə mahk
Planet planeet (-nete) planiət
planmäßig volgens plan folchənß plann
planschen plas (ge-) plaß
Planung beplanning bəplannəng
Plastik plastiek plaßtik
platt plat platt
Platte plaat (plate) plaht
Plattenspieler platespeler (-s) plahtəßpiələr
Platz ①plek (-ke) (Stelle/verfügbarer Raum/) pläk ②plein (-e) (öffentlicher) plejn
platzen ①bars (ge) (Ballon) barß ②skeur (ge-) (Reißen) ßköər
Platzkarte sitplekkaartjie (-s) ßətplakahrki
plombieren tande stop (gestop) tandə ßtopp
plötzlich skielik (-e) ßkillək
plump lomp lomp
plündern plunder (ge-) plöndər
plus plus plöss
Po boude boudə
poetisch poëties (-e) puiətiß
polieren poleer (ge-) puliər
Politik politiek polətik
Politiker(in) politikus (politici) pulitiköss
politisch polities (-e) pulitiß
Polizei polisie pulißi
Polizeirevier/-station polisiekantoor (-tore) pulißikantur
Polizist(in) polisieman (-ne)/polisievrou (-ens) pulißimann/pulißifrou
Polohemd polohemp (-hemde) puəluhemp
Polstermöbel gestoffeerde meubels chəßtoffiərdə möəbəlß
Portal portaal (-tale) portahl
Portion porsie (-s) porßi

P

Porto posgeld poßchält
Porträt portret (-te) portret
Portugal Portugal portichal
portugiesisch Portugees (-gese) portəchiəß
Porzellan porselein porßəlejn
positiv positief (-tiewe) puəsətif
Post pos poß
Postamt poskantoor (-tore) poßkantur
Postbeamter/Postbeamtin posbeamte (-s) poßbəamtə
Posten ①pos (-te) (Anstellung) poß ②wagpos (-te) (militär) wachpoß
Postfach posbus (-se) poßböss
Postkarte poskaart (-e) poßkahrt
postlagernd poste restante poßtə reßtantə
Postleitzahl poskode (-s) poßkuədə
Poststempel posstempel (-s) poßtempəl
prächtig uitstekend (-e) (großartig) öitßtiəkənt
prahlen spog (ge) ßpoch
praktisch prakties (-e) praktiß
praktizieren praktiseer (-serende) praktißiər
Präservativ voorbehoedmiddel (-s) fuərbəhutməddəlß
Präsident(in) president (-e) prəßədent
Praxis praktyk (-e) praktejk
predigen preek (ge-) priək
Predigt preek (preke) priək
Preis prys (-e) prejs
Preiserhöhung prysverhoging (-s) prejßfərhuəchəng
Preisnachlaß afslag afßlach
Preissenkung prysverlaging (-s) prejßfərlahchəng
preiswert billik (-e) bələk
Presse ①pers (Zeitungswesen) pärß ②parstoestel (-le) (Frucht...) parßtußtäl
pressen pers (ge-) pärß
Priester priester (-s) prißtər
primitiv primitief (-tiewe) prəmətif
Prinz/Prinzessin prins (-e)/prinses (-se) prənß/prənßeß
Prinzip prinsipe (-s) prənßipə
privat privaat (-vate) prifaht
Privatfernsehen onafhanklike televisiestasie (-s) onafhankləkə teləwißißtahßi
privatisieren privatiseer (ge-) prifatißiər
Privatschule privaatskool (-skole) prifahtskuəl
Privatunterkunft akkommodasie akomudahßi
Privileg voorreg (-te) furäch
Probe ①repetisie (-s) (Theater) repətißi ②monster (-s) (Muster) monßtər
proben repeteer (ge-) repətiər
probieren probeer (ge-) prubiər
Problem probleem (-bleme) prubliəm
Produkt produk (-te) prudök
Produktion produksie (-s) prudökßi
Produzent produsent (-e) prodüßent
produzieren produseer (ge-) prodüßiər
Professor(in) professor (-s) prufessər
Programm program (-me) pruchram
Proportion proporsie (-s) prəpohrßi
Prospekt brosjure (-s) broschürə
protestieren protesteer (ge-) protəßtiər
Prothese kunsledemaat (-mate) könßliədəmaht
Proviant voedselvoorraad (-rade) futßəlfuraht
Provinz ①provinsie (-s) (wie Region) prufənßi ②platteland (nicht Hauptstadt) plattəlant
Provinzhauptstadt provinsiale hoofstad (-stede) prufənschiahlə huəfßtatt
Provision kommissie kumißi
Provisorium tydelike oplossing tejdələkə oplossəng
Prozent persent pərßent
Prozeß ①proses (-se) (Vorgang) prusseß ②hofsaak (-sake) (Rechtsstreit) hofßahk
prüfen ①ondersoek (ge-) (Vorfall/Material) ondərßuk ②toets (ge-) (erproben/Examen) tutß
Prüfung ①ondersoek (-e) (Untersuchung) ondərßuk ②eksamen (-s) (Schule) äkßahmən
prügeln, (sich) baklei (ge-) bəklej
prunkvoll vol prag en praal foll prach en prahl
psychisch geestelik (-e) chiəßtələk
Publikum publiek pöblik
Puder poeier puiər
Pullover trui (-e) tröi
Puls pols (-e) polß
Pult lessenaar (-s) lessənahr
Pulver kruit (Schieß...) kröit
Pumpe pomp (-e) pomp
Punkt punt (-e) pönt
pünktlich stiptelik (-e) ßtəptələk
Pupille pupil (-le) püpəl
Puppe pop (-pe) pop

P

Putenfleisch kalkoenvleis kalkunflejß
putzen skoonmaak (skoonge-) skuənmahk
Putzfrau skoonmaakster (-s) ßkuənmahkßtər
Putzlappen poetslap (-pe) putßlap
Putzmittel skoonmaakmiddel (-s) ßkuənmahkmədəl
Quadrat ①vierkant (-e) fihrkant ②tweede mag (2. Potenz) twiədə mach
quadratisch vierkantig (-e) fihrkantəch
Quadratmeter vierkante meter fihrkantə miətər
Qual pyn pejn
quälen martel (ge-) martəl
Qualifikation kwalifikasie (-s) kwalifikahßi
qualifiziert gekwalifiseerd (-e) chəkwalifißiərt
Qualität kwaliteit kwalitejt
Quantität hoeveelheid hufiəlhejt
Quark dikmelkkaas dəkmälkahß
Quatsch onsin onßən
quatschen klets (ge-) kletß
Quelle bron (-ne)/fontein (-e) bronn/fontejn
quer dwars dwarß
Querstraße dwarsstraat (-strate) dwarßtraht
Quetschung kneusing (-s) knöəßəng
Quickie quicky kwicki
quietschen skree (ge-) ßkriə
Quittung kwitansie (-s) kwətanßi
R-Gespräch kollekteer oproep (-e) kollektiər oprup
Rabatt afslag afßlach
Rache wraak wrahk
Rad wiel (-e) wihl
radfahren fietsry (fietsge-) fitßrej
Radiergummi uitveër (-e) öitfiər
Radierung ets (geëts) (Kunst) etß
Radieschen radys (-e) radejß
radikal radikaal (-kale) radikahl
Radio radio (-s) radiu
Rahmen ①raam (rame) (Fenster) rahm ②agtergrond (Hintergrund) achtərchront
Rakete vuurpyl (-e) führpejl
Rand ①rand (-e) rannt ℹ *auch Währungseinheit von Südafrika* ②kringe (Augenränder) krəngə
Rang ①balkon (Theater) balkonn ②rang (-e) (Position) rang
rasen jaag (ge-) jahch
Rasen grasperk (-e) chraßpärk
Rasierapparat skeerapparaat (-rate) ßkiəraparaht
rasieren, sich skeer (ge-) ßkiər
Rasierklinge skeermeslemmetjie (-s) ßkiərmeßlemiki
Rasiermesser skeermes (-se) ßkiərmeß
Rasierpinsel skeerkwas (-se) ßkiərkwaß
Rasierschaum skeerskuim ßkiərßköim
Rasierwasser after shave after shave
Rasierzeug skeergereedskap ßkiərchəriətßkap
Rasse ras (-se) raß
rasten rus (ge-) röß
Rasthaus rusoord (-e) rößurt
Raststätte rusplek (-ke) rößpläk
ℹ *Autobahnraststätten haben meistens auch ein Restaurant.*
Rat(schlag) advies adfiß
raten ①raai (ge-) (Rätsel) raai ②raad gee (gegee) (empfehlen) raht chiə
Rathaus stadsaal (-sale) ßtatßahl
ratlos radeloos (-lose) rahdəluəß
Rätsel raaisel (-s) raaißəl
rätselhaft raaiselagtig (-e) raaißəlachtəch
Raub roof ruəf
rauben steel (ge-) ßtiəl
Raubtier roofdier (-e) ruəfdihr
Rauch rook ruək
rauchen rook (ge-) ruək
Raucher roker (-s) ruəkər
Raucherabteil kompartement vir rokers kompartəment fər ruəkərß
rauf op opp
rauh ①rof (rowwe) (grob) roff ②onstuimig (-e) (See) ontßtöiməch
Raum ①vertrek (-ke) (Zimmer) fərträk ②ruimte (-s) (Platz) röimtə
räumen ①ontruim (verlassen) ontröim ②leegmaak (leegge-) (leer machen) liəchmahk
Räumungsverkauf uitverkoping (-s) öitfərkuəpəng
raus ①uit öit ②buite! (raus!) böitə
Realschule hoërskool (-skole) hurßkuəl
Rechenfehler rekenfout (-e) riəkənfout
rechnen ①reken (ge-) riəkən ②bereken (berechnen) bəriəkən

Q
R

Rechnung rekening (-e) riəkənəng
recht haben reg wees (gewees) räch wiəß
Recht ①reg (-te) (Berechtigung) räch ②gereg (Gesetz) chəräch
rechte regs (regte) rächß
Rechteck reghoek (-e) rächuk
rechtfertigen, (sich) regverdig (ge-) rächfärdəch
rechtlich wettig (-e) wettəch
rechts regs rächß
Rechtsanwalt prokureur (-s) prokəröər
Rechtschreibung spelling ßpälləng
rechtswidrig onwettig (-e) onwettəch
rechtzeitig betyds bətejtß
Rede toespraak (-sprake) tußprahk
reden praat (ge-) praht
Redensart/Redewendung gesegde (-s) chəßächdə
reduzieren verminder (-de) fərmandər
Reederei redery (-e) riədərej
Regel ①reël (-s) (Vorschrift) riəl ②menstruasie (-s) (physiologisch) menßtrüahßi
regelmäßig gereeld (-e) chəriəlt
regeln ①reël (ge-) (organisieren) riəl ②reguleer (ge-) (Verkehr) rechüliər
Regelung reëling (-s) riələng
Regen reën (-s) riən
Regenbogen reënboog (-boë) riənbuəch
Regenmantel reënjas (-se) riənjaß
Regenschirm sambreel (-brele) ßambriəl
Regenzeit reënseisoen (-e) riənßeißun
regieren regeer (ge-) rəchiər
Regierung regering (-s) rəchiərəng
Regierungssitz regeringsetel rəchiərəngßiətəl
Regime regime regime
Region streek (-streke) ßtriək
regional streeksgewys (-e) ßtriəkßchəwejß
Regisseur regisseur (-s) rəchəßöər
registrieren registreer (ge-) rəchəßtriər
regnerisch reënerig (-e) riənərəch
regnet, es ... dit reën (het gereën) dət riən
reiben ①vryf (ge-) (die Hände) frejf ②rasper (ge-) (zerkleinern) raßpər
reich ryk rejk
reichen ①aangee (aange-) (geben) ahnchiə ②genoeg wees (gewees) (genügen) chənuch wiəß
reichlich meer as genoeg miər aß chənuch
Reichtum rykdom (-me) rejkdom
reif ①ryp (Obst) rejp ②volwasse (älter) folwassə
Reifen motorband (-e) muətərbannt
Reifenwechsel omruil van motorband omröil fan muətərbannt
Reihe ①ry (-e) (Schlange) rej ②beurt (-e) (an der Reihe) böərt
Reihenfolge volgorde folch-ordə
rein ①in (herein) ən ②skoon (sauber) ßkuən
reinigen reinig (ge-) rejnəch
Reinigung ①reiniging rejnəchəng ②droogskoonmakers (Geschäft) druəchßkuənmahkərß
Reinigungsmilch skoonmaakmiddel ßkuənmahkmədəl
Reis rys rejß
Reise reis (-e) rejß
Reisebüro reisburo (-'s) rejßbüruə
Reiseführer toergids (-e) tuhrchitß
reisen reis (ge-) rejß
Reisender reisiger (-s) rejßəchər
Reiserücktrittskostenversicherung reiskanselleeringsversekering rejßkanßəliərəngßfərßiəkərəng
Reisescheck reisigerstjek (-s) rejßəchərß-tscheck
Reisetasche tas (-se) tass
Reisevorbereitung vakansievoorbereiding fakanßifurbərejdəng
reißen skeur (ge-) ßköər
Reißverschluß ritssluiter/zip rətßlöitər/səp
reiten ①ry (ge-) rej ②perdry (perdge-) (Pferd) pärtrej
reizen ①irreteer (ge-) (Haut) irrətiər ②bekoor (verlocken) bəkur
reizvoll bekoorlik (-e) bəkurlək
Reklamation eis (-e) ejß
Reklame advertensie (-s) adfərtenßi
reklamieren terugeis (terugge-) tröch-ejß
rekonstruieren rekonstrueer (ge-) rikonßtrüər
Rekord rekord (-s) rekort
relativ relatief (-tiewe) relatif
Relief reliëf (-e) relief
Religion geloof (-lowe) chəluəf
Religionsfreiheit geloofsvryheid chəluəfß-frejhejt

religiös gelowig (-e) chəluəwəch
Renaissance Renaissance renejßahnß
Rendezvous byeenkoms bejiənkomß
Rennen hardloop (ge-) hartluəp
Rente pensioen (-e) penschiun
Rentner(in) pensioenaris (-se) penschunarəß
Reparatur herstel härßtäl
Reparaturwerkstatt garage gərahtsch
reparieren herstel härßtäl
Reporter(in) verslaggewer (-s)/ verslaggeefster (-s) fərßlachiəwər/fərßlachiəfßtər
Reptil reptiel (-e) reptil
Republik republiek (-e) rəpöblick
Reserve reserwe (-s) rəsärwə
Reservekanister petrolkan (-ne) petrəlkann
Reservereifen spaarwiel (-e) ßpahrwihl
reservieren bespreek bəßpriək
Reservierung bespreking (-s) bəßpriəkəng
resignieren opgee (opge-) opchiə
respektieren respekteer (ge-) rəßpektiər
respektvoll eerbiedig (-e) iərbiddəch
Rest res (-te) reß
Restaurant restaurant (-e) reßturant
restaurieren ① restoureer (ge-) reßturiər ② herstel (renovieren) härßtäl
Restaurierung restourasie (-s) reßturahßi
restlos geheel-en-al chəhiəl-en-all
retten red (ge-) rett
Rettung redding reddəng
Rettungsboot reddingsboot (-bote) reddəngßbuət
Rettungsring reddingsband (-e) reddəngßbannt
Revolution rewolusie (-s) rewulüßi
revolutionär rewolusionêr (-e) rewulischiunär
Rezept ① resep (-te) (kochen) rəßep ② voorskrif (-te) (Apotheke) fuərßkrəf
rezeptfrei sonder preskripsie ßondər prəßkrəpßi
Rezeption ontvangs ontfangß
Rheuma rumatiek römatik
richten, sich ① jou volgens iemand rig (gerig) (sich richten nach) jou follchənß imannt rəch ② 'n vraag aan iemand rig (gerig) (sich richten an) ə frahch ahn immant rəch
Richter(in) regter (-s) rächtər
richtig reg (-te) räch
Richtung rigting (-s) rəchtəng

RICHTUNGSANGABEN (RIGTINGSAANWYSINGS)

dort daar dahr
gegenüber regoor/teenoor räch'ur/tiən'ur
geradeaus reguit aan rächöit
hier hier hihr
hinter agter achtər
links links lənkß
nah naby nahbej
neben langs langß
rechts regs rächß
vor voor fur
weit ver fär
zurück terug tröch

riechen (nach) ruik na (geruik) röik na
Riff rif (riwwe) rəf
Rind bees (-te) biəß
Rinde bas (-te) baß
Rindfleisch beesvleis biəßflejß
Ring ① ring (-e) (Fingerring) rəng ② kring (-e) (Kreis) krəng
ringsherum rondom rontom
Rippe rib (-bes) rəb
Risiko risiko (-'s) rißiku
Riß skeur (-e) ßköər
Ritual rituaal (-tuale) rətschuahl
rituell ritueel (-tuele) rətschuəl
Ritus rite (-s) ritə
Rock romp (-e) romp
Roggen rog roch
roh rou rou
Rohr ① pyp (-e) (Leitungs...) pejp ② riet (-e) (Schilf) ritt
Rohstoff grondstof (-stowwe) chrontßtof
ⓘ *Rohstoffe sind der Haupt-Exportzweig des Landes.*
Rokoko Rokoko rukoku
Rolle rol (-le) roll
rollen rol (ge-) roll
Rolltreppe roltrap rolltrap
Roman roman (-s) ruman
Romanik Romaanse styl rumahnßə ßtejl

R

romanisch Romaans (-e) rumahnß
romantisch romanties (-e) rumantiß
römisch ①Romeins (-e) (Reich) rumejnß ②Rooms (-e) (katholisch) ruəmß
röntgen X-strale ekß-ßtrahlə
Röntgenaufnahme X-straalfoto ('s) ekß-ßtrahlfuətu
rosa pienk pink
Rose roos (rose) ruəß
Rosé(wein) Rosé rusej
Rosenkohl spruitkool ßpröitkuəl
Rosmarin roosmaryn ruəßmarejn
rostig verroes (geroesde) fərruß
rot rooi roi
Rotes Kreuz Rooi Kruis roi kröiß
Rotwein rooi wyn roi wejn
Rouge wangpoeier wangpuiər
Rubin robyn (-e) rubejn
Rückbuchung kansellering van 'n geldoorplasing kanßəliərəng fan ə chälturplahßəng
Rücken rug (rûe) röch
Rückenschmerzen rugpyn röchpejn
Rückfahrkarte retoerkaartjie (-s) rətuhrkahrki
Rückfahrt terugreis tröchrejß
Rückfall terugval (-le) tröchfall
Rückflug retoervlug (-te) rətuhrflöch
Rückkehr terugkoms tröchkomß
Rucksack rugsak (-ke) röchßak
Rückseite agterkant achtərkannt
Rücksicht nehmen konsidereer (ge-) konßədəriər
rücksichtslos ①meedoëloos (-e) (Mensch) miəduəluəß ②onverskillig (-e) (fahren) onfərßkəlləch
rücksichtsvoll bedagsaam (-same) bədachßahm
Rücksitz agtersitplek (-ke) achtərßtpläk
Rückspiegel truspieël (-s) trüßpihl
rückständig agterstallig (-e) achtərßtalləch
Rücktrittbremse truratrem (-me) trürattrem
rückwärts agteruit achtəröit
Rückwärtsgang trurat trüratt
Rudel trop (-pe) trop
Ruder roeispaan (-spane) ruißpahn
Ruderboot roeiboot (-bote) ruibuət
rudern roei (ge-) rui

Ruf ①roep (-e) (Schrei) rup ②reputasie (-s) (schlechten/guten) repütahßi
rufen ①roep (ge-) rup ②ontbied (Arzt) ontbit
Ruhe ①rus (physische) röß ②rustigheid (Stille) rößtəchejt ⇨Ruhe! = stilte! ßtəltə
ruhig rustig (-e) rößtəch
Rührei roereier (-s) ruhr-ejər
rühren, (sich) beweeg bəwiəch
rührend roerend (-e) ruhrənt
Ruin ondergang ondərchang
Ruine ruïne (-s) ruinə
ruinieren ruïneer (ge-) ruiniər
Rum rum röm
rund rond (-e) ront
Rundfahrt besigtigingstoer (-e) bəßəchtəchəngßtuhr
Rundfunk uitsaaidiens öitßaaidinß
Rundfunkübertragung uitsending (-s) öitßendəng
Rundgang rondte (-s) rontə
Rundreise rondtoer (-e) rontuhr
runter ①ondertoe ondərtu ②af! (runter!) aff
russisch Russies (-e) rößiß
Rußland Rusland rößlannt
rutschen ①gly (ge-) (gleiten) chlej ②skuif (ge-) (Möbelstück) ßköif
rutschig glyerig (-e)/glad (-de) chlejərəch/chlatt
S-Bahn voorstedelike sneltrein fuərßtiədələkə ßnältrejn
Saal saal (sale) ßahl
Sache saak (sake) ßahk
sachlich saaklik (-e) ßahklək
Sachschaden materiële skade matiəriələ ßkahdə
Sachverständige deskundige (-s) deßköndəchə
Sack sak (-ke) ßak
säen saai (ge-) ßaai
Safe kluis (-e) klöiß
Saft sap (-pe) ßap
saftig sappig (-e) ßappəch
sagen sê (ge-) ßeh
sägen saag (ge-) ßahch
Sahne room ruəm
Saiteninstrument snaarinstrument (-e) ßnahrənßtröment

Sakko kort mansbaadjie (-s) kort manßbaaiki
Salat slaai (-e) ßlaai
Salatsoße slaaisous (-e) ßlaaißouß
Salbe salf ßalf
Salmonellenvergiftung salmonella vergiftiging ßalmunälla fərchəftəchəng
Salz sout ßout
salzig souterig (-e) ßoutərəch
Salzstreuer soutpotjie (-s) ßoutpoiki
Samen saad (sade) ßaht
sammeln versamel fərßahməl
Sammlung versameling (-s) fərßahmələng
Samstag Saterdag ßahtərdach
Sand sand ßannt
sanft sag (-te) ßach
Sänger(in) sanger (-s)/sangeres (-se) ßangər/ßangəreß
Saphir saffier (-e) ßaffihr
Sarg doodskis (-te) duətßkəß
satt ①versadig (-de) (Essen) fərßahdəch ②sat (jemanden satt haben) ßatt
Satz ①sin (-ne) (Sprache) ßənnə ②beweging (-s) (Musik) bəwiəchəng
sauber skoon ßkuən
Sauberkeit netheid nethejt
saubermachen skoonmaak (-ge-) skuənmahk
säubern suiwer (ge-) ßöiwər
sauer suur ßühr
Sauerstoffflasche suurstofsilinder (-s) ßührßtof-ßəlandər
saufen suip (ge) ßöip
Säugetier soogdier (-e) ßuəchdihr ℹ *mehr als 300 Landsäugetier-Arten*
Säugling baba (baba's) baba
Säule pilaar (-lare) pilahr
Säure suur (sure) ßühr
Schachspiel skaakspel ßkahkßpäl
Schachtel boks (-e) bokß
schade jammer jammər
schaden beskadig bəßkahdəch
Schaden skade ßkahdə
schädlich skadelik (-e) ßkahdələk
Schaf skaap (-skape) ßkahp
schaffen ①skep (ge-) (erschaffen) ßkep ②werk (ge-) (arbeiten) wärk ③regkry (regge-) (bewältigen) rächkrej

Schaffner(in) kondukteur (-s) kondöktöər
Schal serp (-e) ßärp
Schale ①bak (-ke) (Behälter) back ②skil (-le) (Kartoffel) ßkəl
schälen afskil (afge-) afßkəl
Schall geluid (-e) chəlöit
Schallplatte grammofoonplaat (-plate) chrammәfuənplaht
schalten (Auto) ①ratte ruil (geruil) (Gänge) rattə röil ②afsit (afge-) (aus...) afßit
Schalter ①skakelaar (-s) (elektrisch) ßkahkəlahr ②toonbank (-e) (Post) tuənbank
Schalterstunden besigheidsure biəßəchhejtß-ührə
schämen, sich skaam (ge-) ßkahm
Schande skande (-s) ßkandə
scharf ①skerp (Messer) ßkärp ②sexy (geil) sekßi
Schatten skaduwee (-s) ßkahdəwiə
schattig skaduryk (-e) ßkahdürejk
schätzen ①skat (ge-) (Wert) ßkatt ②hou van (gehou) (mögen) hou fan
Schatzkammer tesourie teßuri
Schaufel graaf (grawe) chrahf
Schaufenster winkelvenster (-s) wənkəlfenßtər
Schaum skuim ßköim
Schauspieler(in) toneelspeler (-s)/toneelspeelster (-s) tuniəlßpiələr
Scheck tjek (-s) tscheck
Scheckheft tjekboek tscheckbuk
Scheckkarte tjekkaart tscheckkahrt
Scheibe ①ruit (-e) (Fenster) röit ②sny (-e) (Brot) ßnej
Scheibenwischer ruitveër (-s) röitfiər
Scheide vroulike skaamdeel froulәkә ßkahmdiәl
Scheidung skeiding (-e) ßkejdəng
Schein ①sertifikaat (-kate) (Bescheinigung) ßärtifikaht ②skyn (Betrug) ßkejn
scheinbar skynbaar ßkejnbahr
scheinen ①skyn (ge-) (Sonne) ßkejn ②lyk (ge-) (Anschein) lejk
scheinheilig skynheilig (-e) ßkejnhejləch
Scheinwerfer hoofligte (-e) huəflәchtə
Schenkel bobeen (-bene) buəbiən
schenken skenk (ge-) ßkenk

Schere skêr (-e) ßkär
Scherz grap (-pe) chrap
scheu sku ßkü
Scheune skuur (skure) ßkühr
scheußlich afstootlik (-e) afßtuatlək
schicken stuur (ge-) ßtühr
Schicksal noodlot nuətlot
schieben stoot (ge-) ßtuət
Schiedsrichter skeidsregter (-s) ßkejtßrächtər
schief skeef (skewe) ßkiəf
Schienbein maermerrie (-s) mahrmehri
Schiene ①spalk (-e) (med.) ßpalk ②spoorstaaf (-stawe) (Zug) ßpurßtahf
schießen skiet (ge-) ßkitt
Schiff skip (skepe) ßkəp
Schild naambord (-e) nahmbort
Schilf riete ritə
Schilling sjieling (-s) schiləng
schimmelig muwwerig (-e) möwwərəch
schimpfen vloek (ge-) fluk
Schimpfwort vloekwoord (-e) flukwurt
Schinken ham hamm
Schirm sambreel (-brele) ßambriəl
Schlacht slag (slae) ßlach
schlachten slag (ge-) ßlach
Schlaf slaap ßlahp
Schlafanzug nagklere ßlahp
schlafen ①slaap (ge-) ßlahp ②met iemand slaap (ge-) (mit jemandem schlafen) met immant ßlahp
schlaff slap ßlap
Schlafmittel slaapmiddel (-s) ßlahpməddəl
Schlaftabletten slaaptablette ßlahptablett
schläfrig slaperig (-e) ßlahpərəch
Schlafsaal slaapsaal (-sale) ßlahpßahl
Schlafsack slaapsak (-ke) ßlahpßak
Schlafwagen slaapwa (-ens) ßlahpwa
Schlafzimmer slaapkamer (-s) ßlahpkamər
Schlag slag (slae) ßlach
schlagen ①slaan (ge-) ßlahn ②bliksem (ge-) bləkßəm
Schlagzeile hoofnuus huəfnühß
Schlamm modder moddər
Schlange slang (-e) ßlang ℹ *Auch einige giftige Arten sind hier zu Hause.*
Schlangenbiß slangbyt (-e) ßlangbejt

schlank slank ßlank
schlau geslepe chəßliəpə
Schlauch ①rubberpyp (-e) röbbərpejp ②tuinslang (-e) (Garten...) töinßlang
schlecht sleg (auch Nahrung) ßläch
Schleife strik (-ke) ßtrək
schleppen sleep (ge-) ßliəp
schleudern slinger (ge-) ßləngər
schlicht eenvoudig (-e) iənfoudəch
schließen sluit (ge-) ßlöit
Schließfach sluitkas (Gepäck) ßlöitkass
schließlich ten slotte (am Schluß) ten ßlottə
schlimm ①sleg (-te) (Nachricht) ßläch ②erg (Zustand) ärch
Schlitten slee (sleë) ßliə
Schloß ①slot (-te) (schließen) ßlott ②kasteel (-tele) (Residenz) kaßtiəl
Schlucht kloof (klowe) kluəf
Schluck sluk (-ke) ßlök
schlucken sluk (ge-) ßlök
Schlüpfer damesbroekie dahməßbruki
Schluß slot ßlott
Schlüssel sleutel (-s) ßlöətəl
Schlußfolgerung gevolgtrekking (-s) chəfolchträkəng
Schlußverkauf uitverkoping öitfərkuəpəng
schmackhaft smaaklik (-e) ßmahklək
schmal skraal (Einkommen) ßkrahl
schmecken smaak (ge-) ßmahk
schmeicheln vlei (ge-) flej
schmelzen smelt (ge-) ßmält
Schmerz(en) pyn pejn
schmerzhaft seer ßiər
Schmerzmittel/-tabletten pynstiller pejnßtəllər
Schmetterling skoenlapper (-s) ßkunlappər
schmierig smerig (-e) ßmiərəch
schmilzt, der Schnee ... smelt (ge-) ßmält
Schminke grimering chrəmiərəng
schminken, sich grimeer (ge-) chrəmiər
Schmuck juwele juwiələ
schmücken versier fərßihr
Schmutz vuilgoed föilchut
schmutzig vuil föil
Schnabel snawel (-s) ßnahwəl
Schnaps witblits wətblətß

schnarchen snork (ge-) ßnork
Schnauze bek (-ke) bäck
Schnee sneeu ßniu ℹ *nur auf den höchsten Bergen im Winter*
Schneeketten sneeuketting vir motorbande ßniukettəng fər muətərbandə
schneiden ① sny (ge-) (Messer) ßnej ② afsny (afge-) (Auto) afßnej
Schneider(in) kleremaker (-s)/kleremaakster (-s) kliərəmahkər/kliərəmahkßtər
schneit, es dit sneeu (het gesneeu) dət ßniu
schnell vinnig (-e) fənnəch
Schnellimbiß wegneemete (-s) wächniəm-iətə
schnellstens so vinnig as moontlik ßuə fənnəch aß muəntlək
Schnellstraße snelweg (snelweë) ßnälwäch
Schnitt sny (-e) ßnej
Schnittlauch uiegras öiəchraß
Schnittwunde snywond (-e) snejwont
Schnitzel schnitzel schnitzel
schnitzen snywerk doen (gedoen) ßnejwärk dun
Schnupfen loopneus luəpnöəß
Schnur lyn (-e) lejn
Schnurrbart snor (-re) ßnor
Schock skok (-ke) ßkok
Schokolade sjokolade schokulahdə
schon reeds riətß
schön mooi moi
schonen, (sich) jouself oppas (opge-) joußälf oppaß
Schönheit skoonheid (-hede) ßkuənhejt
Schöpfung skepping ßkeppəng
schräg skuins ßköinß
Schrank kas (-te) kass
Schranke spoorhek (-ke) ßpurhäk
Schraube skroef (-we) ßkruf
Schraubenschlüssel spanner (-s) ßpännər
Schraubenzieher skroewedraaier (-s) ßkruwwədraiər
Schreck(en) skrik ßkrək
schrecklich verskriklik (-e) fərßkrəklək
Schrei skreeu (-e) ßkriu
schreiben skryf (ge-) ßkrejf
Schreibmaschine tikmasjien (-e) təkmaschin
Schreibtisch lessenaar (-s) lessənahr
Schreibwarengeschäft winkel vir skryfbehoeftes wənkəl fər ßkrejfbəhuftəß ℹ *Die bekanntesten sind die Läden der CNA-Kette, die auch Telefonkarten verkaufen.*
schreien skreeu (ge-) ßkriu
Schreiner(in) skrynwerker/skrynwerkster (-s) ßkrejnwärkər/ßkrejnwärkßtər
Schrift skrif ßkrəf
schriftlich skriftelik (-e) ßkrəftələk
Schriftsteller(in) skrywer (-s)/skryfster (-s) ßkrejwər/ßkrejfßtər
Schritt tree (treë) triə
Schrott metaalafval mətahlaffal
Schublade laaikas (-te) laaikaß
schüchtern skaam ßkahm
schuften swoeg (ge-) ßwuch
Schuhbänder skoenveters ßkunfiətərß
Schuhe skoene ßkunə
Schuhgeschäft skoenwinkel (-s) ßkunwənkəl
Schulbildung skoolopleiding ßkuəloplejdəng
Schuld haben skuld hê ßkölt heh
schulden skuld (ge-) ßkölt
Schulden skuld ßkölt
schuldig skuldig (-e) ßköldəch
schuldlos onskuldig (-e) onßköldəch
Schule skool (skole) ßkuəl
Schüler(in) skolier (-e) ßkuəlihr
Schuljahr skooljaar (-jare) ßkuəljahr
Schulter skouer (-s) ßkouər
Schund snert ßnärt
Schuppen skilfer (-s) ßkəlfər
Schürze voorskoot (-skote) fuərßkuət
Schuß skoot (skote) ßkuət
Schüssel skottel (-s) ßkottəl
Schußwaffe vuurwapen (-s) führwahpən
Schuster skoenmaker (-s) ßkunmahkər
schütteln skud (ge-) (auch: Hände schütteln) ßköt
Schutz beskerming bəßkärrəməng
schützen, (sich) (vor) beskerm bəßkärrəm
schwach swak ßwack
schwächlich swak ßwack
Schwager swaer (-s) ßwahr
Schwägerin skoonsuster (-s) ßkuənßößtər
Schwamm spons (-e) ßponß
schwanger swanger ßwangər

S

Schwanz ①stert (-e) (Tier) ßtärt ②voël (-s) (Penis) fuəl
schwarz swart ßwart
schwarz-weiß wit-en-swart wət-en-ßwart
Schwarzarbeit ongeoorloofde werk onchə-urluəfdə wärk
schwarzfahren ry sonder om te betaal rej ßondər om tə bətahl
schweigen swyg (ge-) ßwejch
Schwein vark (-ke) fark
Schweinefleisch varkvleis farkflejß
Schweiß sweet ßwiət
Schweiz Switserland ßwətßərlannt
Schweizer Switser ßwətßər
Schwellung swelsel ßwälßəl
schwer swaar ßwahr
schwerhörig hardhorend (-e) harthurənt
Schwert swaard (-e) ßwahrt
Schwester suster (-s) ßößtər
Schwiegereltern skoonouers ßkuənouərß
Schwiegermutter skoonma (-'s) ßkuənma
Schwiegersohn skoonseun (-s) ßkuənßöən
Schwiegertochter skoondogter (-s) ßkuəndochtər
Schwiegervater skoonpa (-'s) ßkuənpa
schwierig moeilik (-e) muilək
Schwierigkeit moeilikheid (-hede) muiləkhejt
Schwimmbad swembad (-dens) ßwembatt
schwimmen swem (ge-) ßwem
Schwimmweste reddingsbaadjie (-s) reddəngßbaaiki
schwindelig duiselig döißləch
schwitzen sweet (ge-) ßwiət
schwul gay/mof/homoseksueel gay/moff/huəmußeckschüiəl
schwül benoud (-e) bənout
schwungvoll geesdriftig (-e) chiəßdrəftəch
sechs ses ßeß
sechshundert seshonderd ßeßhondərt
sechzehn sestien ßeßtin
sechzig sestig ßeßtəch
See meer (mere) miər
seekrank seesiek ßiəßick
Seele siel (-e) ßil
seelisch geestelik (-e) chiəßtələk
Seemann seeman (-seelui) ßiəmann
Segel seil (-e) ßejl
Segelboot seilboot (-bote) ßejlbuət
Segelflugzeug sweeftuig (-tuie) ßwiəftöich
segeln seil (ge-) ßejl
Segelschiff seilskip (-skepe) ßejlßkəp
segnen seën (ge-) ßiən
sehen sien (ge-) ßin
sehenswert besienswaardig (-e) bəßinßwahrdəch
Sehenswürdigkeit besienswaardigheid (-hede) bəßinßwahrdəchejt
Sehne sening (-s) ßiənəngß
Sehnsucht verlange fərlangə
sehr baie baiə
Seide sy ßej
Seife seep (sepe) ßiəp
Seil tou (-e) tou
sein (Verb) wees (gewees) wiəß
sein(e) (Possessivpronomen) sy(ne) ßej
seit sedert ßiədərt
seitdem sedert ßiədərt
Seite ①kant (-e) (Stirn...) kannt ②bladsy (-e) (Buch) blattßej
Seitenschiff syskip ßejßkəp
Seitensprung klein ontrouheid klejn ontrouhejt
Seitenstraße systraat (-strate) ßejßtraht
seitlich sydelings (-e) ßejdələngß
seitwärts sywaarts (-e) ßejwahrtß
Sekretär(in) sekretaris (-se)/sekretaresse (-s) ßəkrətahrəß/ßəkrətaressə
Sekretariat sekretariaat (-riate) ßəkrətariaht
Sekt vonkelwyn fonkəlwejn
Sekunde sekonde (-s) ßəkondə
selbst self ßälf
selbständig ①selfstandig (-e) ßälfßtandəch ②onafhanklike besigheidsman onafhankləkə biəßəchejtßmann
Selbstbedienung selfbediening ßälfbədinəgn
Selbstbeteiligung bybetaling (Versicherung) bejbətahləng
Selbstlaut vokaal (vokale) wukahl
selbstlos onselfsugtig (-e) onsälfßəchtəch
Selbstmord selfmoord (-e) ßälfmurt
Selbstporträt selfportret (-te) ßälfportret
selbstverständlich vanselfsprekend (-e) fanßälfßpriəkənt

selten selde ßäldə
seltsam eienaardig (-e) ejənahrdəch
Semester halfjaar halfjahr
Seminar seminaar (-nare) ßeminahr
Sendung (Post) sending (-s) ßendəng
Senf mosterd moßtərt
senkrecht loodreg (-te) luəträch
September September ßəptembər
Serie reeks (-e) riəkß
Serum serum ßiəröm
servieren bedien bədin
Serviette servet (-te) ßərfett
Sessel leunstoel (-e) löənßtul
setzen, sich sit (ge-) ßət
Seuche epidemie (-s) epədiəmi
Sex seks ßekß
Shampoo sjampoe schampu
Sherry sjerrie (-s) scherri
sicher ①veilig (ungefährdet) fejləch ②seker (gewiß) ßiəkər
Sicherheit veiligheid fejləchejt
Sicherheitsbestimmungen veiligheidsregulasies fejləchejtß-rechəlahßiß
Sicherheitsgurt veiligheidsgordel (-s) fejləchejtßchordəl
sicherheitshalber veiligheidshalwe fejləchejtßhalwə
Sicherheitskontrolle veiligheidskontrole fejləchejtßkontruələ
sichern beveilig bəfejləch
Sicherung sekering ßiəkərəng
Sicherungskasten fuse-box fiuß-bocks
Sicht uitsig öitßəch
sichtbar sigbaar (-bare) ßəchbahr
sie sy ßəj
Sie u ü
sieben sewe ßiəwə
siebenhundert sewehonderd ßiəwəhondərt
siebzehn sewentien ßiəwəntin
siebzig sewentig ßiəwəntəch
Sieg oorwinning (-s) urwənnahr
Sieger(in) oorwinnaar (-s) urwənnahr
siezen, (sich) met "u" aanspreek met ü ahnßpriək
Signal teken (-s) tiəkən
Silbe lettergreep (-grepe) lettərchriəp
Silber silwer ßəlwər
silbern van silwer fan ßəlwər
Sinfonie simfonie (-ë) ßəmfuni
singen sing (ge-) ßəng
sinken ①sink (ge-) (Schiff) ßənk ②val (ge-) (Aktien/Temperatur) fall
Sinn sin (-ne) ßən
Sinnesorgan sintuig (-tuie) ßəntöich
Sinnestäuschung sinsbedrog ßənßbədroch
sinnlich sinlik (-e) ßənlək
sinnlos sinloos (-lose) ßənluəß
Sirene sirene (-s) ßiriənə
Sitte ①gebruik (-e) (eines Volkes) chəbröik ②sedes (Moral) ßiədəß
Situation situasie (-s) ßətschuahßi
Sitz(platz) sitplek (-ke) ßətpläk
sitzen sit (ge-) ßət
Skandinavien Skandinawië ßkandənahwiə
skandinavisch Skandinawies (-e) ßkandənahwiß
Ski ski (-'s) ßki
Skianzug skipak (-ke) ßkipak
Skibrille skibrille ßkibrəllə
Skilift skilift (-s) ßkiləft
Skipiste skibaan (-bane) ßkibahn
Skistiefel ski-stewel (-s) ßki-ßtiəwəl
Skistock ski-stok (-ke) ßki-ßtok
Skizze skets (-e) ßketß
Skonto afslag afßlach
skrupellos gewetenloos (-lose) chəwiətənluəß
Skulptur standbeeld (-e) ßtantbiəlt
Slip onderbroek ondərbruk
Smaragd smarag (-de) ßmarach
so so ßuə
Sockel voetstuk (-ke) futßtök
Socken kouse koußə
Sofa bank (-e) bank
sofort dadelik dahdələk
sogar selfs ßälfß
sogenannt sogenaamd (-e) ßuəchnahmt
Sohle sool (-sole) ßuəl
Sohn seun (-s) ßöən
solange solank ßuəlank
solche(-r, -s) ①sulke (Mehrzahl) ßölkə ②so 'n (Einzahl) ßuə ə
Soldat soldaat (-date) ßoldaht

S

sollen sou ßou
Sommer somer (-s) ßuəmər ℹ *von Dezember bis März*
Sonderangebot spesiale aanbod (aanbiedings) ßpeschialə ahnbott
sonderbar eienaardig (-e) ejənahrdəch
Sonderbriefmarke spesiale seël uitgawe ßpeschialə ßiəl öitchawə
sondern ① maar (nicht nur ... auch) mahr ② afsonder (afge-) (aussondern) afßondər
Sonderpreis spesiale prys (-e) ßpeschialə prejß
Sondertarif spesiale tarief (-riewe) ßpeschialə tarif
Sonne son ßon
Sonnenaufgang sonsopkoms ßonßopkommß
Sonnenblume sonneblom (-me) ßonnəblom
Sonnenbrand sonbrand ßonbrannt
Sonnencreme sonroom ßonruəm ℹ *Es wird Sonnenschutzmittel mit Faktor 15 empfohlen.*
Sonnenöl sonbrandolie (-s) ßonbranntuəli
Sonnenschein sonskyn ßonßkejn
Sonnenschirm sonsambreel (-brele) ßonßambriəl ℹ *An den populärsten Stränden werden auch Sonnenschirme vermietet.*
Sonnenstich sonsteek ßonßtiək
Sonnenuntergang sonsondergang ßonßondərchang
sonnig sonnig (-e) ßonnəch
Sonntag Sondag ßondach
sonst anders (andernfalls) andərß
Sorge sorge ßorgə
sorgen, sich (um) jou bekommer jou bəkommər
sorgen (für) sorg (ge-) ßorch
sorgfältig sorgvuldig ßorchföldəch
Sorte soort (-e) ßurt
Sortiment verskeidenheid fərßkejdənhejt
Soße sous (-e) ßouß
Souvenir aandenking (-s) ahndenkəng
soviel soveel ßuəfiəl
sowie net soos net ßuəß
sowieso in elk geval ən älk chəfall
sowohl ... als auch sowel ... asook ßuwäl ... aßuək
sozial sosiaal (siale) ßuəschiahl
Sozialarbeiter(in) sosiale werker (-s)/werkster (-s) ßuəschiahlə wärkər/wärkßtər
sozialistisch sosialisties (-e) ßuəschialəßtiß
Sozialversicherung sosiale versekering ßuəschiahlə fərßiəkərəng
sozusagen so te sê ßuə tə seh
Spalte spleet (splete) ßpliət
spalten split (ge-) ßplət
Spanien Spanje ßpanjə
spanisch Spaans (-e) ßpahnß
spannend spannend (-e) ßpannənt
Sparbuch spaarboekie (-e) ßpahrbuki
sparen spaar (ge-) ßpahr
Spargel aspersie (-s) aßpärßi ℹ *Spargel wird in Betlehem im Freistaat angebaut.*
Sparkasse spaarbank ßpahrbank
Sparkonto spaarrekening (-e) ßpahriəkənəng
sparsam spaarsaam (-same) ßpahrßahm
Spaß plesier pləßihr
spät laat laht
später later lahtər
spätestens op die laaste op di lahßtə
spazierengehen gaan stap (gegaan) chahn ßtap
Spaziergang wandeling wandələng
Speichel spoeg ßpuch
Speicher ① laai kapasiteit (Computer) laai kapaßitejt ② graansuier (-s) (Korn...) chrahnßöiər
Speisekarte spyskaart (-e) ßpejßkahrt
Speiseraum/-saal eetsaal (-sale) iətßahl
Speisewagen eetsalon iətßalon
Spende donasie (-s) dunahßi
sperren versper fərßpär
Spezialität spesialiteit (-e) ßpeschialitejt

SPEZIALITÄTEN DES LANDES
begrafnisrys bəchrafnəßrejß gelb gewürzter Reis mit Rosinen
beskuit bəßköit Zwieback
biltong bəltong getrocknetes Wild oder Rind
blatjang blattjang Chutney
bobotie bobuəti gehacktes Curryfleisch mit Eiern und Milch überbacken
Boerewors buhrəworß Burenwurst
braalvleis braaiflejß auf dem Bratrost gebratenes Fleisch

droë vrugte druə-fröchtə getrocknetes Obst oder Obstscheiben
koeksister (-s) kukßößtər Gebäck aus Ingwerteig in Sirup getaucht
melktert mälktärt Milchtorte
pap en sous pap en ßouß Maisbrei mit einer Zwiebel und Tomatensoße
Peri-Peri peri-peri Currymischung
potjie kos poiki koß Eintopf auf offenem Feuer zubereitet
rooibostee rooiboßtiə Rooibuschtee
slap chips ßlap tschəpß Pommes frites mit Salz und Essig
sosatie ßußahti Fleischspieß
waterblommetjiebredie wahtərblommikibriədi Gericht aus Seerosenstielen

Spiegel spieël (-s) ßpihl
Spiegelei gebakte eier (-s) chəbacktə ejər
Spiel spel ßpäl
spielen speel (ge-) (Spiel & Instrument) ßpiəl
Spielfilm fliek (-s) flik
Spielkarte speelkaarte ßpiəlkahrtə
Spielplan opvoeringskalender opfuhrəngßkallendər
Spielplatz speelplek (-ke) ßpiəlpläk
Spielsachen/-zeug speelgoed ßpiəlchut
Spinat spinasie ßpinahßi
Spirale spiraal (-rale) ßpirahl
spitz spits ßpətß
Spitze ①top (einsame ...) topp ②punt (-e) (eines Schirms) pönt
Splitter splinter (-s) ßpləntər
spontan spontaan (-tane) ßpontahn
Sport sport ßport
Sportler(in) sportman (-s)/sportvrou (-ens) ßportmann/ßportfrou
sportlich sportief (-tiewe) ßportif
Sportplatz sportterrein (-e) ßportərejn
Sportverein sportvereniging (-s) ßportfəriənəchəng
spotten (über) spot (ge-) ßpott
Sprache taal (-tale) tahl ℹ *Südafrika hat elf Amtssprachen.*
Sprachenschule skool vir tale ßkuəl fər tahlə
Sprachfehler spraakgebrek ßprahkchəbräk
Sprachkurs taalkursus (-se) tahlkörßöß
sprachlich taalkundig (-e) tahlköndəch
sprachlos spraakloos (-lose) ßprahkluəß
sprechen praat (ge-) praht
Sprecher(in) spreker (-s) ßpriəkər
Sprechstunde spreekuur (-ure) ßpriəkühr
Sprechzimmer spreekkamer (-s) ßpriəkamər
Springbrunnen fontein (-e) fontejn
springen spring (ge-) ßprəng
Spritze inspuiting (-s) ənßpöitəng
spritzen ①spat (ge-) (Wasser) ßpatt ②inspuit (inge-) (med.) ənßpöit
Spruch ①uitspraak (-sprake) (Aus...) öitßprahk ②gesegde (-s) (Sinn...) chəßächdə
sprühen spuit (ge-) (Insektizid) ßpöit
Sprung sprong (-e) ßprong
spucken spoeg (ge-) ßpuch
Spucktüte opgooisakkie (-s) opchoißacki
Spülbecken wasbak (-ke) waßbak
spülen ①uitspoel/afspoel (ge-) (aus/ab...) öitßpul/afßpul ②skottelgoed was (gewas) (Geschirr) ßkottəlchut waß
Spülmaschine skottelgoedwasser (-s) ßkottəlchutwassər
Spur spoor (spore) ßpur
spürbar bespeurbaar (-bare) bəßpöərbahr
Staat staat (state) ßtaht
staatlich staatkundig (-e) ßtahtköndəch
Staatsangehörigkeit nationaliteit (-e) naschunalitejt
Staatsanwalt/Staatsanwältin staatsanklaer (-s) ßtahtßanklaər
Staatschef/Staatsoberhaupt staatshoof (-de) ßtahtßhuəf
Staatspräsident(in) staatspresident (-e) ßtahtßprəßədent ℹ *Der aktuelle ist Nelson Mandela.*
Stab ①staf (stawwe) (Gruppe) ßtaff ②staaf (stawe) (Metall) ßtahf
stabil stabiel (-e) ßtabil
Stachel angel (-s) (einer Biene) angəl
Stachelbeere kruisbessie (-s) kröißbessi
stachlig stekerig (-e) ßtiəkərəch
Stadt stad (stede) ßtatt

S

Stadtgespräch lokale oproep (-e) lokahlə oprup
städtisch stedelik (-e) ßtiədələk
Stadtmitte middestat məddəßtatt
Stadtpark stadspark (-e) ßtattßpark
Stadtplan straatkaart ßtrahtkahrt
Stadtrundfahrt stadbesigtiging ßtattbəßəchtəchəng
Stadtverwaltung munisipaliteit münißipalitejt
Stahl staal ßtahl ⓘ*großer Wirtschaftszweig Südafrikas*
Stall stal (-le) ßtal
Stamm stam (-me) ßtamm
Stammlokal gereelde uithangplek chəriəldə öithangpläk
Stand ①stand (Lage) ßtannt ②stalletjie (Verkaufs...) ßtalliki
Standesamt registrasiekantoor (-tore) rəchəßtrahßikantur
ständig gedurig chədührəch
Standpunkt standpunt (-e) ßtanntpönt
Stange stok ßtock
Stapel stapel (-s) ßtahpəl
stark sterk ßtärk
Stärke sterkte ßtärktə
starr onbuigsaam (-same) onböichßahm
Start begin bəchən
Startbahn stygbaan (-bane) ßtechbahn
starten wegspring (wegge-) wächßprəng
Starthilfekabel oorbrugkabels uərbröchkahbəlß
Station ①busstop (-pe) (Haltestelle) bößtop ②stasie (-s) (Zug) ßtahßi ③saal (sale) (Krankenhaus) ßahl
statt in plaas van ən plahß fan
stattfinden plaasvind (plaasge-) plahßfənt
stattlich aansienlik (-e) ahnßinlək
Statue standbeeld (-e) ßtanntbiəlt
Stau opeenhoping (-s) opiənhuəpəng
Staub stof ßtoff
Staub wischen afstof (afge-) afßtoff
staubig stowwerig (-e) ßtowwərəch
Staubsauger stofsuier (-s) ßtoffßöiər
Staubtuch stoflap (-pe) ßtofflap
staunen (über) verbaas wees (gewees) fərbahß wiəß
Stausee opgaardam (-me) opchahrdamm
stechen steek (ge-) ßtiək
Steckdose muurprop (-pe) mührprop ⓘ*dreipolig*
stecken steek (ge-) ßtiək
steckenbleiben vassit (vasge-) faßət
Stecker kragprop (-pe) krachprop
Stecknadel speld (-e) ßpält
Steg bootsteg (-ge) buətßtäch
stehen staan (ge-) ßtahn
stehenbleiben bly staan blej ßtahn
stehlen steel (ge-) ßtiəl
Stehplatz staanplek (-ke) ßtahnpläk
steif styf (stywe) ßtejf
steigen styg (ge-) ßtejch
steigern laat styg laht ßtejch
steil steil ßtejl
Stein klip (-pe) kləp
steinig klipperig (-e) kləppərəch
Steinzeit Steentydperk ßtiəntejtpärk
Stelle ①plek (-ke) pläk ②betrekking (-s) (Dienst...) bəträckəng
stellen neersit (neerge-) niərßət
Stellenangebot beskikbare pos (-te) bəßkəkbahrə poß
Stellenanzeige advertensie vir 'n werk adfərtənßi fər ə wärk
Stellplatz kampeerplek (-ke) kampiərpläk
Stellung ①posisie (-s) pusißi ②pos (-te) (Arbeitsplatz) poß
Stempel stempel (-s) ßtempəl
sterben sterf (ge-)/dood gaan (gegaan) ßtärf/duət chahn
steril steriel (-e) ßtəril
Stern ster (-re) ßtärr
Steuer belasting bəlaßtəng
Steuerhinterziehung belastingontduiking bəlaßtəngondöikəng
steuern bestuur bəßtühr
Steward(eß) vlugkelner (-s)/lugwaardin (-ne) flöchkälnər/löchwahrdən
Stich (Insekt) insekbyt ənßekbejt
sticken borduur (ge-) bordühr
Stiefbruder stiefbroer (-s) ßtifbruhr
Stiefel stewel (-s) ßtiəwəl
Stiefmutter stiefma (-'s) ßtifma

Stiefschwester stiefsuster (-s) ßtifßößtər
Stiefvater stiefpa (-'s) ßtifpa
Stiel ① handvatsel (-s) hanntfatßəl ② stingel (-s) (Blume) ßtangəl
Stierkampf stiergeveg (-te) ßtihrchəfäch
Stift potlood (-lode) potluət
Stil styl (-e) ßtejl
still stil ßtəl
Stille stilte ßtəltə
Stilleben stillewe (-ns) ßtəliəwə
Stilrichtung stylrigting (-s) ßtejlrəchtəng
Stimme stem (-me) (Gesang & Wahl) ßtem
stimmen ① stem (ge-) (Instrument) ßtem ② stem (ge-) (wahr sein) ßtem
Stimmung stemming ßtemməng
Stimmzettel stembriefie (-s) ßtembrifi
Stipendium studiebeurs (-e) ßtüdiböərß
Stirn voorkop fuərkop
Stock ① stok (-ke) (allgemein) ßtock ② kierie (-s) (Spazierstock) kiri
Stockwerk verdieping (-s) fərdippəng
Stoff materiaal (-riale) materiahl
stöhnen steun (ge-) ßtöən
stolpern struikel (ge-) ßtröikəl
stolz (auf) trots (op) trotß
Stolz trots trotß
stopfen ① stop (ge-) (Hose) ßtopp ② volstop (volge-) (Loch/Maul) folßtop
stoppen stop (ge-) ßtopp
Stoppuhr stophorlosie (-s) ßtophorluəßi
Stöpsel prop (-pe) propp
stören steur (ge-) ßtöər
stornieren kanselleer kanßəlliər
storniert gekanselleer chəkanßəlliər
störrisch koppig (-e) koppəch
Störung steuring (-s) ßtöərəng
Stoß ① stoot (stote) ßtuət ② stamp (-e) (Anprall) ßtamp
Stoßdämpfer skokbreker (-s) ßkokbriəkər
stoßen ① stoot (ge-) ßtuət ② stamp (ge-) (Auto) ßtamp
Stoßstange buffer (-s) böffər
stottern hakkel (ge-) hackəl
Strafe ① straf (strawwe) (jur. etc.) ßtraf ② boete (-s) (Geldstrafe) buttə
straff styf (stywe) ßtejf
Strahl straal (strale) ßtrahl
strahlen straal (ge-) ßtrahl
Strand strand (-e) ßtrant
Strandmatte strandmatjie (-s) ßtrantmaiki
Straße straat (strate) ßtraht
Straßenbahn trem (-s) trem
Straßensperre padversperring (-s) patfərßpärrəng
Strauch struik (-e) ßtröik
Strauß ① bos blomme (Blumen) boß blommə ② volstruis (-e) (Vogel) folßtröiß
Streber gatkruiper (-s) chatkröipər
Strecke roete (-s) (Route) rutə
streicheln ① streel (ge-) (zärtlich) ßtriəl ② liefkoos (ge-) (liebkosen) lifkuəß
streichen ① verf (ge-) (Farbe) färf ② smeer (ge-) (Brot) ßmiər
Streichholz vuurhoutjie (-s) führhouki
Streichkäse smeerkaas (-kase) ßmiərkahß
Streifen streep (strepe) ßtriəp
Streik staking (-s) ßtahkəng
Streit rusie (-s) rüßi
streiten, sich stry (ge-) ßtrej
Streitkräfte weermag wiərmach
streng ① streng (Person) ßtreng ② skerp (Geruch) ßkärp
Strich ① streep (strepe) (Pinsel...) ßtriəp ② prostitusie (Prostitution) proßtətüssi
stricken brei (ge-) brej
Strickjacke knooptrui (-e) knuəp trej
Stroh strooi ßtroi
Strom ① eliktrisiteit (Elektrizität) ilektrißitejt ② stroom (strome) (Wasser) ßtruəm
Stromanschluß kragaansluiting krachahnßlöitəng
strömen stroom (ge-) ßtruəm
Strömung stroming (-s) ßtruəməng
Stromverbrauch kragverbruik krachfərbröik
Stromversorgung kragvoorsiening krachfurßinnəng
Stromzähler elektrisiteitsmeter ilektrißitejtßmiətər
Strudel maalgat (-gate) mahlchat
Strümpfe sykous (-e) ßejkouß
Strumpfhose kousbroekie (-s) koußbruki

S

Stück stuk (-ke) ßtök
Student(in) student (-e) ßtüdent
Studienreise studiereis ßtüdirejß
studieren studeer (ge-) ßtüdiər
Studium studie (-s) ßtüdi
Stufe ①trap (-pies) (Treppe) trap (piß) ②graad (grade) (Niveau) chraht
Stuhl stoel (-e) ßtul
Stuhlgang stoelgang ßtuhlchang
stumm stom ßtom
Stümper(in) sukkelaar (-s) ßöckəlahr
stumpf stomp ßtomp
Stunde ①uur (ure) (Zeit) ühr ②les (-se) (Unterricht) leß
Stundenkilometer kilometer per uur kilumiətər pər ühr
Stundenlohn uurloon (-lone) ührluən ⓘ *Viele Leute bekommen ihren Lohn wöchentlich.*
stündlich elke uur elkə ühr
stur steeks (-e) ßtiəkß
Sturm storm (-s) ßtorrəm
stürmisch stormagtig (-e) ßtorrəm-achtəch
stürmt, es dit storm (het gestorm) dət ßtorrəm
Sturz val fall
stürzen val (ge-) fall
Sturzhelm valhelm (-s) falhälləm
subjektiv subjektief (-tiewe) ßöbjektif
Substanz substansie (-s) ßöbßtanßi
suchen soek (ge-) ßuk
Süd(en) suide ßöidə
Südafrika Suid-Afrika ßöit-ahfrika
südafrikanisch Suid-Afrikaans (-e) ßöit-afrikahnß
südlich suidelik (-e) ßöidələk
Südpol Suidpool ßöitpuəl
Summe som (-me) ßomm
summen ①zoem (ge-) (Insekten) summ ②neurie (ge-) (Melodie) nöəri
Sumpf moeras (-se) murraß
sumpfig moerasagtig (-e) murraßachətch
Sünde sonde (-s) ßondə
Super (Benzin) Super ßüpər
Supermarkt supermark (-te) ßüpərmark
Suppe sop (-pe) ßopp
Suppenschüssel sopbak (-ke) ßopbak
Suppenteller sopbord (-e) ßopbort
Surfbrett branderplank (-e) brandərplank
süß soet ßutt
Süßigkeiten lekkers läckərß
Süßstoff dieetsuiker di-iətßöikər
Sweatshirt sweetpakhemp (-s) ßwiətpakhemp
Swimmingpool swembad (-dens) ßwembatt
sympathisch aangenaam (-name) ahnchənahm
Synagoge sinagoge (-s) ßənachuəchə
System stelsel (-s) ßtälßəl
Szene ①naglewe (Nachtleben) miljö ②toneel (-nele) (Film/Theater) tuniəl ③milieu (Drogen etc.) nachliəwə
T-Shirt T-hemp (-hemde) tiə-hemp
Tabak tabak taback
Tabakladen tabakwinkel (-s) tabackwənkəl
Tabelle tabel (-le) tabäl
Tablette tablet (-te) tablett
Tafel ①swartbord (-e) (Schule) ßwartbort ②tabel (-le) (Tabelle) tabäl ③eetafel (-s) (Essen) iətahfəl
Tag dag (dae) dach
Tage (Periode) periode piriuədə
Tagesgericht vandag se special fandach ßə ßpeschəl
Tageskarte/-paß dagkaartjie (-s) dachkahrki
Tageszeit tyd van die dag tejt fan di dach
täglich daagliks (-e) dahchləkß
Tal vallei (-e) fallej
Talent talent (-e) talent
Tampon tampon (-s) tampon
Tank tenk (-e) tenk
tanken brandstof ingooi (inge-) brantßtof ənchoi ⓘ *keine Selbstbedienung*
Tankstelle petrolstasie (-s) petrəlßtahßi
Tankwart pompjoggie (-s) pompjochi
Tante tannie (-s) tanni
Tanz dans (-e) dahnß
tanzen dans (ge-) dahnß
Tänzer(in) danser (-s) dahnßər
Tanzveranstaltung dans (-e) dahnß
Tapete muurpapier mührpapihr
Tarif tarief (-riewe) tarif
Tasche ①sak (-ke) (Reise/Einkauf) ßak ②broeksak/hempsak (-ke) (Hosen/Hemd) brukßak/hempßak

Taschenbuch sakboek ßakduk
Taschenlampe flitslig (-te) flətßləch
Taschenmesser knipmes (-se) knəpmeß
Taschenrechner sakrekenaar (-nare) ßakriəkənahr
Taschentuch sakdoek (-e) ßakduk
Tasse koppie (-s) koppi
Taste ①knoppie (-s) (Druck...) knoppi ②noot (-note) (Klavier) nuət
Tat daad (dade) daht
Täter(in) (nicht verbrecherisch) doener dunər
Tätigkeit ①aktiwiteit (-e) (Tätigsein) aktiwitejt ②werk (Arbeid) wärk
Tatsache feit (-e) fejt
tatsächlich werklik (-e) wärklək
taub doof (dowe) duəf
taubstumm doofstom duəfßtom
Tauchausrüstung duikuitrusting döiköitrößtəng
tauchen duik (ge-) döik
Taucheranzug duikpak (-ke) döikpak
Taucherbrille duikbril (-le) döikbrəl
Taufbecken doopvont (-e) duəpfont
Taufe doop duəp
tauschen ruil (ge-) röil
täuschen, (sich) misgis məßchəß
tausend duisend (-e) döißənt
taut, es die sneeu smelt (het gesmelt) di ßniu ßmält
Taxi huurmotor (-s)/taxi (-s) hührmuətər/täkßi
Taxifahrer(in) taxibestuurder (-s) täkßibəßtührdər
Technik tegnologie technuəluchi
Techniker(in) tegnikus tächniköß
technisch ①tegnies (-e) (spezialisiert) tächniß ②tegnologies (-e) (wissenschaftlich) technuluəchiß
Tee tee tiə
Teebeutel teesakkie (-s) tiəßakki
Teich dammetjie dammiki
Teig deeg diəch
Teil deel (dele) diəl
Teilbetrag gedeelte van 'n bedrag chədiəltə fan ə bədrach
teilen verdeel fərdiəl
teilnehmen (an) deelneem (deelge-) aan diəlniəm ahn
Teilnehmer(in) deelnemer (-s)/deelneemster (-s) diəlniəmər/diəlniəmßtər
teilweise gedeeltelik (-e) chədiəltələk
Telefon telefoon (-fone) täləfuən
Telefonat oproep (-e) oprup
Telefonbuch telefoonboek (-e) täləfuənbuk
Telefonhörer gehoorstuk chəhurßtök
telefonieren bel (ge-)/telefoneer (ge-) bäll/tälləfuəniər
telefonisch telefonies (-e) tälləfuəniß
Telefonkarte telefoonkaart (-e) tälləfuənkahrt
ⓘ *kostet R 10*
Telefonnummer telefoonnommer (-s) tälləfuənommər
Telefonzelle telefoonhokkie (-s) tälləfuənhokki
Telefonzentrale telefoonsentrale (-s) tälləfuənßentrahlə
Telegramm telegram (-me) tälləchram
Teller bord bort
Tempel tempel (-s) tempəl
Temperatur temperatuur (-ture) tempəratühr
Temperatursturz skielike val van temperatuur ßkiləkə fall fan tempəratühr ⓘ *oft große Unterschiede zwischen Tag und Nacht*
Tennisball tennisbal (-le) tennəßball
Tennisplatz tennisbaan (-bane) tennəßbahn
Tennisschläger tennisraket (-te) tennəßrakett
Teppich tapyt (-e) tapejt
Teppichboden volvloermatte folfluhrmattə
Termin (Verabredung) afspraak (-sprake) afßprahk
Terrasse terras (-se) tərraß
Terror terreur tərröər
Tetanus klem-in-die-kaak klem ən di kahk
teuer duur dühr
Text teks (-te) tekß
Thailand Thailand tailant
thailändisch Thailands (-e) tailantß
Theater teater (-s) tiahtər
Theaterstück toneelstuk (-ke) tuniəlßtök
Thema tema (-s) tiəma
theoretisch teoreties (-e) tiuriətiß
Thermometer termometer (-s) tärmumiətər

T

tief ①diep (allgemein) dip ②laag (lae) (niedrig) lahch
Tiefe diepte (-s) diptə
tiefgefroren gediepvries chədipfriß
Tier dier (-e) dihr

TIERE (DIERE)

Affe aap (ape) ahp
Antilope wildbok wəltbock
Biene by (-e) bej
Büffel buffel (-s) böffəl
Delphine dolfyn (-e) dolfejn
Elefant olifant (-e) uəlifant
Fisch vis (-se) fəß
Fliege vlieg (vlieë) flich
Gepard jagluiperd (-e) jachlöipərt
Giraffe kameelperd (-e) kamiəlpärt
Huhn hoender (-s) hunnər
Hund hond (-e) hont
Insekt insek (-te) ənßek
Katze kat (-te) katt
Kuh koei (-e) kui
Leopard luiperd (-s) löipərt
Löwe leeu (-s) liu
Maus muis (-e) möiß
Möwe seemeeu (-s) ßiəmiu
Nashorn renoster (-s) rənoßtər
Nilpferd seekoei (-e) ßiəkui
Pavian bobbejaan (-jane) bobbəjahn
Pferd perd (-e) pärt
Pinguin pikkewyn (-e) pəkəwejn
Ratte rot (-te) rott
Reptil reptiel (-e) reptill
Schaf skaap (skape) ßkahp
Schlange slang (-e) ßlang
Schwein vark (-e) fark
Seeadler visarend (-e) fəßahrənt
Strauß volstruis (-e) folßtröiß
Vogel voël (-e) fuəl
Wal walvis (-se) wallfəß
Warzenschwein vlakvark (-e) flackfark
Weißer Hai withaai wəthaai
Zebra sebra (-s) siəbra
Ziege bok (-ke) bock

Tierpark dieretuin (-e) dihrətöin ⓘ *gibt es in jeder Großstadt*

Tinte ink ənk
tippen ①tik (ge-) (Schreibmaschine) tək ②wed (ge-) (Pferderennen toto) wett
Tisch tafel (-s) tahfəl ⇨Tisch für 2/4 Personen = tafel vir 2/4 persone
Tischdecke tafeldoek (-e) tahfəlduk
Titel titel (-s) titəl
Tochter dogter (-s) dochtər
Tod dood duət
Toilette toilet (-te) toilet
Toilettenpapier toiletpapier toiletpapihr
Toilettenreiniger toiletreiniger toiletrejnəchər
Toilettenspülung toiletspoelstelsel toiletßpullßtälßəl
tolerant verdraagsaam (-same) fərdrahchßahm
toll ①wonderlik (-e) (großartig) wondərlək ②dol (verrückt) doll
Tollwut hondsdolheid hontßdollejt
Tomate tamatie (-s) tamahti
Ton ①toon (tone) (Musik) tuən ②klank (-e) (Klang) klank
Tonne ①vat (vate) (Gefäß) fatt ②ton (-ne) (Gewicht) tonn
Tönung kleurskakering (-s) klöərßkakiərəng
Topf pot (-te) pott
Tor ①hek (-ke) (Haus) häk ②doel (-e) (Sport) dull
Torte tert (-e) tärt
tot dood (dooie) duət
Tote dooie (-s) doiə
töten doodmaak (doodge-) duətmahk
totschlagen doodslaan (doodge-) duətßlahn
Tourist(in) toeris (-te) turrəß
Tracht volksklere folkßkliərə
Tradition tradisie (-s) tradißi
traditionell tradisioneel (-nele) tradischuniəl
tragen dra (ge-) drah
Tragetüte inkopiessak (-ke) ənkuəpißak
tragisch tragies (-e) trahchiß
Tragödie tragedie (-s) trachiədi
Trainer(in) afrigter (-s)/afrigster (-s) afrəchtər/afrəchßtər
trainieren ①oefen (ge-) (Sportler) uffən ②afrig (afge-) (Trainer) afrəch
Traktor trekker (-s) träckər
Träne traan (trane) trahn

T

tränken ①laat suip (Vieh) laht ßöip ②deurdrenk (ge-) (durchfeuchten) döərdrenk
Transport vervoer fərfuhr
transportieren vervoer fərfuhr
Transportmittel vervoermiddel (-s) fərfuhrməddəl
Traube druif (druiwe) dröif
trauen, (sich) waag (ge-) wahch
Trauer droefheid drufhejt
Traum droom (drome) druəm
träumen droom (ge-) druəm
traurig treurig (-e) tröərəch
treffen, (sich) ontmoet ontmutt
Treffen byeenkoms (-te) bej-iənkomß
trennen, (sich) opbreek (opge-) (Partner) opbriək
Trennung skeiding ßkejdəng
Treppe trap (-pe) trapp
Tretboot trapboot (-bote) trapbuət
treten ①optree (opge-) (auf etwas treten) optriə ②skop (ge-) (nach etwas/jemandem treten) ßkop
treu getrou chətrou
Trickfilm animasie film (films) animahßi fəlləm
Trieb ①drang (-e) (triebhaftes Verlangen) drang ②loot (lote) (am Baum) luət
Triebwagen elektriese lokomotief (-tiewe) ilektrißə lokumutif
trinkbar drinkbaar (-bare) drənkbahr
trinken drink (ge-) drənk
Trinkgeld tip təp ℹ *Nicht in der Rechnung enthalten, üblich sind 10% des Rechnungsbetrages.*
Trinkwasser drinkwater drənkwahtər ℹ *Das Leitungswasser ist überall trinkbar*
Tritt ①tree (treë) (Schritt) triə ℹ *Manche Gegenden Südafrikas werden oft von Trockenheit heimgesucht.* ②skop (-pe) (Fuß...) ßkop
Triumphbogen triomfboog (-boë) triomfbuəch
trocken droog (droë) druəch
Trockenfutter droë voer druə fuhr
Trockenheit droogte (-s) druəchtə
Tropen trope truəpə
tropfen drup (ge-) dröp
Tropfen druppel (-s) dröppəl
trösten troos (ge-) truəß
trotz ten spyte van ten ßpejtə fan
Trotz ①eiesinnigheid (Eigensinn) ejəßənnəchejt ②hardnekkigheid (Widerstand) hartnäckəch
trotzdem ①nogtans (dennoch) nochtanß ②desnieteenstaande (obwohl) deßnitiənßtahndə
trüb ①neerslagtig (-e) (Stimmung) nierßlachtəch ②dof (dowwe) (glanzlos) doff
Tuch tjalie (-s) (Schultertuch) tschahli
tüchtig ①agtermekaar (gut) achtərməkahr ②bekwaam (-kwame) (fähig) bəkwahm
tun doen (ge-) dunn
Tunnel tonnel (-s) tonnəl
Tür deur (-e) döər
Türkei Turkye törkejə
türkis turkoois törkoiß
türkisch Turks (-e) törkß
Türklinke deurhandvatsel (-s) döərhantfatßəl
Turm toring (-s) tuərng
turnen gimnastiek beoefen chəmnaßtik bə-uffən
Türschloß deurslot (-te) döərßlott
Tüte sak (-ke) ßak
Typhus tifus tiföß
typisch tipies (-e) tipiß
U-Bahn moltrein (-e) moltrejn
U-Bahn-Station moltreinstasie moltrejnßtaßi
übel naar (nare) nahr
Übelkeit naarheid nahrhejt
üben oefen (ge-) uffən
über ①oor uhr ②bo (oberhalb) buə
überall orals uralß
überbacken gratineer (ge-) chratiniər
Überblick oorsig urßəch
übereinander oor mekaar ur məkahr
übereinstimmen ooreenstem (-gestem) ur iənßtem
überfahren omry (omge-) omrej
Überfahrt oortog urtoch
Überfall onverwagte aanval (-le) onfərwachtə ahnfall
überfüllt oorvol urfoll
Übergang oorgang (-e) urchang
Übergepäck ekstra bagasie ekßtra bachahßi
überhalb bo buə
überhaupt hoegenaamd nie (... nicht) huchənahmt ni

U

überholen verbysteek (verbyge-) fərbejßtiək
überlaufen oorloop (oorge-) urluəp
überlegen, (sich) nadink oor (nagedink) nahdənk uhr
übermäßig oordadig (-e) urdahdəch
übermorgen oormôre urmohrə
übernächste tweede twiədə
übernachten oornag (ge-) urnach
Übernachtung oornagting (-s) urnachtəng
übernehmen oorneem (oorge-) urniəm
überprüfen nagaan (nage-) nachahn
überqueren oorsteek (oorge-) urßtiək
Überraschung verrassing (-s) fərassəng
überreden oorreed urriət
Überreste oorskiet urßkit
Überschallgeschwindigkeit supersoniese snelheid ßüpərßuənißə ßnälhejt
Überschrift opskrif (-te) opßkrəf
Überschwemmung oorstroming (-s) urßtruəməng
Übersee oorsee urßiə
übersetzen ①vertaal (Sprache) fərtahl ②oorsit (oorge-) (Fähre) uərßət
Übersetzer(in) vertaler (-s)/vertaalster (-s) fərtahlər/fərtahlßtər
übersichtlich oorsigtelik (-e) urßəchtələk
Überstunde oortyd urtejt
übertragen ①oordra (oorge-) urdra ②uitsaai (uitge-) (senden) öitßaai
übertreiben oordryf urdrejf
überweisen ①oorplaas (oorge-) (Geld) urplahß ②verwys (Arzt) fərwejß
Überweisung ①oorplasing (-s) (Geld) urplahßəng ②verwysing (-s) (Arzt) fərwejßəng
überzeugen oortuig urtöich
überzeugend oortuigend (-e) urtöichənt
überziehen (Konto) oorskry urßkrej
üblich gebruiklik (-e) chəbröiklək
übrig oor uhr
übrigens terloops tərluəpß
Übung oefening (-s) uffənəng
Ufer oewer (-s) uwwər
Uhr horlosie (-s) uhrluəßi
Uhrzeit tyd tejt
Ultraschall ultrasonies ultraßuəniß
um om om

UHRZEIT (DIE TYD)

Es ist drei (Uhr). Dit is drie-uur. dət əß dri-ühr

Es ist fünf nach drei. Dis vyf (minute) oor drie. dəß fejf (mənütə) ur dri

Es ist zehn nach drei. Dis tien oor drie. dəß tin ur dri

Es ist viertel nach drei. Dis kwart oor drie. dəß kwart ur dri

Es ist zwanzig nach drei. Dis twintig oor drie. dəß twəntəch ur dri

Es ist fünf vor halb vier. Dis vyf en twintig oor drie. dəß fejf en twəntəch ur dri

Es ist halb vier. Dis half vier. dəß half fihr

Es ist fünf nach halb vier. Dis vyf en twintig voor vier. dəß fejf en twəntəch fur vihr

Es ist zwanzig vor vier. Dis twintig voor vier. dəß twəntəch fur fihr

Es ist viertel vor vier. Dis kwart voor vier. dəß kwart fur fihr

Es ist zehn vor vier. Dis tien voor vier. dəß tin fur fihr

Es ist fünf vor vier. Dis vyf voor vier. dəß fejf fur fihr

Es ist vier (Uhr). Dis vieruur. dəß fihrühr

umarmen, (sich) omarm omarrəm
umbauen ombou (omge-) ombou
umbringen ombring (omge-) ombrəng
umdrehen omdraai (omge-) omdraai
umfallen omval (omge-) omfall
Umfang omvang omfang
umfangreich omvangryk (-e) omfangrejk
Umgebung omgewing (-s) omchiəwəng
Umgehungsstraße verbypad (-paaie) fərbejpat
umgekehrt omgekeer (-de) omchəkiər
umgraben omspit (omge-) omßpət
umkehren omdraai (omge-) omdraai
umkippen ①omkantel (omge-) (umfallen) omkantəl ②flou word (geword) (ohnmächtig) flou wort
Umkleidekabine aantrekkamer ahnträkamər
Umleitung ompad (-paaie) ompatt

umrechnen omreken (omge-) omriəkən

Umrechnungstabelle omrekeningstabel (-le) omriəkənəngßtabäl

umrühren roer (ge-) ruhr

Umsatz omset omßet

umschalten ①oorskakel (oorge-) (Rundfunk) urßkahkəl ②omskakel (omge-) (Strom) omßkakəl

umschauen, sich rondkyk (rondge-) rontkejk

Umschlag omslag (-slae) omßlach

umsonst verniet fərnit

Umstände omstandighede omßtandəchiədə

umständlich omslagtig (-e) omßlachtəch

umsteigen oorklim (oorge-) urkləm

umtauschen omruil (omge-) omröil

Umweg ompad (-paaie) ompatt

Umwelt omgewing omchiəwəng

Umweltschutz omgewingsbeheer omchiəwəngßbəhiər

umwerfen omgooi (omge-) omchoi

umziehen, sich iets anders aantrek (aange-) itß andərß ahnträk

Umzug ①verhuising (Wohnung) fərhöißəng ②optog (-te) (Feier) optoch

unabhängig onafhanklik (-e) onafhanklək

Unabhängigkeit onafhanklikheid onafhankləkhejt

unangenehm onaangenaam (-name) onahnchənahm

unaufmerksam onoplettend (-e) onoplettənt

unbedingt absoluut absulüt

unbegabt onbegaaf (-de) onbəchahf

unbegrenzt onbeperk (-te) onbəpärk

unbekannt onbekend (-e) onbəkent

unbeliebt ongewild (-e) onchəwəlt

unbequem ongemaklik (-e) onchəmaklək

unbeschädigt onbeskadig (-de) onbəßkahdəch

unbestimmt onbepaald (-e) onbəpahlt

und en en

und so weiter ensovoorts enßuəfurtß

undeutlich onduidelik (-e) ondöidələk

unempfindlich ongevoelig (-e) onchəfulləch

unendlich oneindig (-e) onejndəch

unentbehrlich onontbeerlik (-e) onontbiərlək

unentschieden onuitgemaak (-te) onöitchəmahk

unerwartet onverwags (-e) onfərwachß

unfair onregverdig (-e) onrächfärdəch

Unfall ongeluk (-ke) onchəlök

unfreundlich onvriendelik (-e) onfrindələk

ungebildet ongeletterd (-e) onchəlettərt

ungedeckt (Scheck) ongedekte tjek (-s) onchədäktə tscheck

ungeduldig ongeduldig (-e) onchədöldəch

ungefähr omtrent omtrent

ungekocht ongekook (-te) onchəkuək

ungenügend onvoldoende onfolldundə

ungerade ongelyk (-e) onchəlejk

ungerecht onregverdig (-e) onrächfärdəch

ungeschickt onhandig (-e) onhandəch

ungesetzlich onwettig (-e) onwettəch

ungesund ongesond (-e) onchəßont

ungewöhnlich ongewoon (-wone) onchəwuən

ungezogen ①onopgevoed (-e) onopchəfut ②stout (unartig) ßtout

ungläubig ongelowig (-e) onchəluəwəch

unglaublich ongelooflik (-e) onchəluəflək

ungleich verskillend (-e) fərßkəllənt

Unglück ongeluk (-ke) onchəlök

unglücklich ongelukkig (-e) onchəlökkəch

ungültig ongeldig (-e) onchäldəch

unheilbar ongeneeslik (-e) onchəniəßlək

unheimlich ①grieselig (-e) chrißələch ②ongelooflik (sehr) onchəluəflək

unhöflich onbeskof (-de) onbəßkoff

unhygienisch onhigiënies (-e) onhichiəniß

Uniform uniform (-s) üniforrəm

uninteressant oninteressant (-e) onəntrəßant

Universität universiteit (-e) üniwärßitejt

unkonzentriert ongekonsentreerd (-e) onchəkonßentriərt

Unkosten onkoste (-s) onkoßtə

Unkraut onkruid onkröit

unkultiviert onbeskaaf (-de) onbəßkahf

unleserlich onleesbaar (-bare) onliəßbahr

unmenschlich onmenslik (-e) onmenßlək

unmodern outyds (-e) outejtß

unmöglich onmoontlik (-e) onmuəntlək

unnütz ①uitgedien (-de) öitchədin ②nutteloos (-lose) (Person) nöttəluəß

Unordnung wanorde wann-ordə

unpersönlich onpersoonlik (-e) onpərßuənlək

unpünktlich onstiptelik (-e) onßtəptələk

Unrecht onreg onräch
unregelmäßig onreëlmatig (-e) onriəlmahtəch
Unruhe ①onrustigheid (innere Erregung) onrößtəchejt ②onluste (Aufruhr) onlößtə
unruhig onrustig (-e) onrößtəch
unscharf onduidelik (-e) ondöidələk
unschuldig onskuldig (-e) onßköldəch
unser(e) ons onß
unsicher onseker onßiəkər
unsichtbar onsigbaar (-bare) onßəchbahr
Unsinn nonsens nonßənß
unsportlich onsportief (-tiewe) onßportif
unsterblich onsterflik (-e) onßtärflək
unsympatisch ongewild (-e) onchəwəlt
unten onder ondər
unter onder ondər
unter anderem onder andere ondər andərə
Unterarm onderarm (-s) ondərarrəm
unterbrechen onderbreek ondərbriək
Unterbrechung onderbreking (-s) ondərbriəkəng
unterdrücken onderdruk ondərdrök
untereinander onder mekaar ondər məkahr
Unterführung ondergrondse deurgang (-e) ondərchrontßə döərchang
Untergebene ondergeskikte ondərchəßkəktə
untergehen ondergaan (onderge-) (Sonne/Kultur) ondərchahn
unterhalb onder ondər
unterhalten, (sich) ①gesels (reden) chəßälß ②amuseer (ge-) (sich vergnügen) amüßiər
Unterhaltung ①geselskap (Gespräch) chəßälßkap ②vermaak (Spaß) fərmahk
Unterhemd onderhemp (-hemde) ondərhemp
Unterhose onderbroek (-e) ondərbruk
Unterkunft huisvesting höißfeßtəng
Unterlagen dokumente dokümentə
Unterleib onderlyf ondərlejf
unternehmen onderneem (ge-) ondərniəm
Unternehmen besigheid (-hede) biəßəchejt
Unterricht onderrig ondərəch
Unterrichtszeiten onderrigstye ondərəchßtejə
unterscheiden onderskei ondərßkej
Unterschenkel onderdy (-e) ondərdej
Unterschied onderskeid ondərßkejt
unterschreiben onderteken ondərtiəkən
Unterschrift handtekening (-e) hantiəkənəng
unterstreichen onderstreep ondərßtriəp
unterstützen ondersteun ondərßtöan
untersuchen ondersoek ondərßuk
Untersuchung ondersoek ondərßuk
Untersuchungshaft tydelike inhegtenisneming tejdələkə ənhächtənəß-niəməng
Unterteil onderdeel (-dele) ondərdiəl
unterteilen onderverdeel ondərfərdiəl
Unterwäsche onderklere ondərkliərə
unterwegs op pad op patt
unverantwortlich onverantwoordelik (-e) onfərantwuərdələk
unverletzt ongedeerd onchədiərt
unverschämt vermetel fərmiətəl
unvollständig onvolledig (-e) onfolliədəch
Unwetter onweer onwiər
unwohl ongesteld onchəßtält
unzerbrechlich onbreekbaar (-bare) onbriəkbahr
unzivilisiert onbeskaaf (-de) onbəßkahf
unzufrieden (mit) ontevrede ontəfriədə
üppig ①volop follop ②welig (Vegetation) wiəlich
Uraufführung première prəmiərə
Urkunde sertifikaat (Zeugnis) ßärtifikaht
Urlaub vakansie (-s) fakanßi
Urlauber(in) vakansieganger (-s) fakanßi-changər
Urologe/Urologin uroloog (-loë) urruluəch
Ursache oorsaak (-sake) urßahk
Ursprung oorsprong urßprong
ursprünglich oorspronklik (-e) urßpronklək
Urteil oordeel (-dele) urdiəl
Urwald oerwoud (-e) urrwout
USA V.S.A. fiə eß ah
Valuta ①valuta (Währung) walüta ②waarde (Wert) wahrdə
Vase vaas (vase) fahß
Vater vader fahdər
vegetarisch vegetaries (-e) wechətahriß
Vene aar (are) ahr
Ventil lugklep (-pe) löchklep
Ventilator ventilator (-s) wentilahtor
verabreden, sich 'n afspraak maak (ge-) ə afßprahk mahk

Verabredung afspraak (-sprake) afßprahk
verabschieden, sich afskeid neem (geneem) afßkejt niəm
veraltet verouderd (-e) fəroudərt
verändern, (sich) verander fərandər
Veränderung verandering (-e) fərandərəng
Veranstaltung funksie (-s) (Festlichkeit) fönkßi
Veranstaltungskalender kalender van funksies kalendər fər fönkßiß
verantwortlich verantwoordelik (-e) fərantwurdələk
Verantwortung verantwoording fərantwurdəng
verärgert vererg (-de) fərärch
verarzten medies behandel miədiß behandəl
Verband ①verband (-e) (med.) fərbannt ②bond (Vereinigung) bonnt
Verbandskasten eerstehulpuitrusting (-s) iərßtəhölp-öitrößtəng
Verbandszeug verbandmateriaal fərbanntmateriahl
verbessern verbeter fərbiətər
Verbesserung verbetering fərbiətərəng
verbieten verbied fərbitt
verbinden verbind (Wunde & telefonisch) fərbənt
Verbindung ①verbinding (Vorgang) fərbəndəng ②verkeersaansluiting (-s) (Verkehr) fərkiərßahnßlöitəng
verbittert verbitter (-de) fərbəttərt
verbleit normaal normahl
verblüfft verbluf (-te) fərblöf
verblühen verwelk fərwälk
Verbot verbod fərbott
verboten verbode fərbuadə
Verbrauch verbruik fərbröik
verbrauchen verbruik fərbröik
Verbraucher(in) verbruiker (-s)/verbruikster (-s) fərbröikər
Verbrechen misdaad məßdaht
Verbrecher(in) misdadiger (-s) məßdahdəchər
verbreiten, (sich) versprei fərßprej
verbreitern verbreed fərbriət
verbrennen verbrand fərbrannt
Verbrennung (med.) verbranding fərbrandəng
verbringen deurbring (deurge-) döərbrəng

Verdacht suspisie ßößpißi
Verdauung spysvertering ßpejßfərtiərəng
verderben bederf bədärf
verdienen verdien fərdin
Verdienst verdienste fərdinßtə
verdoppeln verdubbel fərdöbbəl
verdorben (Nahrung) bedorwe bədorwə
verdünnen verdun fərdön
verehren vereer fər-iər
Verein vereniging (-s) fər-iənəchəng
Vereinbarung ooreenkoms (-te) ur-iənkomß
vereinen/vereinigen verenig fər-iənəch
vereinfachen vereenvoudig fər-iənfoudəch
verfahren, sich verdwaal fərdwahl
Verfahren proses (-se) prußeß
Verfassung ①toestand (-e) (Zustand) tußtant ②grondwet (politisch) chrontwet ⓘ*Seit 1994 gibt es eine neue Verfassung.*
verfault vrot frot
verfeinern verfyn fərfejn
verfolgen agtervolg achtərfolch
verführen verlei fərlej
vergangen vergange fərchangə
Vergangenheit verlede fərliədə
Vergaser vergasser (-s) fərchassər
vergebens/vergeblich tevergeefs (-e) təfərchiəfß
vergehen ①verloop (Zeit) fərluəp ②vergryp (sich ...) fərchrejp
vergessen vergeet fərchiət
vergeßlich vergeetagtig (-e) fərchiətachtəch
Vergewaltigung verkragting fərkrachtəng
vergiften, (sich) vergiftig fərchəftəch
Vergiftung vergiftiging fərchəftəchəng
Vergleich vergelyking (-s) fərchəlejkəng
vergleichen vergelyk fərchəlejk
Vergnügen plesier pləßihr
vergoldet met goud oortrek (oorge-) met chout urträk
vergrößern vergroot fərchruət
Vergrößerung vergroting (-s) fərchruətəng
verhaften in hegtenis neem (geneem) ən hächtənəß niəm
Verhalten gedrag chədrach
Verhältnis verhouding fərhoudəng
verhältnismäßig relatief (-tiewe) relatif

V

verhandeln onderhandel ondərhandəl
Verhandlung onderhandeling ondərhandəlang
verheiratet getroud (-e) chətrout
verhindern verhinder fərhəndər
Verhör verhoor fərhuər
Verhütung ①voorkoming fuərkuəməng ②kontrasepsie (Empfängnis...) kontraßepßi
verirren, sich verdwaal fərdwahl
Verkauf verkoop fərkuəp
verkaufen verkoop fərkuəp
Verkäufer(in) verkoper (-s)/verkoopster (-s) fərkuəpər/fərkuəpßtər
Verkehr ①verkeer (Straßen...) fərkiər ℹ *In Südafrika herrscht Linksverkehr.* ②omgang (Geschlechts...) omchang
verkehrsberuhigte Zone lae verkeersgebied laə fərkiərßchəbit
Verkehrsfunk verkeersradio fərkiərßradiou
Verkehrsschild verkeersteken (-s) fərkiərßtiəkən
Verkehrsunfall verkeersongeluk (-ke) fərkiərßonchəlök
Verkehrszeichen verkeersteken (-s) fərkiərßtiəkən
verkehrt verkeerd (-e) fərkiərt
verkleinern verklein fərklejn
verkürzen verkort fərkort
Verlag uitgewery öitchiəwərej
verlangen ①verlang (fordern) fərlang ②eis (ge-) (bestehen auf) ejß
verlängern verleng fərleng
Verlängerung verlenging fərlengəng
Verlängerungsschnur verlengingskoord (-e) fərlengəngßkurt
verlangsamen die spoed verminder (Fahrt) di ßputt fərməndər
verlassen, (sich auf) staat maak (gemaak) ßtaht mahk
verlaufen, sich verdwaal fərdwahl
Verleih huurmotor winkel (Auto) hührmuətər wənkəl
verleihen uitleen (uitge-) öitliən
verletzen, (sich) beseer bəßiər
verletzt beseer bəßiər
Verletzung besering (-s) bəßiərəng
verlieben, sich verlief raak (ge-) fərlif rahk
verliebt in verlief op fərlif op
verlieren verloor fərlur
verlobt verloof (-de) fərluəf
Verlobte verloofde fərluəfdə
Verlust verlies (-e) fərliß
vermehren, sich vermeerder fərmiərdər
vermeiden vermy/voorkom fərmej/fuərkom
vermieten verhuur fərhühr
Vermieter(in) verhuurder (-s)/verhuurster (-s) fərhührdər/fərhührßtər
vermischen vermeng fərmeng
vermissen vermis fərməß
Vermittlung ①bemiddeling (allgemein) bəməddəlang ②telefoonsentrale (Telefon) tələfuənßentrahlə
Vermögen rykdom rejkdom
vermuten vermoed fərmutt
verneinen ontken ontken
vernichten vernietig fərnitəch
Vernunft verstand fərßtant
vernünftig verstandig (-e) fərßtandəch
veröffentlichen ①openbaarmaak (openbaarge-) uəpənbahrmahk ②publiseer (ge-) (Bücher) pöblißiər
verordnen (med.) voorskryf (voor-) fuərßkrejf
verpacken verpak fərpack
verpassen verpas (Zug) fərpaß
Verpflegung etes iətəß
verpflichten (zu) verplig fərpləch
Verpflichtung verpligting (-e) fərpləchtəng
verraten verraai fəraai
verrechnen, sich verkeerd bereken fərkiərt bəriəkən
verreisen weggaan (wegge-) wächahn
verrenkt verrek fərräk
verringern verminder fərməndər
verrückt mal mall
verrühren omroer (omge-) omruhr
versalzen te sout tə ßout
Versammlung vergadering (-s) fərchahdərəng
Versand versending fərßendəng
verschicken versend fərsent
verschieben uitstel (uitge-) (auf später) öitßtäl
verschieden veskillend (-e) fərßkəllənt
verschlafen verslaap fərßlahp

verschließen toesluit (toege-) tußlöit
verschlimmern, (sich) erger word (geword) ärgər wort
Verschmutzung (Umwelt) besoedeling bəßuddələng
verschönern mooier maak (ge-) moiər mahk
verschreiben ①voorskryf (voorge-) (etwas) furßkrejf ②verkeerd skryf (ge-) (sich ...) fərkiərt ßkrejf
verschreibungspflichtig slegs met doktersvoorskrif ßlächß met doktərß-furßkrəf
Verschwendung gemors chəmorß
verschwinden verdwyn fərdwejn
Versehen vergissing fərchəssəng
versenken laat sink (gelaat) laht ßənk
Versicherung versekering fərßiəkərəng
Versicherungskarte mediese kaart (kaarte) medißə kahrt
versilbert met silwer oorgetrek met ßəlwər urchəträk
versinken laat sink laht ßənk
versorgen versorg fərßorch
Versorgung versorging fərßorchəng
Verspätung vertraging (-s) fərtrahchəng
versperrt versper (-de) fərßpärr
verspielt speels (-e) ßpiəlß
versprechen ①belowe bəluəwə ②verspreek (sich) fərßpriək
Versprochen belofte (-s) bəloftə
verstaatlichen onder staatsbeheer bring (ge-) ondər ßtahtßbəhiər brəng
Verstand verstand fərßtannt
verständigen, sich kommunikeer (ge-) komünikiər
verständlich verstaanbaar fərßtahnbahr
verständnislos onsimpatiek onßəmpatik
verständnisvoll simpatiek ßəmpatik
verstärken versterk fərßtärk
verstecken, (sich) wegkruip (wegge-) wächkröip
verstehen, (sich) mekaar verstaan məkahr fərßtahn
verstellbar verstelbaar fərßtälbahr
verstellen (Sitz) verstel fərßtäl
verstopft ①verstop fərßtop ②hardlywig (med.) hartlejwəch
Verstopfung ①verstopping fərßtoppəng ②hardlywigheid (med.) hartlejwəchejt
Versuch poging (-s) puəchəng
versuchen probeer prubiər
Versuchung versoeking fərßukəng
verteidigen verdedig fərdiədəch
Verteidigung verdediging fərdiədəchəng
verteilen uitdeel (uitge) öitdiəl
vertiefen verdiep fərdip
vertikal vertikaal (-kale) wärtikahl
Vertrag kontrak (-te) kontrack
vertragen, sich verdra fərdra
Vertrauen vertrou fərtrou
Vertreter(in) ①verteenwoordiger (-s) (von Firmen) fərtiənwurdəchər ②plaasvervanger (-s) (Ersatz) plahßfərfangər
Vertretung ①verteenwoordiging (von Firmen) fərtiənwurdəchəng ②plaasvervanger (Ersatz) plahßfərfangər
vertrocknen verdroog fərdruəch
verunglücken verongeluk fəronchəlök
Verunreinigung besoedeling bəßuddələng
verunsichert onseker gemaak onßiəkər chəmahk
verursachen veroorsaak fərurßahk
verurteilen veroordeel fərurdiəl
vervollständigen klaar maak (gemaak) klahr mahk
verwählen, sich die verkeerde nommer bel (gebel) di fərkiərdə nommər bäl
verwahrlost verwaarloos fərwahrluəß
verwalten administreer (ge-) admənəßtriər
Verwaltung administrasie (-s) adminəßtrahßi
verwandeln, (sich) verander fərandər
verwandt (mit) verwant (met) fərwannt
Verwandte familielid (-lede) familiət
Verwandtschaft familie famili
verwechseln (mit) verwar fərwarr
verweigern weier wejər
verwelken verlep fərlep
verwenden gebruik chəbröik
verwickelt betrokke (sein) bətrokkə
verwirklichen verwesenlik fərwiəßənlək
verwirren verwar fərwarr
verwirrend verwarrend (-e) fərwarrənt
verwirrt verward (-e) fərwart

V

verwöhnt bederf (-de) bədärf
verwunden wond (ge-) wont
verwundet gewond (-e) chəwont
Verzeichnis ①register (-s) rəchəßtər ②inhoudsopgawe (Inhalts...) ənhoutßopchawə
Verzeihung! ekskuus! äkßkühß
Verzichten ①afstand doen (gedoen) afßtannt dun ②daarsonder doen (gedoen) (auf) dahrßondər dun
Verzierung versiering (-s) fərßihrəng
Verzögerung vertraging fərtrahchəng
verzollen invoerregte betaal ənfuhrächtə bətahl
verzweifeln vertwyfel fərtwejfəl
verzweifelt wanhopig (-e) wannhuəpəch
Verzweiflung wanhoop wannhuəp
Videokamara videokamera (-s) widioukamərа
Vieh vee fiə
Viehzucht veeteelt fiətiəlt
Viehzüchter(in) veeteler (-s) fiətiələr
viel(e) baie baiə
Vielfraß skrok (-ke) ßkrok
vielleicht miskien məßkin
vier vier fihr
Viereck vierkant (-e) fihrkannt
viereckig vierkantig (-e) fihrkanntəch
vierhundert vierhonderd fihrhondərt
viermal vier keer fihr kiər
viertausend vierduisend fihrdöißənt
Viertel ①kwart (Menge) kwart ②buurt (-e) (Stadt) bührt
vierzehn veertien fiərtin
vierzig veertig fiərtəch
Villa villa (-s) walla
violett violet wiulet
Virus virus (-se) wirröß

V

Visitenkarte besigheidskaart (-e) biəßəchejtßkahrt
Visum visum (-s) wisöm ⓘ*Deutsche, Österreicher und Schweizer brauchen derzeit kein Visum.*
Vogel voël (-s) fuəl
Volk volk (-e) folk
Volksfest volksfees (-te) folkßfiəß ⓘ*Im Januar findet "Die Kaapse Klopse" der Kapmalaier statt, auch der internationale Eisteddfod in Roodepoort ist erwähnenswert.*

voll vol foll
vollenden voltooi foltoi
völlig heeltemal hiəltəmal
Vollkaskoversicherung allesomvattende versekering alləßomfattəndə fərßiəkərəng
vollkommen volmaak (-te) folmahk
Vollkornbrot volkoringbrood (-brode) folkurəngbruət
Vollmacht volmag folmach
Vollmond volmaan folmahn
Vollnarkose volnarkose folnarkuəßə
Vollpension volle losies follə lußiß
vollständig volledig (-e) folliədəch
volltanken volmaak (volge-) folmahk
Volumen volume (-s) wolümə
von ①van fan ②deur (Urheberschaft) döər
vor ①voor fuər ②vir (Angst haben ...) fər
vor allem veral fərall
vor kurzem onlangs onlangß
voraus, im by voorbaat bej furbaht
vorausgesetzt daß mits mətß
Voraussetzung veronderstelling fərondərßtälləng
vorbei verby fərbej
vorbeifahren verbyry (verbyge-) fərbejrej
vorbeigehen verbygaan (verbyge-) fərbejchahn
vorbereiten, (sich) (auf) voorberei fuərbərej
Vorbereitung voorbereiding (-s) fuərbərejdəng
Vorbild voorbeeld (-e) furbiəlt
Vordergrund voorgrond fuərchront
Vorderseite voorkant fuərkannt
Vorfahrt beachten toegee (-gegee) tuchiə ⓘ*Es gilt nicht rechts vor links bzw. links vor rechts.*
vorgestern eergister iərchəßtər
vorhaben (etwas) van plan wees om te... (gewees) fan plan wiəß om tə
vorhanden beskikbaar bəßkəkbahr
Vorhang gordyn (-e) chordejn
vorher vantevore fantəfurə
vorhin netnou netnou
vorkommen ①gebeur (geschehen) chəböər ②lyk (ge-) (scheinen) lejk
vorlesen voorlees (voorge-) fuərliəß
Vorlesung voorlesing (-s) fuərliəßəng
Vorlesungsverzeichnis universiteitsjaarboek üniwärßitejtßjahrbuk

Vorliebe voorliefde fuərlifdə
Vormittag voormiddag fuərməddach
vormittags in die voormiddag ən di furməddach
vorn(e) voor fur
Vorname voornaam furnahm
vornehm vernaam (-name) fərnahm
Vorort voorstad (-stede) fuərßtatt
Vorrat voorraad (-rade) furaht
Vorsaison buite seisoen böitə ßejßun
Vorschlag voorstel (-le) fuərßtäl
Vorschrift voorskrif (-te) fuərßkrəf
Vorsicht versigtigheid fərßəchtəchejt
vorsichtig versigtig (-e) fərßəchtəch
Vorsichtsmaßnahmen voorsorgmaatreëls fuərßorchmahtriəlß
Vorsilbe voorvoegsel (-s) fuərfuchßəl
Vorsitzende voorsitter (-s)/voorsitster (-s) furßəttər/furßitßtər
Vorspeise voorgereg (-te) fuərchəräch
vorstellen, (sich) voorstel (voorge-) fuərßtäl
Vorstellung ①opvoering (-s) (Theater) opfuhrəng ②voorstelling (Person) furßtälləng
Vorteil voordeel (-dele) fuərdiəl
Vortrag voordrag (-te) fuərdrach
Vorurteil vooroordeel furuərdiəl
Vorverkauf kaartjie besprekings kahrki bəßpriəkəngß *heißt "Computicket"*
Vorwahl(nummer) kode (-s) kuədə
vorwärts voorwaarts fuərwahrtß
Vorwurf verwyt (-e) fərwejt
vorziehen ①vroeër maak (gemaak) (Termin) frur mahk ②verkies (lieber mögen) fərkiß
Vulkan vulkaan (-kane) fölkahn
Waage weegskaal (-skale) wiəchßkahl
waagrecht horisontaal (-tale) hurißontahl
wach wakker wackər
Wachs was wass
wachsen groei (ge-) chrui
wackelig waggelend (-e) wachələnt
Wade kuit (-e) köit
Waffe wapen (-s) wahpən
wagen waag (ge-) wahch
Wagen ①motorkar (-re) (Auto) muətərkar ②treinwa (-waens) (Zug) trejnwa
Wagenheber domkrag domkrach
Wagentür treindeur trejndöər
Waggon treinwa (-ens) trejnwa
Wahl ①keuse (-s) (Auswahl) köəßə ②verkiesing (-s) (politisch) fərkißəng *1994 fand die erste demokratische Wahl statt.*
wählen ①kies (ge-) (auswählen) kiß ②stem (ge-) (politisch) ßtem
Wahlergebnis verkiesingsuitslag (-slae) fərkißəngßöitßlach
wahr waar wahr
während terwyl tərwejl
Wahrheit waarheid (-hede) wahrejt
wahrscheinlich waarskynlik (-e) wahrßkejnlək
Währung geldeenheid chəliənthejt
Waise weeskind (-ers) wiəßkənt
Wald woud (-e) wout
Wallfahrer(in) pelgrim (-s) pälchrəm
Wallfahrtsort bedevaartsoord (-e) biədəfahrtßurt
Wand muur (mure) mühr
Wanderkarte voetslaankaart (-e) futßlahnkahrt
wandern stap (ge-) ßtap *Es gibt viele Wandermöglichkeiten durch das ganze Land.*
Wanderschuhe loopskoene luəpßkunnə
Wanderung staptoer (-e) ßtaptuhr
Wandteppich tapisserie (-e) tappəßiəri
Wange wang (-e) wang
wann? wanneer? wanniər
Wanne bad (-dens) (Bade...) batt
Wappen wapen (Familie/Dorf) wahpən
Ware koopware kuəpwahrə
warm warm warrəm
Wärme warmte warrəmtə
warmhalten warm hou (gehou) warrəm hou
Warndreieck waarskuwingsdriehoek vir die pad wahrßküwəngßdrihuk fər di patt
warnen (vor) waarsku teen (gewaarsku) wahrßkü tiən
Warnung waarskuwing (-s) wahrßküwwəng
Wartehalle wagkamer (-s) wachkamər
warten (auf) wag vir (gewag) wach fər
Wartesaal wagkamer (-s) wachkamər
Wartezimmer wagkamer (-s) wachkamər
warum? waarom wahrom
was? wat watt
was für ein(e)? watse watßə
Waschbecken wasbak (-ke) wassbak

Wäsche wasgoed wasschutt
waschen, (sich) was (ge-) wass
Wäschetrockner wasgoeddroër (-s) wasschuttdruər
Waschlappen waslap (-pe) wasslap
Waschmaschine wasmasjien (-e) wassmaschin
Waschpulver wasgoedpoeier wasschutpuiər
Waschräume waskamers wasskamərß
Wasser water wahtər ℹ *Das Leitungswasser ist gereinigtes Regenwasser.*
Wasserbehälter watertenk (-s) wahtərtenk
wasserdicht waterdig wahtərdəch
Wasserfall waterval (-le) wahtərfall
Wasserflasche waterbottel (-s) wahtərbottəl
Wasserhahn waterkraan (-krane) wahtərkrahn
Wasserkanister waterkan (-ne) wahtərkann
Wasserkocher ketel (-s) kiətəl
Wasserleitung waterpyp (-e) wahtərpejp
Wasserski waterski wahtərßki
Wassersport watersport wahtərßport ℹ *von Tauchen bis Windsurfing alles möglich*
Wasserstelle waterplek (-ke) wahtərpläk
Wasserzähler watermeter (-s) wahtərmiətər
waten deur vlak water loop döər flack wahtər luəp
Watte watte wattə
Wattestäbchen wattestokkies wattəßtokiß
WC kleedkamers kliətkahmərß
Wechsel verandering (-e) fərandərəng
Wechselkurs wisselkoers wəssəlkurrß
wechseln ①verander (allgemein) fərandər ②wissel (ge-) (Geld) wəssəl
Wechselstrom wisselstroom wəssəlßtruəm
Wechselstube geldwisselkantoor (-tore) chältwəssəlkantur ℹ *Geld kann auch bei American Express und Rennies Travel getauscht werden.*
wecken wakker maak (gemaak) wackər mahk
Wecker wekker (-s) wäckər
weder ... noch nòg ... nòg noch ... noch
weg weg wäch
Weg weg (weë) wäch ⇨nach dem Weg fragen = na die pad vra (ge-) na di patt fra
wegbringen wegbring (wegge-) wächbrəng
wegen weens wiənß
wegfahren wegry (wegge-) wächrej
weggehen weggaan (wegge-) wächahn
weglaufen weghardloop (wegge-) wächhartluəp
wegnehmen wegvat (wegge-) wächfatt
wegwerfen weggooi (wegge-) wächoi
wegwischen afvee (afge-) affiə
weh tun seermaak (seerge-) ßiərmahk
Wehrdienst militêre diens mələtärə dinß
wehren, sich verdedig fərdiədəch
weiblich vroulik (-e) froulək
weich sag (-te) ßach
Weichspüler sagspoelmiddel ßachßpulməddəl
weigern, sich weier (ge-) wejər
Weihnachten Kersfees kärßfiəß
weil omdat omdat
Wein wyn wejn ℹ *Südafrika ist international für seine Weine bekannt.*
Weinbau wynbou wejnbou
Weinberg wingerd (-e) wəngərt
Weinbrand brandewyn brannəwejn
weinen huil (ge-) höil
Weintrauben druiwe dröiwə
weise verstandig (-e) fərßtandəch
Weise manier (-e) (Art und Weise) manihr
weiß wit wət
Weißwein wit wyn wət wejn
weit ①wyd (wye) wejt ②ver weg (weit entfernt) fär wäch
weiter ①verder (zusätzlich) färdər ②verder weg (Entfernung) färdər wäch
weiter machen wyer maak (gemaak) wejər mahk
weiterfahren verder ry (gery) färdər rej
weitergehen verder loop (geloop) färdər luəp
weitermachen aangaan (aange-) ahnchənahm
Weizen koring kurəng
welche(r, -s)? watter? wattər
Welle ①golf (golwe) cholf ②brander (-s) (am Strand) brandər
Welt wêreld wärəlt
Weltall heelal hiəlall
Weltmeisterschaft wêreldkampioenskap (-pe) wärəltkampiunßkap
Weltrekord wêreldrekord wärəltrekort
wenden ①draai (ge-) (drehen) draai ②wend (ge-) (an jemanden ...) wennt

wenig(e) min mən
weniger (als) minder as məndər aß
wenigstens ten minste ten mənßtə
wenn ①wanneer (zeitlich) wanniər ②as (konditional) aß
wer? wie wi
Werbefilm reklamefilm (-s) rəklahməfälləm
Werbung reklame rəklahmə
werden ①word (geword) (groß/alt ...) wort ②sal (sou) (zur Bildung des Futurs) ßall
werfen gooi (ge-) choi
Werft skeepswerf (-werwe) ßkiəpßwärf
Werk fabriek (-e) fabrik
Werkstatt werkwinkel (-s) wärkwənkəl
Werktag werksdag (-dae) wärkßdach
Werkzeug gereedskap chəriətßkap
Wert waarde (-s) wahrdə
wertlos waardeloos (-lose) wahrdəluəß
Wertsachen waardevolle goed wahrdəfollə chutt
wertvoll waardevol (-le) wahrdəfol
Wesen wese (-ns) wiəßə
wesentlich wesenlik (-e) wiəßənlək
wessen? wie se wi ßə
West(en) wes weß
Weste onderbaadjie (-s) ondərbaaiki
westlich westelik (-e) weßtələk
Wettbewerb kompetisie (-s) kompətißi
Welle woddenskap (-pe) weddənßkap
wetten wed (ge-) wett
Wetter weer wiər
Wetterbericht weerberig wiərbərəch
Wettervorhersage weervoorspelling wiərfurßpalləng
Wettkampf wedstryd (-e) wettßtrejt
Whisky whisky whəßki
wichtig belangrik (-e) bəlangrək
wickeln ①doek aansit (aangesit) (Baby) duk ahnßət ②toedraai (toege-) (Geschenk) tudraai
widerlich aaklig (-e) ahkləch
Widerspruch weerspreking wiərßpriəkəng
Widerstand weerstand wiərßtannt
widerstehen weerstaan wiərßtahn
widerwärtig onaangenaam onahnchənahm
Widerwille teësin tiəßən
wie soos (so wie) ßuəß
wie? hoe hu
wie lang? hoe lank hu lank
wie oft? hoe dikwels hu dəkwəlß
wie viele? hoeveel mense? hufiəl menßə
wieder weer wiər
wiederherstellen herstel härßtäl
wiederholen herhaal härhahl
Wiederholung herhaling (-s) härhahləng
wiederkommen terugkom (terugge-) tröchkomm
wiedersehen, (sich) mekaar weer sien məkahr wiər ßin
wiegen ①weeg (ge-) (Waage) wiəch ②wieg (ge-) (schaukeln) wich
Wiese weiveld (-e) wejfält
wieso? hoekom hukomm
wieviel? hoeveel hufiəl
wild wild (-e) wəlt
Wild(bret) wildsvleis wəltßflejß
Wildwasserfahrten riviervaart rəfirfahrt
Wille ①wil wəll ②sin ßən
willkommen welkom heet (ge-) wälkomm hiət
Willkür willekeurigheid wəlləköərəchejt
Wimpern oogwimper (-s) uəchwəmpər
Wimperntusche mascara maßkahra
Wind wind (-e) wənt
Windel doek (-e) duk
windig winderig (-e) wəndərəch
Windmühle windmeul (-ens) wəntmöəl
Windschutzscheibe windskerm (-s) wəntßkärrəm
Winkel hoek (-e) huk
winken wink (ge-) wənk
Winter winter wəntər
Wintereinbruch begin van winter bəchən fan wəntər
Wintersport wintersport wəntərßport
winzig nietig klein nitəch klejn
wir ons onß
Wirbel werwel (-s) wärwəl
Wirbelsäule werwelkolom wärwəlkulom
Wirbelwind dwarrelwind dwarrəlwənt
wirken werk (ge-) wärk
wirklich werklik (-e) wärklək
Wirklichkeit werklikheid (-hede) wärkləkhejt
wirksam effektief (-tiewe) effektif

W

Wirkung uitwerking öitwärkəng

Wirt(in) waard (-e)/waardin (-ne) wahrt/wahrdən

Wirtschaft ekonomie ekunuəmi

wirtschaftlich ekonomies (-e) ekunuəmiß

wischen afvee (afge-) affiə

wissen weet (ge-) wiət

Wissen kennis kennəß

Wissenschaftler(in) wetenskaplike (-s) wiətənßkapləkə

wissenschaftlich wetenskaplik (-e) wiətənßkapl ək

Witwe(r) weduwee (-s)/wewenaar (-s) wiədüwiə/wiəwənahr

Witz grap (-pe) chrap

witzig snaaks ßnahkß

wo? waar wahr

Woche week (weke) wiək

Wochenende naweek (-weke) nahwiək

Wochentag weeksdag (-dae) wiəkßdach

WOCHENTAGE
(DAE VAN DIE WEEK)
Montag Maandag mahndach
Dienstag Dinsdag dənßdach
Mittwoch Woensdag wunßdach
Donnerstag Donderdag donnərdach
Freitag Vrydag frejdach
Samstag Saterdag ßahtərdach
Sonntag Sondag ßonndach

wöchentlich weekliks (-e) wiəkləkß

Wodka wodka wottka

woher? waarvandaan wahrfandahn

wohin? waarheen wahrhiən

wohlhabend welgesteld (-e) wälchəßtält

wohnen woon (ge-) wuən

Wohnmobil kampeerbus (-se) kampiərböß

Wohnort verblyfplek (-ke) fərblejfpläk

Wohnsitz verblyfplek (-ke) fərblejfpläk

Wohnung woonstel (-le) wuənßtäl

Wohnwagen woonwa (-ens) wuənwa

Wohnzimmer sitkamer (-s) ßətkamər

Wolke wolk (-e) wolk

Wolkenkratzer wolkekrabber (-s) wolkəkrabbər

wolkenlos wolkloos (-lose) wolkluəß

wolkig bewolk (-te) bəwolk

Wolle wol woll

wollen wil wəll

Wort woord (-e) wurt

Wörterbuch woordeboek (-e) wuərdəbuk

wörtlich letterlik (-e) lettərlək

Wortschatz woordeskat wurdəßkat

Wrack wrak (-ke) wrack

wund rou rou

Wunde wond (-e) wonnt

wunderbar wonderlik (-e) wondərlək

wundern, sich (über) wonder (ge-) wondər

Wundsalbe salf ßalf

Wunsch wens (-e) wenß

wünschen, (sich) wens (ge-) wenß

Würde waardigheid wahrdəchejt

würdig waardig (-e) wahrdəch

Wurf ①gooi (-e) (Werfen) choi ②werpsel (-s) (Tiere) wärpßəl

Würfel dobbelsteen (-steentjies) dobbəlßtiən

Wurst wors worß

Wurzel wortel (-s) wortəl

würzen kruie byvoeg (byge-) kröiə bejfuch

würzig pikant (-e) pikant

Wüste woestyn (-e) wußtejn i *z. B. die Kalahari Sandwüste mit dem Kalahari Gemsbok Nationalpark*

Wut woede wuddə

wütend woedend (-e) wuddənt

zäh taai taai

Zahl getal (-le) chətall

zahlen betaal bətahl

zählen tel (ge-) täl

Zahlung betaling bətahləng

Zahlungsbedingungen betalingsvoorwaardes bətahləngßfurwahrdəß

zahm mak mak

Zahn tand (-e) tant

Zahnarzt/Zahnärztin tandarts (-e) tantartß

Zahnbürste tandeborsel (-s) tannəborßəl

Zahnfleisch tandvleis tantflejß

Zahnpasta tandepasta tannəpaßtə

Zahnschmerzen tandpyn tantpejn

Zahnseide tandevlos tandəfloß

Zahnstocher tandestokkies tandəßtockiß

Z

ZAHLEN (GETALLE)

0 nul nöll
1 een iən
2 twee twiə
3 drie dri
4 vier fihr
5 vyf fejf
6 ses ßeß
7 sewe ßiəwə
8 agt acht
9 nege niəchə
10 tien tin
11 elf älf
12 twaalf twahlf
13 dertien därtin
14 veertien fiərtin
15 vyftien fejftin
16 sestien ßeßtin
17 sewentien ßiəwəntin
18 agtien achtin
19 negentien niəchəntin
20 twintig twəntəch
30 dertig därtəch
40 veertig fiərtəch
50 vyftig fejftəch
60 sestig ßeßtəch
70 sewentig ßiəwəntəch
80 tagtig tachtəch
90 negentig niəchəntəch
100 ('n/een) honderd honnərt
200 twee honderd twiə honnərt
300 drie honderd dri honnərt
400 vier honderd fihr honnərt
500 vyf honderd fejf honnərt
600 ses honderd ßeß honnərt
700 sewe honderd ßiəwə honnərt
800 agt honderd acht honnərt
900 nege honderd niəchə honnərt
1.000 (een/'n) duisend döißənt
5.000 vyf duisend fejf döißənt
10.000 tien duisend tin döißənt
100.000 honderd duisend honnər-döißənt
1.000.000 (een/'n) miljoen məljun

Zange tang (-e) tang
Zäpfchen ①setpil (-le) (med.) ßettpəl ②kleintongetjie (-s) (Kehle) klejntongiki
zart teer (tere) tiər
zärtlich liefdevol (-le) lifdəfoll
zaubern toor (ge-) tur
Zaun heining (-s) hejnəng
Zebrastreifen sebrastrepe siəbraßtriəpə
ℹ *wird von den Autofahrern nicht immer beachtet*
Zeh toon (tone) tuən
zehn tien tin
zehnmal tien keer tin kiər
zehntausend tienduisend tindöißənt
Zeichen teken (-s) tiəkən
zeichnen teken (ge-) tiəkən
Zeichnung tekening (-e) tiəkənəng
zeigen wys (ge-) wejß
Zeile reël (-s) riəl
Zeit tyd (tye) tejt

ZEITANGABEN (TYDAANWYSINGS)

abends saans ßahnß
bald gou chou
danach daarna dahrnah
dann dan dann
früh(er) vroeg (vroeër) fruch (fruhər)
gestern gister chəßtər
heute vandag fandach
immer altyd altejt
jetzt nou nou
kürzlich onlangs onnlangß
manchmal partykeer partejkiər
mittags smiddags ßməddachß
morgen môre mohrə
morgens smôrens ßmohrənß
nachher daarna dahrnah
nachmittags in die namiddag ən di nahməddach
nachts snags ßnachß
nie nooit noit
oft dikwels dəkwəlß
selten selde ßäldə
spät(er) laat (later) laht (lahtər)
täglich daagliks dahch-ləkß
übermorgen oormôre urmohrə

Z

vorgestern eergister iərchəßtər
vorher vantevore fantəfurə
vormittags in die voormiddag ən di furməddach
zuerst eers iərß

zeitgenössisch kontemporêr (-e) kontempurär
Zeitpunkt tydstip tejtßtəp
Zeitraum tydperk (-e) tejtpärk
Zeitschrift tydskrif (-te) tejtßkrəf
Zeitung koerant (-e) kurant
Zeitungskiosk tydskrifstalletjie (-s) tejtßkrəfßtalliki
Zeitwort werkwoord (-e) wärkwurt
Zelle sel (-le) ßäl
Zelt tent (-e) tent
zelten kampeer (ge-) kampiər
Zeltstange tentpaal (-pale) tentpahl
Zement sement ßəment
Zentimeter sentimeter ßentimiətər
Zentner ①50 kg fejftəch kiluchram ②swaar gewig (bildlich) ßwahr chəwəch
zentral sentraal (-trale) ßentrahl
Zentrale sentrale (-s) ßentrahlə
zerbrechen in stukke breek (gebreek) ən ßtöckə briək
zerbrechlich breekbaar briəkbahr
Zeremonie seremonie (-s) ßärəmuəni
Zerfall verval fərfall
zerkleinern in stukkies kleinmaak (kleinge-) ən ßtöckiß klejnmahk
zerreißen verskeur fərßköər
Zerrung spierverrekking ßpihrfəräckəng
zerschlagen stukkend slaan (geslaan) ßtöckənt ßlahn
zerstören verwoes fərwuß
Zerstörung verwoesting fərwußtəng
zerstreut verstrooid (-e) fərßtroit
Zettel ①stukkie papier ßtöcki papihr ②inkopielys (Einkaufsliste) ənkuəpilejß
Zeug goed chutt
Zeuge/Zeugin getuie (-s) chətöiə
Zeugnis ①rapport (-e) (Schule) rapport ②getuigskrif (-te) (Arbeit) chətöichßkrəf
Ziege bok (-ke) bok
Ziegel ①baksteen (-stene) (Ziegelstein) bakßtiən ②teël (-s) (Dachziegel) tiəl
ziehen trek (ge-) (auch Zahn) träk
Ziel ①doel (-eindes) (das man sich setzt) dul ②eindpunt (Sport) ejntpönt ③teiken (-s) (Zielscheibe) tejkən
ziemlich taamlik (-e) tahmlək
zierlich fyn fejn
Zigarette sigaret (-te) ßəcharett
Zigarre sigaar (-gare) ßəchahr
Zimmer kamer (-s) kahmər
Zimmermädchen kamerbediende (-s) kahmərbədində
Zimmerservice kamerdiens kahmərdinß
Zimmervermittlung akkommodasie agentskap akomudahßi achentßkap
Zimt kaneel kaniəl
Zinsen rente (-s) rentə
Zirkus sirkus (-se) ßərköß
Zitrone suurlemoen (-e) ßührləmun
zittern bewe (ge-) biəwə
Zivilisation beskawing (-s) bəßkahwəng
zögern huiwer (ge-) höiwər
Zoll doeane duanə [i] *Bei Flughäfen und Zollämtern kann man sich die Mehrwertsteuer zurückerstatten lassen.*
Zollabfertigung inklaring ənklahrəng
Zollbeamter/Zollbeamtin doeanebeampte (-s) duanəbəamtə
Zollbestimmungen doeanebepalings duanəbəpahləngß
Zollerklärung doeaneverklaring duanəfərklahrəng
zollfrei belastingvry bəlaßtəngfrej [i] *1 Liter Spirituosen, 2 Liter Wein, 200 Zigaretten und 50 Zigarren pro Person*
Zollkontrolle doeanebeheer duanəbəhiər
zollpflichtig belastingspligtig bəlaßtəngßpləchtəch
Zone sone (-s) ßuəne
Zoo dieretuin (-e) dihrətöin
zornig kwaad (kwaai) kwaht
zu ①na ... toe (... jemandem gehen) na ... tu ②te (in Infinitivsätzen/Übermaß bezeichnend) tō toe (geschlossen) tu
Zubehör toebehore tubəhurə

Z

zubereiten voorberei furbərej
Zubereitung voorbereiding (-s) furbərejdəng
Zucchini vingerskorsie (-s) fəngərßkorßi
züchten ① teel (ge-) (Tiere) tiəl ② kweek (ge-) (Pflanzen) kwiək
Züchtung teelt tiəlt
Zucker suiker ßöikər
Zuckerdose suikerpot (-te) ßöikərpot
zuckerkrank diabeties diabiətiß
zudecken, (sich) (mit) toemaak (toege-) tumahk
zuerst eers (anfangs) iərß
Zufall toeval tufall
zufällig toevallig (-e) tufalləch
zufrieden tevrede təfriədə
Zug ① trein (-e) (Bahn) trejn ② trek (-ke) (Luft...) träk
Zugang toegang tuchang
zugeben toegee (toege-) tuchiə
zuhören luister na (geluister) löißtər na
zukleben toeplak (toege-) tuplak
Zukunft toekoms tukommß
zulassen toelaat (toege-) tulaht
zuletzt ① laaste (als Letzte) lahßtə ② laas (... noch gesehen) lahß
zumachen toemaak (toege-) tumahk
zunächst vereers (vorerst) fəriərß
Zündkabel kontakkabel kontakkabəl
Zündkerze vonkprop (-pe) fonkprop
Zündschlüssel vonkpropspanner fonkpropßpännər
Zündung aansitter ahnßəttər
zunehmen toeneem (toege-) tuniəm
Zuneigung geneentheid chəniənthejt
Zunge tong (-e) tong
zurück terug tröch
zurückfahren terugry (terugge-) tröchrej
zurückgeben teruggee (terugge-) tröchiə
zurückgehen teruggaan (terugge-) tröchahn
zurückkommen terugkom (terugge-) tröchkom
zurücklegen (Karten) op sy sit (gesit) op ßej ßət
zurückschicken/-senden terugstuur (terugge-) tröchßtühr
zurückzahlen terugbetaal tröchbətahl
zusammen saam ßahm
Zusammenarbeit samewerking ßahməwärkəng
zusammenarbeiten saamwerk (saamge-) ßahmwärk
zusammenbrechen ① ineenstort (ineenge-) (Mensch) əniənßtort ② tot stilstand kom (gekom) (Verkehr) tot ßtəlßtant komm
zusammendrücken inmekaardruk (inmekaarge-) ənməkahrdrök
Zusammenfassung samevatting ßahməfattəng
Zusammenhang verband (-e) fərbannt
zusammensetzen saamstel (saamge-) ßahmßtäl
Zusammenstoß botsing (-s) botßəng
zusammenzählen bymekaartel (bymekaargetel) bejməkahrtäl
zuschauen kyk (ge-) kejk
Zuschauer(in) toeskouer (-s) tußkouər
Zuschlag toeslag (-slae) tußlach
zusperren versper fərßpär
Zustand toestand (-e) tußtant
zuständig aanspreeklik (-e) ahnßpriəklək
Zustellung aflewering (-s) afliəwərəng
Zustimmung toestemming tußtemməng
Zutaten bestanddele bəßtandiələ
Zutritt toegang tuchang
zuverlässig betroubaar (-bare) bətroubahr
zuversichtlich vol vertroue foll fərtrouə
zuviel(e) te veel tə fiəl
zuvor tevore təfurə
Zwang dwang dwang
zwanzig twintig twəntəch
zwar weliswaar wiələßwahr
Zweck doel dul
zwecklos nutteloos nöttəluəß
zwei twee twiə
zweifach dubbel (-e) döbbəl
Zweifel twyfel twejfəl
zweifellos ongetwyfeld onchətwejfəlt
Zweig tak (-ke) tak
Zweigstelle filiaal (-liale) filiahl
zweihundert tweehonderd twiəhondərt
zweimal twee keer twiə kiər
zweitausend tweeduisend twiədöißənt
zweitrangig tweederangs (-e) twiədərangß
Zwetschge pruim (-e) pröim

Z

Zwieback beskuit bəßköit [i] *eine Art Zwieback(gebäck) z. B. mit Anis oder aus Buttermilchteig*
Zwiebel ui (-e) öi
Zwillinge tweeling (-e) twiələng
zwingen dwing (ge-) dwəng
zwischen tussen tössən
Zwischenfall voorval (-le) fuərfall
Zwischenlandung/-stopp tussenlanding tössənlandəng
zwölf twaalf twahlf
Zylinder silinder (-s) ßələndər

aaklig (-e) ahkləch widerlich
aalbessie (-s) ahlbessi Johannisbeere
aan ahn an
aan boord/van boord gaan (gegaan) ahn burt/fann burt chahn an/von Bord gehen
aan die een kant ... maar aan die ander kant ahn di iən kant ... mahr ahn di ander kant einerseits ... andererseits
aan die slaap raak (geraak) ahn di slahp rahk einschlafen
aanbeveel ahnbəfiəl empfehlen
aanbied (aange-) ahnbitt bieten; anbieten
aanbod (aanbiedinge) ahnbott Angebot
aand (-e) ahnt Abend
aandag vestig (- gevestig) ahndach feßtəch aufmerksam machen
aandeel (-dele) ahndiəl Anteil
aandelemaatskappy (-e) ahndiələmahtskappej AG
aandenking (-s) ahndenkəng Andenken; Souvenir
aandenkingskiosk (-e) ahndenkəngßkiosk Andenkenstand
aandenkingswinkel (-s) ahndenkəngßwənkəl Andenkenladen
aandete (-s) ahntiətə Abendessen
aandoen (aange-) ahndun anlegen (Schiff)
aandrywing ahndrejwəng Getriebe
aangaan (aange-) ahnchənahm weitermachen
aangee (aange-) ahnchiə reichen; (an)geben (Information)
aangeleentheid (-hede) ahnchəliənthejt Angelegenheit
aangenaam (-name) ahnchənahm angenehm; sympathisch
aangename kennis ahnchənahmə kennəß freut mich
aangesteek ahnchəßtiək infiziert
aankla (aange-) ahnkla anzeigen; klagen (jur.)
aanklag (-klae) ahnklach Anklage
aankom (aange-) ahnkom ankommen
aankoms (-te) ahnkoms Ankunft
aankoms (-tye) ahnkoms Ankunftszeit
aankomsportaal (-tale) ahnkomsportahl Ankunftshalle
aankondig (aange-) ahnkondəch ankündigen
aankope ahnkuəpə Ankauf; Einkauf
aankyk (aange-) ahnkejk anschauen; ansehen
aanmeld (aange-) ahnmält sich anmelden; einchecken
aanmelding (-s) ahnmäldəng Anmeldung
aanneem (aange-) ahniəm annehmen
aanneming ahniəməng Konfirmation
aanpas (aange-) ahnpass anprobieren
aanraak (-geraak) ahnrahk berühren
aanraking (-s) ahnrahkəng Berührung
aanrand (aange-) ahnrannt überfallen
aansienlik (-e) ahnßinlək stattlich
aansitter (-s) ahnßəttər Anlaßer; Zündung
aansluiting (-s) ahnßlöitəng Anschluß (Zug)
aansoek (-e) ahnßuk Antrag; Bewerbung
aansoek doen (gedoen) ahnßuk dunn sich bewerben; beantragen
aansoekvorms ahnßukforms Bewerbungsunterlagen
aanspreeklik (-e) ahnßpriəklək zuständig
aansteek (aange-) ahnßtiək (sich) anstecken
aansteeklik (-e) ahnßtiəklək ansteckend
aansteker (-s) ahnßtiəkər Feuerzeug
aanstel (aange-) ahnßtäl anstellen; einstellen (Arbeitskräfte)
aantal (-le) ahntal Anzahl
aanteken (aange-) ahntiəkən notieren
aantekening (-e) ahntiəkənəng Notiz; Vermerk
aantrek (aange-) ahnträk (etwas) anziehen
aantrekkamer ahnträkamər Umkleidekabine
aanval (-le) ahnfall Anfall (med.)
aanval (aange) ahnfall angreifen
aanvang (aange-) ahnfang anfangen; beginnen
aanwesig (-e) ahnwiəßəch anwesend
aar (are) ahr Ader; Vene
aarbei (-e) ahrbej Erdbeere
aardbewing (-s) ahrtbiəwəng Erdbeben
aarde ahrdə Erde
aartappel (-s) artappəl Kartoffel
aborsie (-s) aborßi Abtreibung
aborsie bewerkstellig aborßi bəwärkßtälləch abtreiben (Kind)
absoluut absulüt unbedingt
adapter (-s) adaptər Adapter ℹ *Dreipolige Adapter sind vor Ort erhältlich.*
adel adəl Adel

administrasie (-s) adminəßtrahßi Verwaltung
administratiewe liggaam (-game) admənəßtratiewwə ləchahm Behörde
administreer (ge-) admənəßtriər verwalten
adopteer (ge-) adoptiər adoptieren
adres (-se) adress Adresse
adverteer (ge-) atfərtiər inserieren
advertensie (-s) adfərtenßi Reklame
advertensie vir 'n werk adfərtenßi fər ə wärk Stellenanzeige
advies adfiß Rat(schlag)
Af! aff Runter!
af (Adverb) aff ab
af lewer (afge-) af liəwər (etwas) aufgeben (Post)
afbreek (afge-) afbriək abreißen (Gebäude)
afdeling (-s) afdiələng Abteilung
afdelingswinkel (-s) afdiələngßwəngkəl Kaufhaus
afdraai (afge-) afdrai abbiegen
afdraand afdrahnt bergab
afdraand (-e) afdrahnt Gefälle (Straße)
afdroë (afgedroog) afdruə (sich) abtrocknen
afdruk (-ke) afdröck Abzug (Foto)
afgeleë afchəliə abseits; abgelegen
afgrond (-e) afchrohnt Abgrund
afgunstig (-e) afchönßtəch neidisch
afhang van (afge-) afhang fan liegen an; abhängen von
afkort (afge-) afkohrt abkürzen
afkorting (-s) affkohrtəng Abkürzung (Sprache)
aflewering (-s) afliəwərəng Zustellung; Lieferung
afleweringswa (-ens) afliəwərəngßwa Lieferwagen
afneem (afge-) afniəm nachlassen (Gesundheit etc.); filmen
Afr. afrikahnß Afrikaans
afrig (afge-) afrəch üben; trainieren
afrigter (-s)/afrigster (-s) afrəchtər/afrəchßtər Trainer(in)
Afrika afrika Afrika
Afrikaner (-s) afrikahnər Bure
Afrikatale Afrikatahle afrikanisch
afrit (-te) afrət Autobahnausfahrt
afsender (-s) aßenndər Absender
afset afßett Absatz (Verkäufe)
afsit (afge-) afßət ausmachen
afskaf (afge-) afßkaf abschaffen
afskakel (afge-) afskakel ausschalten
afskeid afßkejt Abschied
afskeid neem (geneem) afßkejt niəm sich verabschieden
afskil (afge-) afßkəl schälen
afskrif (-te) afßkrəf Kopie
afskryf (afge-) afßkrejf abschreiben
afslag afßlach Skonto; Rabatt; Preisnachlaß; Ermäßigung
afsluiting (-s) afslöitəng Abschluß (Ende)
afsny (afge-) afßnej abschneiden; schneiden (Auto)
afsonder (afge-) afßondər aussondern
afsonderlik (-e) afßondərlək einzeln
afspoel (ge-) afßpul (aus-; ab-)spülen
afspraak (-sprake) afßprahk Termin; Verabredung
afspraak maak (gemaak), 'n ... ə afßprahk mahk sich verabreden
afspreek (afge-) afßpriək abmachen; vereinbaren
afstand (-e) afßtant Abstand
afstand doen (gedoen) afßtannt dun verzichten
afstap (afge-) afßtapp absteigen (Berg)
afstof (afge-) afßtoff Staub wischen
afstootlik (-e) afßtuətlək scheußlich
aftas (afge-) aftass abtasten
after shave after shave Rasierwasser
afval affal Abfall ℹ *Kopf, Magen und Pfoten eines Schafes werden als Delikatesse zubereitet.*
afvee (afge-) affiə (ab-; weg-)wischen
afwesig (-e) afwiəßəch abwesend
afwisseling (-e) afwəßəlləng Abwechslung
agentskap (-pe) achenntskap Agentur
Agge nee! achə niə Ach nein!
agt acht acht
agt honderd acht honndərt achthundert
agter (-ste) achtər hinter; hinten
agter laat (gelaat) achtər laht zurücklassen
agtergrond (-e) achtərchront Hintergrund
agterkant achtərkannt Rückseite
agtermekaar achtərməkahr hintereinander
agterna achtərnah hinterher

agternakom (-gekom) achtərnahkomm (später) nachkommen
agtersitplek (-ke) achtərßtpläk Rücksitz
agterstallig (-e) achtərßtalləch rückständig
agteruit achtəröit rückwärts
agtervoegsel (-s) achtərfuchßəl Nachsilbe
agtervolg achtərfolch verfolgen
agtien achtin achtzehn
Aids ejds AIDS ℹ *Auch "vigs", dieser Begriff wird aber nicht häufig benutzt.*
akkedis (-se) akkədəs Eidechse
akkerboom (-bome) ackərbuəm Eiche
akkommodasie akomudahßi (Privat-)Unterkunft ℹ *von ganz einfach bis luxuriös*
akkommodasie agentskap akomudahßi achentßkap Zimmervermittlung
aktief (-tiewe) aktiff aktiv
aktiwiteit (-e) aktiwitejt Tätigkeit
aktueel (-tuele) aktschüjiəl aktuell
akwarel (-le) akwaräll Aquarell
akwarium (-s) akwahriöm Aquarium
albei albej beide
alfabet (-te) alfabett Alphabet
algemeen (-mene) allchemiən allgemein
algemene opvoeding allchemiənə opfudəng Allgemeinbildung
alhoewel alhuwäl obwohl
alkohol (-e) alkəhol Alkohol ℹ *Die Promillegrenze liegt bei 0,8.*
alkoholvry alkəholfrej alkoholfrei
alkoholwalm (-s) alkoholwalləm Fahne (Alkohol)
Allah alla Allah
alleen alliən allein
allergie (-ë) allärchi Allergie
allergies (-e) allärchiß allergisch (gegen)
alles alləs alles
allesomvattende versekering alləßomfattəndə fərßiəkərəng Vollkaskoversicherung
almal ammall alle (jeder)
almanak (-ke) almənack Kalender
altaar (altare) altahr Altar
altyd altejt immer
amateur (-e) amatöər Amateur
ambag (-te) ambach Erwerbstätigkeit
ambagsman (-ne) ambachßmann Handwerker(in)
ambassade (-s) ambəßahdə Botschaft (Amt & Gebäude) ℹ *Die Botschaften von D/A/CH befinden sich in Kapstadt und Pretoria.*
ambisieus ambißiöß ehrgeizig
ambulans (-e) ambülanß Krankenwagen
Amerika amerika Amerika
Amerikaans (-e) amiərikahnß amerikanisch
amfiteater (-s) amfiteater Amphitheater
amper ampər fast
amptelik (-e) amtələk amtlich
amptenaar (nare)/amptenares (-se) amptenahr/amptenaress Beamte; Beamtin
amuseer (ge-) amüßiər (sich) amüsieren; (sich) unterhalten
ANC ah-en-ßiə African National Congress ℹ *zur Zeit regierende Partei Südafrikas*
ander ander andere
anderkant andərkant jenseits
anders andərß sonst; andernfalls; anders
angel (-s) angəl Stachel (einer Biene)
angelier (-e) angəlihr Nelke (Blume)
angs (-te) angs Angst
animasie film (films) animahßi fälləm Trickfilm
anker (-s) ankər Anker
ankerplek (-ke) ankərpläck Anlegestelle
Antarkties (-e) antarktiß antarktisch
Antarktika antarktika Antarktis
antenna (-s) antenna Antenne
anti-vriesmiddel anti-frißməddəl Frostschutzmittel
antibiotika antibiotika Antibiotikum
antiek antik antik
antieke tyd antike tejt Antike
antwoord (-e) antwurt Antwort
antwoord (ge-) antwurt antworten (auch: Tel.)
antwoordmasjien (-e) antwurtmaschin Anrufbeantworter
appel (-s) appəl Apfel
appelkoos (-kose) appəlkuəß Aprikose
April aprəll April
apteek (apteke) aptiək Apotheke; Drogerie
apteker (-s) aptiəkər Apotheker(in)
aptyt aptejt Appetit
arbeid arbejt Arbeit
arbeidsburo (-'s) arbejtsbüruə Arbeitsamt
area (-s) aria Gegend
argeologie archiuluchi Archäologie

B

argitek architeck Architekt(in)
argitektuur architecktür Architektur ℹ *z. B. Kapholländische und Viktorianische*
argument (-e) archüment Argument
Arkties arktieß Arktis; arktisch
arm (-e) arm arm
arm (-s) arm Arm
armband (-e) armbant Armband
armoede armudə Armut
arrogant (-e) arruchant arrogant
artikel (-s) artikəl Artikel (Paragraph)
artisjok (-ke) artischock Artischocke
as aß wenn, falls (Bedingung); als (Vergleich)
as (-se) ass Achse
asb. assəblif bitte
asbak (-ke) assbak Aschenbecher
asblik (-ke) aßblək Mülleimer
asem (-s) aßəm Atem
asemhaal (asemge-) aßəmhahl atmen
Asiaties (-e) aßiatiß asiatisch
Asië aßiə Asien
asma assma Asthma
aspersie (-s) aßpärßi Spargel ℹ *Spargel wird in Betlehem angebaut.*
aspris aßprəß absichtlich
Asseblief! assəbliff Bitte!
asyn aßejn Essig
atlas (-se) atlas Atlas
atletiek atlətik Leichtathletik
ATM (automatic teller machine) ah-tiə-em Geldautomat
atmosfeer (-fere) atmosfiər Atmosphäre ℹ *Manchmal ist die Ozonschicht gefährlich dünn.*
atoomenergie atuəmenerchi Atomenergie
attestaat (-tate) attestaht Attest
Augustus ouchößtöß August
Australië ustraliə Australien
Australies ustraliß australisch
b.v. (by voorbeeld) bejfurbiəlt zum Beispiel
baadjie (-s) baaiki Jacke
baai (-e) baai Bucht
baai (ge-) baai baden
baaikostuum (-tume) baaikoßtüm Badeanzug
baaiplek (-ke) baaipläck Badestrand
baarmoeder (-s) bahrmuddər Gebärmutter
baart (-e) bahrt Bart
baas (base) bahß Chef; Herr (Gebieter, Besitzer)
baba (-'s) baba Baby; Säugling
babakos babakos Babynahrung
babalaas babbəlass Kater (Alkohol)
bad (-dens) batt (Bade-)Wanne
badkamer (-s) battkahmər Badezimmer
bagasie bəchahßi Gepäck
bagasie inweeg (ingeweeg) bachaßi ənwiəch einchecken (Hotel)
bagasieband (-e) bəchahßibannt Gepäckband
bagasiebewys (-e) bəchahßibəwejs Gepäckschein
bagasiekantoor (-tore) bəchahßikantur Gepäckaufbewahrung/-abgabe
bagasiekontrole bəchahßikontruələ Gepäckkontrolle
bagasierak (-ke) bəchahßirack Gepäcknetz
bagasiesluitkas bəchahßislöitkaß Gepäckfach
baie baiə viel(e); sehr
bak (-ke) back Schale (Behälter)
bak (ge-) back backen
bakker (-s) backer Bäcker(in)
bakkery (-e) backərej Bäckerei ℹ *Zusätzlich verkaufen sogenannte "tuisnywerhede" privat gebackene Waren.*
bakkie (-s) backi kleiner Laster
baklei (ge-) bəklej (sich) prügeln
baksteen (-stene) bakßtiən Ziegel(stein)
bakterie backteriə Bakterien
bal (-s) ball Ball
balkon (-ne) balkonn Balkon(wohnung)
ballet (-te) ballett Ballett
ballonvaart (-e) ballonfahrt Ballonfahrt
balpuntpen (-ne) ballpöntpen Kugelschreiber
band (-e) band Buch; Band (zum Binden)
bande nagaan banndə nahchahn Reifendruck prüfen
bang bang ängstlich
bang wees (gewees) bang wiəß sich fürchten
bank (-e) bank Bank (Geldinstitut + Sitzgelegenheit) ℹ *Öffnungszeiten der Banken: Mo-Fr 9-15.30, Sa 9-11.*
banketbakkery (-e) bankettbackərej Konditorei

bankklerk(-e) bankklärk Bankangestellte
banknoot (-note) banknuət Geldschein
Bantukraal (-krale) bantukrahl Bantudorf
ℹ *Dörfer einiger Volksstämme können besucht werden.*
barok barock Barock
barometer (-s) barumiəter Barometer
bars (ge) barß platzen (Ballon)
bas (-te) baß Rinde
basiese kennis bahßißə kennəß Grundkenntnisse
basilikum baßilikum Basilikum
basis (-se) bahßis Basis
batik batəck Batik
battery (-e) batterej Batterie
beampte (-s) bəamtə Beamter
beantwoord beantwuərt beantworten
bed (-dens) bett Bett; Liege
bedagsaam (-same) bədachßahm rücksichtsvoll
beddegoed beddəchut Bettwäsche
bedding (-s) beddəng Beet
bedek (-te) bədäck bedeckt
bedert bədärf verderben
bederf (-de) bədärf verwöhnt
bedevaartsoord (-e) biədəfahrtßurt Wallfahrtsort
bedien bədin bedienen; servieren
bediende (-s) bədində Bedienstete
bediening bədiennəng Bedienung
bedlaken (-s) bettlahkən Bettlaken
bedoel bədull meinen; sprechen von
bedorwe bədorwə verdorben (Nahrung)
bedrag (-drae) bədrach Betrag
bedreiging (-s) bədrejchəng Bedrohung
bedrieg bədrich betrügen (Partner)
bedrog bədroch Betrug
bedsprei betßprej Bettdecke
bedtafeltjie (-s) bettafəlki Nachttisch
beëindig bə-ejndəch beenden
beeldhouer (-s) biəlthouər Bildhauer
beeldskerm biəltskärəm Bildschirm
been (bene) biən Bein; Knochen
beenbreek (-breke) biənbriək Knochenbruch
beer (bere) biər Bär
bees (-te) biəß Rind
beesvleis biəßflejß Rindfleisch

begelei bəchəlej begleiten
begeleier (-s)/begeleidster (-s) bəchəlejər/bəchəlejtßtər Begleiter(in)
begin bəchən Anfang; Beginn; Start
begin bəchən anfangen; beginnen
begin van winter bəchən fan wəntər Winteranfang
begin vrot bəchən frott angefault
beginner (-s) bəchənnər Anfänger
begraafplaas (-plase) bəchraffplahß Friedhof
begrafnis (-se) bəchraffnəs Beerdigung
begrafnisrys bəchraffənəßrejß gewürzter Reis mit Rosinen
begrip (-pe) bəchrəp Begriff
begroeting (-s) bəchruttəng Begrüßung
begryp bəchrejp begreifen
behalwe bəhalwe außer
behandel bəhandəl behandeln
behandeling bəhandələng Behandlung
beheers bəhiərs (sich) beherrschen
behoefte (-s) bəhufftə Bedürfnis
behoort bəhurt gehören (zu)
behoort te bəhurt tə sollen
behou bəhou behalten
beide bejdə beide
beige beige beige
bek (-ke) bäck Schnauze; Maul
beken bəkenn bekennen
bekend (-e) bəkennt bekannt
bekend maak (gemaak) bəkennt mahk bekanntmachen; bekanntgeben
bekende (-s) bəkenndə Bekannte
beker (-s) biəkər Becher
beklemtoning (-s) bəklemtuənəng Betonung
beklemtoon bəklemtuən betonen
bekoor bəkur reizen; verlocken
bekoorlik (-e) bəkurlək reizvoll
bekostig bəkoßtəch sich leisten
bekwaam (-kwame) bəkwahm fähig
bekyk bəkejk besichtigen
bel (ge-) bäll anrufen, telefonieren
belaglik (-e) bəlachlək lächerlich
belang stel (gestel) bəlang ßtäl sich interessieren (für)
belangrik (-e) bəlangrək wichtig
belangstelling bəlangßtälləng Interesse
belas bəlass belasten

B

belasting bəlaßtəng Steuer
belastingontduiking bəlaßtəngondöikəng Steuerhinterziehung
belastingspligtig bəlaßtəngßplachtəch zollpflichtig
belastingvry (-e) bəlaßtəngfrej zollfrei
ℹ *1 Liter Spirituosen, 2 Liter Wein, 200 Zigaretten und 50 Zigarren pro Person*
beld (-e) bält Gürtel
beledig bəliədəch beleidigen
belediging (-s) bəliədəchəng Beleidigung
beleef bəliəf erleben
belewenis bəliəwənəs Erlebnis
België bälchiə Belgien
Belgies bälchiß belgisch
beligting bələchtəng Beleuchtung
belofte (-s) bəloftə Versprechen
beloning (-s) bəluənəng Belohnung
belowe bəluəwə versprechen
belydenis (-se) bəlejdənəß Beichte
bemanning (-s) bəmannəng Besatzung
bemes bəmeß düngen
bemiddeling bəməddələng Vermittlung
benodig bənuədəch brauchen
benoud (-e) bənout schwül
benut bənött nützen
beoordeel bə-urdiəl beurteilen
bepaal bəpahl bestimmen
beplanning bəplannəng Planung
bêre (ge-) bärə aufheben; aufbewahren
bereid barejt bereit
bereik barejk erreichen
bereikbaar (-bare) barejkbahr erreichbar
bereken bariəkən berechnen
berg bärch Berg
bergklim (bergge-) bärchkləm bergsteigen
bergklimmer (-s) bärchkləmmər Bergsteiger(in)
berig (-te) barəch Meldung
beroemd (-e) barummt berühmt
beroep (-e) barup Beruf
beroof baruəf berauben
beseer baßiər (sich) verletzen, verletzt
besem (-s) biəßəm Besen
besering (-s) baßiərəng (Körper-)Verletzung
beset baßett besetzt
besienswaardig (-e) baßinßwahrdəch sehenswert
besienswaardigheid (-hede) baßinßwahrdəchejt Sehenswürdigkeit
besig (-e) biəßəch belebt
besig wees (gewees) biəßəch wiəß (sich) betätigen
besigheid (-hede) biəßəchejt Gewerbe (Erwerbszweig); Betrieb; Geschäft; Unternehmen
besigheidskaart (-e) biəßəchejtßkahrt Visitenkarte
besigheidsman/besigheidsvrou biəßəchejtsmann/biəßəchejtsfrou Geschäftsmann/ Geschäftsfrau
besigheidsure biəßəchejtßürə Öffnungszeiten; Schalterstunden
besigtiging (-s) baßəchtəchəng Besichtigung
besigtigingstoer (-e) baßəchtəchəngßtuhr Rundfahrt
besit baßət besitzen
besitter (-s) baßəttər Inhaber; Besitzer
besitting (-s) baßəttəng Gut
beskadig baßkahdəch schaden; beschädigen
beskawing (-s) baßkahwəng Zivilisation
beskeie bəskejə bescheiden
beskerm baßkärrəm (sich) schützen (vor); beschützen
beskerming baßkärrəməng Schutz
beskikbaar baßkəkbahr vorrätig; verfügbar; vorhanden
beskikbare pos (-te) baßkəkbahrə poß Stellenangebot
beskryf bəskrejf beschreiben
beskrywing (-s) bəskrejwəng Beschreibung
beskuit baßköit Zwieback(gebäck) z. B. mit Anis oder aus Buttermilchteig
beskuldigde (-s) baßkölldəchtə Angeklagte
besluit (-e) bəslöit Entscheidung; Entschluß; Beschluß
besluit neem (geneem), 'n ... ə bəslöit niəm (sich) entscheiden
besoedeling baßuddələng Verschmutzung (Umwelt); Verunreinigung
besoek baßuk besuchen (Person/Kurs)
besoek (-e) baßuk Besuch
besonderheid (-hede) baßondərhejt Einzelheit
besorg baßorch besorgen
bespeurbaar (-bare) baßpöərbahr spürbar
bespoedig baßpuddəch beschleunigen

bespreek baßpriək diskutieren; reservieren
bespreking (-s) baßpriəkəng Reservierung
besproei baßprui bewässern
bessie (-s) bessi Beere
bestaan uit bəstahn öit bestehen aus
bestanddele baßtandiələ Zutaten
bestel baßtäl bestellen (Essen/Karten)
bestelling (-s) baßtälləng Auftrag; Bestellung
bestelvorm (-s) baßtälform Bestellschein
bestraf baßtraff bestrafen
bestraling (-s) baßtrahləng Bestrahlung
bestuur baßtühr lenken (Fahrzeug); leiten (Firma)
bestuur (-sture) baßtühr Leitung; Vorstand
bestuurder (-s) baßtührdər Geschäftsführer(in); Manager(in)
beswaar (-sware) baßwahr Beanstandung; Beschwerde (jur.)
beswaar maak (gemaak) bəswahr mahk beanstanden; sich beschweren
betaal bətahl zahlen; bezahlen
betaling bətahləng Lohn; Bezahlung; Zahlung
betalingsvoorwaardes bətahləngßfurwahrdəß Zahlungsbedingungen
beteken bətiəkən bedeuten
betekenis (-se) bətiəkənəß Bedeutung
beter biətər besser
betree bətriə betreten
betrekking (-e) bətrăckəng (geschäftliche) Beziehung
betrekking (-s) bətrăckəng Dienststelle
betreur bətröər bedauern
betrokke bətrokkə verwickelt (sein)
betroubaar (-bare) bətroubahr zuverlässig
betyds bətejtß rechtzeitig
beursie (-s) böərßi Geldbeutel; Geldbörse
beurt (-e) böərt an der Reihe
bevat bəfatt enthalten; beinhalten
beveel bəfiəl befehlen
beveg bəfäch bekämpfen
beveilig bəfejləch sichern
bevel (-le) bəfäl Befehl
bevestig bəfeßtəch bestätigen
bevestiging (-s) bəfeßtəchəng Bestätigung
bevolking bəfolkəng Bevölkerung ℹ *ca. 40 Milionen Menschen*
bevorder bəfordər fördern
bevrees bəfriəs befürchten
bewaar bəwahr aufbewahren (Gepäck)
bewaring van bagasie bəwahrəng fan bəchahßi Gepäckaufbewahrung
bewe (ge-) biəwə zittern; beben
beweeg bəwiəch (sich) rühren; (sich) bewegen
beweeglik (-e) bəwiəchlək beweglich
beweer bəwiər (etwas) behaupten
beweging (-s) bəwiəchəng Bewegung; Satz (Musik)
bewerk bəwärk bearbeiten
bewolk (-te) bəwolk wolkig; bewölkt
bewus bəwöß bewußt (psych.)
bewussyn bəwößejn (phys.) Bewußtsein
bewusteloosheid bəwößtəluəßhejt Ohnmacht
bewys bəwejß nachweisen
bewys (-e) bəwejß Beweis
biblioteek (-teke) bəbliutiək Bibliothek
bid (ge-) bətt beten
bieg (ge-) bich beichten
bier (-e) bihr Bier
bietjie, 'n ə biki ein bißchen
bikini (-'s) bəkini Bikini
biljoen bəljun Milliarde
billik (-e) bəllək preiswert
biltong bəltong getrocknetes Wild oder Rindfleisch
binding bəndəng Bindung (allgem.)
binne bənnə innerhalb; drinnen
binno-in bənnə-ən innen
binnehof bənnəhof Innenhof
binnekajuit (-e) bənnəkajöit Innenkabine
binnekom (-gekom) bənnəkomm eintreten; hereinkommen
binnekoms bənnəkomms Einreise
binneland bənnəlant Inland
binneplaas (-plase) bənnəplahß (Innen-)Hof
binneste bənnəßtə innere
bioskoop (-skope) biußkuəp Kino
bioskoopskerm (-s) biußkuəpßkärm Leinwand
Bisantyns bißantejns byzantinisch
biseksueel (-ele) bißekschiəl bi(sexuell)
biskop (-pe) bəskopp Bischof
bitter bəttər bitter
blaar (blare) blahr Blatt (Baum)

blaarslaai blahrßlai Kopfsalat
blaas blahß Blase
bladsy (-e) blattßej Seite (Buch)
blaf (ge-) blaff bellen
blare blahrə Laub
blatjang blattjang Chutney
blik (-ke) bləck (freundlicher) Blick
blikoopmaker (-s) bləkuəpmakər Dosenöffner
Bliksem (-s) bləkßəm Mistkerl!; Verdammt! ℹ*meistens nimmt es viel stärkere Nuancen an, heißt eigentlich: Blitz*
bliksem (ge-) bləkßəm schlagen
blind (-e) blənt blind
blindederm (-s) bləndəderm Blinddarm
blits (-e) blətz Blitz
blits (geblits), dit ... dət blətz es blitzt
bloed blutt Blut
bloeddruk bludrök Blutdruck
bloedgroep (-e) bluttchrup Blutgruppe
bloedig (-e) bluddəch blutig
bloeding bluddəng Blutung
bloedoortapping (-s) blutturtappəng Bluttransfusion
bloedsomloop blutßomluəp Kreislauf (phys.)
bloedstorting (-s) bluttßtortəng Bluterguß
bloedtoets (-e) bluttuts Blutprobe
bloedvergiftiging bluttvərchəftəchəng Blutvergiftung
bloei (ge-) blui bluten; blühen
bloeityd (-tye) bluitejt Blütezeit
bloemis blumaß Florist(in)
bloemis (-te) blumaß Blumenhändler
bloes (-e) blüß Bluse
blokkiesraaisel (-s) blockißraaißəl Kreuzworträtsel
blom (-me) blomm Blume; Blüte
blomknop (-pe) blommknopp Knospe
blomkool blommkuəl Blumenkohl
blompot (-te) blommpott Blumentopf
blomvaas (vase) blommfahß Blumenvase
blou blou blau
bloubessie (-s) bloubessi Blaubeere
Bloutrein bloutrejn "Blue Train" ℹ*sehr luxuriös und weltbekannt*
blow job blou dschop blasen [Sex]
bly blej troh
bly (ge-) blej bleiben
bly staan blej ßtahn stehenbleiben
bly wees blej wiəß sich freuen
bo buə über(halb); oben; oberhalb
bo van buə fan oberhalb von
bobeen (-bene) buəbiən (Ober-)Schenkel
bobotie bəbuəti Auflauf ℹ*traditioneller Auflauf aus gehacktem Curryfleisch mit Eiern und Milch überbacken*
Boeddha (-s) budda Buddha
Boeddhis (-te) buddəß Buddhist(in)
Boeddhisme buddəßmə Buddhismus
Boeddhisties buddəßtiß buddhistisch
boek (-ke) buk Buch
boek (ge-) buk buchen
boeking (-s) bukəng Buchung
boekwinkel (-s) bukwənkəl Buchhandlung
boer (-e)/boerevrou (-ens) buhr/buhrəfrou Bauer; Bäuerin; Landwirt(in)
boeresport buhrəßport Burensportsfest ℹ*Grillen & volkstümliche Sportarten und Spiele*
boerewors buhrəworß Burenwurst ℹ*würzige Bratwurst aus Rind und Speck*
boesem (-s) bussəm Busen
Boesman (-s) bußmann Buschmann
Boesman tekeninge bußmann tiəkənəngə Buschmann-Malereien ℹ*Felsbildkunst in Höhlen und auf Felsen*
boete (-s) buttə Geldstrafe
boetiek (-e) butick Boutique
Boetman butmann Sohnemann
bok (-ke) bok Ziege
boks (-e) bokß Schachtel
bond bonnt Vereinigung
bont bont bunt
boodskap (-pe) buətßkapp Botschaft; Nachricht
boog (boë) buəch Bogen
boom (bome) buəm Baum
boonste buənßtə obere
boontoe buəntu aufwärts
boorgat (-e) buərchat (gegrabener) Brunnen
boot (bote) buət Boot
bootsteg (-ge) buətßtäch Steg
bootsvaart (-e) buətßfahrt Kreuzfahrt
bord (-e) bort Teller
borduur (ge-) bordühr sticken
borduurwerk bordührwärk Stickarbeit

bors (-te) bors Brust
borsbeeld (-e) borsbiəlt Büste (Marmor)
borsel (-s) borßəl Bürste
borste borßtə weibliche Brust
bos boß Busch; Wald ⓘ*auch bekannt als "Cape Flora"*
bos blomme boß blommə Strauß (Blumen)
bosse bosse Gebüsch
bostuk buəßtök Oberteil
bosveld boßfält Buschfeld
bot. butahniß botanisch
botaniese tuin (-e) butanißə töin Botanischer Garten ⓘ*vor allem der in Kapstadt lohnt*
bots (ge-) botts bumsen; krachen
botsing (-s) botßəng Zusammenstoß
bottel (-s) bottəl Flasche
botteloopmaker (-s) bottəluəpmahkər Flaschenöffner
botter bottər Butter
bou (ge-) bou bauen
boude boudə Po
bouterrein (-e) bouterrejn Baustelle (Gelände)
bouwerk (-e) bouwärk Bauwerk
Bpk. bəpärk *Beperk* GmbH
bra ('s) brah Büstenhalter
braai (-s) braai Grillen ⓘ*sehr populär*
braai (ge-) braai grillen; braten
braaivleis braaiflejs Braten; Grillfleisch
braambessie (-s) brahmbessi Brombeere
brand (ge-) brant brennen
brander (-s) brandər Welle (am Strand)
branderplank (-e) brandərplank Surfbrett
brandewyn brannəwejn Weinbrand; Branntwein
brandsalf brantßalf Brandsalbe
brandstof ingooi (inge-) brantßtof ənchoi tanken ⓘ*keine Selbstbedienung*
brandweer brantwıər Feuerwehr
Brasiliaans braßəliahns brasilianisch
Brasilië braßəliə Brasilien
breed briət breit
breedte (-s) briətə Breite
breek (ge-) briək brechen
breekbaar briəkbahr zerbrechlich
brei (ge-) brej stricken
brein (-e) brejn Gehirn
breuk (-e) bröək Bruch (med.)
brief (briewe) brif Brief
briek (-e) brick Bremse
briek (ge-) brick bremsen
brieklig (-te) bricklәch Bremslicht
briekolie (-s) brickuəli Bremsflüssigkeit
briewebus (-se) briwəböß Briefkasten
briewetas (-se) briwətaß Brieftasche
bril (-le) brəl Brille
brilhuisie (-s) brilhöißi Brillenetui
bring (ge-) brəng bringen
broeihuis (-e) bruihöis Gewächshaus
broek (-e) bruk Hose
broeksak (-ke) brukßak Hosentasche
broer (-s) bruhr Bruder
broers en susters brurrs en ßößtərs Geschwister
broerskind bruhrßkənt Nichte; Neffe
brokkoli brokkuli Broccoli
bromfiets (-e) bromfitß Moped
bron (-ne) bronn Quelle
brongitis bronchitəs Bronchitis
brons brons Bronze
brood (brode) bruət Brot
broodjie (-s) bruiki Brötchen
brosjure (-s) broschürə Broschüre
brosjure (-s) broschürə Prospekt
brug (brûe) bröch Brücke
brugklub (-s) bröchklöpp Kartenspiel-Verein
bruid (-e) bröit Braut
bruidegom (-s) bröidəchomm Bräutigam
bruilof (-te) bröilof Hochzeit
bruin bröin braun
brutaal (-tale) brütahl brutal
brutto binnelandse produk brütto bənnəlanntßə prudök Bruttosozialprodukt
BTW biə-tiə-wiə Mehrwertsteuer ⓘ*ist immer im Preis eingeschlossen*
buffer (-s) böffər Stoßstange
bui böi Laune
buig (ge-) böich neigen; kippen
buite böitə draußen; außerhalb
buite gaan (gegaan) böitə gahn hinausgehen
buite seisoen böitə ßejßun Vor-/Nach-/Nebensaison
buitekajuit (-e) böitekajöit Außenkabine
buitekant böitekant außen

C D

buiteland böitəlant Ausland
buitelander (-s) böitəlandərs Ausländer(in)
buitelands (-e) böitəlants ausländisch
buitelandse kode böitəlantßə kuədə Ländervorwahl ℹ *von Südafrika nach Deutschland: 0949, nach Österreich: 0943 und in die Schweiz: 0941*
buitendien böitendien außerdem
buitengewoon (-wone) böitenchewuən außerordentlich; außergewöhnlich
buitenste böitenßte äußere
Bungy Jumping bangi-jumping "Bungy-Springen"
burger (-s) börgər Bürger
burgermeester (-s) börgərmiəßtər Bürgermeister
burgeroorlog (-loë) börgərurloch Bürgerkrieg
bus (-se) böss Bus
bushalte (-s) bößhaltə Bushaltestelle; Busstation
busstasie (-s) bößtaßi Busbahnhof
bustoer (-e) bößtuhr Busrundfahrt ℹ *Es gibt eine Vielfalt von Ausflugszielen, die ein paar Stunden aber auch bis zu einer Woche dauern.*
buurman (bure) bührmann Nachbar(in)
buurt (-e) bührt (Stadt-)Viertel
by bej bei
by hope bej huəpə haufenweise
by voorbaat bej furbaht im voraus
by voorbeeld bej furbiəlt zum Beispiel
bybel (-s) bejbəl Bibel
byeenkoms bejiənkomß Rendezvous
byeenkoms (-te) bej-iənkomß Treffen
bylae (-s) bejlaə Beilage
bymekaartel (bymekaargetel) bejməkahrtäl zusammenzählen
bysiende bejßində kurzsichtig
bysin (-ne) bejßən Nebensatz
byt (ge-) bejt beißen
bytaling bejbətahləng Selbstbeteiligung (Versicherung)
bytwond (-e) bejtwont Biß(wunde)
byvoeg (byge-) bejfuch hinzufügon
byvoeglike naamwoord (-e) bejfuchləkə nahmwuərt Eigenschaftswort

C

chauffeur (-s) schuföər Chauffeur
chemie chemi Chemie
chemies (-e) chemiß chemisch
cholera kuələra Cholera
Christelik (-e) chrəßtələk christlich
Christen (-e) chrəßtən Christ(in)
Computicket kompiutickət zentrale Vorverkaufskasse für Veranstaltungen

D

d.m.v. (deur middel van) döər-məddəl-fan durch
d.w.s. (dit wil sê) dət-wəl-ßeh das heißt
daad (dade) daht Tat
daagliks (-e) dahchləkß täglich
daar dahr da; dort
daardie dahrdi da; dort
daardie een dahrdi iən diese(r, -s) da/dort (Substantiv)
daarmee dahrmiə damit; mit dem
daarna dahrnah danach; später; nachher
daarom dahrom darum; deswegen
daarop wys (ge-) dahrop wejß hinweisen (auf)
daarsonder doen (gedoen) dahrßondər dun verzichten auf
daartussen dahrtössən dazwischen
dadelik dahdələk sofort
dag (dae) dach Tag
dagbreek dachbriək Morgendämmerung
dagkaartjie (-s) dachkahrki Tageskarte; Tagespaß ℹ *Eher bei Schwimmbädern oder für den Zoo. Es gibt keine Anlagen zum Skifahren.*
dagsê dachßeh Tag; "Grüß dich!"
dak (-ke) dak Dach
dakloos (-lose) dakluəß obdachlos
dam (-me) damm Stausee
dame (-s) dahmə Dame
dames dahməß Damen
damesbroekie dahməßbruki Schlüpfer; Slip
dammetjie dammiki Teich
dan dann dann
dank (be-) dank danken
dankbaar (-bare) dankbahr dankbar
dankie danki danke
dans (-e) dahnß Tanz; Tanzveranstaltung
dans (ge-) dahnß tanzen
danser (-s) dahnßər Tänzer(in)
dapper dappər tapfer; mutig
darem darm immerhin (einräumend)

das (-se) daß Krawatte
dasspeld (-e) daßpält Krawattennadel
dat datt daß
datum (-s) dahtöm Datum
deeg diəch Teig
deeglik (-e) diəchlək gründlich
deel (dele) diəl Teil
deel van die groep diəl fan di chrup mit von der Partie
deelneem (deelge-) aan diəlniəm ahn teilnehmen (an)
deelnemer (-s)/deelneemster (-s) diəlniəmər/diəlniəmßtər Teilnehmer(in)
dek (-ke) däk Deck
dekade (-s) dəkahdə Jahrzehnt
deksel (-s) däkßəl Deckel
demokraat (-krate) demukraht Demokrat
demokrasie demukraßi Demokratie
demokraties (-e) demukrahtiß demokratisch
demonstrasie (-s) demonßtrahßi Demonstration
demp (ge-) demp blenden (Licht)
deodorant (-e) diodərant Deo
deposito (-'s) dəpuəßətu Anzahlung (Sicherheitsleistung)
derde, 'n ... ə därdə ein Drittel
derhalwe därhalwə deswegen
derm (-s) därm Darm
dermatoloog (-loë) därmatuluəch Hautarzt/ärztin
dertien därtin dreizehn
dertig därtəch dreißig
Desember deßembər Dezember
deskundige (-s) deßköndəchə Sachverständige
deskundige bevinding (-dinge) deßköndəchə bəfändəng Gutachten
desnieteenstaande deßnitiənßtahndə trotzdem; obwohl
destyds deßtöits damals
deur döər (hin)durch (räuml.); von (Urheber)
deur (-e) döər Tür
deur en deur döər en döər durch und durch
deur vlak water loop döər flack wahtər luəp waten
deurbring (deurge-) döərbrəng verbringen
deurdrenk (ge-) döərdrenk durchfeuchten; tränken
deurgang (-e) döərchang Durchgang
deurhandvatsel (-s) döərhantfatßəl Türklinke
deurknop (-pe) döərknopp Klinke
deurkruis (ge-) döərkröiß durchqueren
deurkyk (deurge-) döərkejk durchsehen
deurmekaar döərməkahr durcheinander
deurmekaar bring (gebring) döərməkahr brəng durcheinanderbringen
deurpad (-paaie) döərpatt Autobahn
deurreis döərejs Durchfahrt
deurskynend döərskejnənt durchsichtig
deurslot (-te) döərßlott Türschloß
deursnee döərsniə Durchschnitt
deursoek (deurge-) döərsuk durchsuchen
deurwa döərwa Kurswagen
diabetes diabiətəs Diabetes
diabeties diabiətiß zuckerkrank
diabetikus (-se) diabiətiköss Diabetiker
diagnose (-s) diachnuəßə Diagnose
diamant (-e) diamant Diamant
diamantmyn (-e) diamantmejn Diamantenminen ⓘ *Einige Diamantenminen können besichtigt werden, z. B. in Pretoria und Kimberly.*
diameter diamiətər Durchmesser
die moeite werd wes (gewees) die muitə wärt wiəß sich lohnen
die rekening maak (ge-) di riəkənəng naht abrechnen
die sneeu smelt (het gesmelt) di ßniu ßmält es taut
die spoed verminder di ßputt fərmändər verlangsamen (Fahrt)
die verkeerde nommer bel (gebel) di fərkiərdə nommər bäl sich verwählen
dieet (diëte) di-iət Diät
dieetsuiker di-iətßöikər Süßstoff
dief (diewe) diff Dieb
diefstal diffßtal Diebstahl
dien (ge-) dien dienen
diens (-te) diens Dienst
diensmeisie (-s) diensmejßi Dienstmädchen
diep dip tief
diepte (-s) diptə Tiefe
dier (-e) dihr Tier ⓘ *Eine Vielzahl von Tier- und Vogelarten lebt in Südafrika.*
dierbaar (-bare) dihrbahr lieb(enswert); teuer

D

D

dieretuin (-e) dihrətöin Tierpark; Zoo
diesel dießəl Diesel
dieselfde dißälfdə gleich; identisch
dig (-te) dəch dicht
digter (-s) dəchtər Dichter
dik dək dick
dikmelkkaas dəkmälkahß Quark
diktator dəktator Diktator
diktatuur dəktatür Diktatur
dikteer (ge-) dəktiər diktieren
dikwels dəkwəlß oft; häufig
dille dəllə Dill
ding (-e) dəng Ding
dink (ge-) dənk denken (an)
Dinsdag dənsdach Dienstag
diploma (-s) dəpluəma Diplom; Abschluß (Studium)
diplomaties dəplumahtiß diplomatisch
direk (-te) diräk direkt
direkte vlug (-te) diräktə flöch Direktflug
direkteur (-e) dərəktöər Leiter (Firma)
dirigent (-e) dərəchent Dirigent
dirikteur (-e) dərəktöər Direktor
dis lekker dəß läkkər es ist toll/super
i *Nicht nur der Geschmack, sondern fast alles, was angenehm ist, wird mit "lekker" bezeichnet.*
dis mooi dəß moi es ist schön
disko (-s) dəsku Diskothek
diskussie (-s) dəskössi Diskussion
distansie (-s) dəßtahnßi Entfernung
distrik (-te) dəßtrək Bezirk
dit dət es
dit is onweer dət əß onwiər es gewittert
dobbelsteen (-steentjies) dobbəlßtiən Würfel
doeane duanə Zoll i *Auf Flughäfen und Zollämtern kann man sich die Mehrwertsteuer zurückerstatten lassen.*
doeanebeampte (-s) duanəbəamtə Zollbeamter/-beamtin
doeanebeheer duanəbəhiər Zollkontrolle
doeanebepalings duanəbəpahləngß Zollbestimmungen
doeaneverklaring duanəfərklahrəng Zollerklärung
doek (-e) duk Windel
doek aansit (aangesit) duk ahnßət wickeln (Baby)
doel (-e) dull Tor (Sport)
doel (-eindes) dul Ziel; Zweck
doen (ge-) dunn tun
doener dunər Täter(in) (nicht kriminell)
dof (dowwe) doff trüb; glanzlos
dogter (-s) dochtər Tochter
dokter (-s) doktər Arzt/Ärztin; Doktor(in)
doktersertifikaat uitskryf (-geskryf) doktərßärtifikaht öitßkrejf krankschreiben
dokumente dokümentə Unterlagen
dol doll toll; verrückt
dollar (-s) dollər Dollar
dom domm dumm; blöd
domheid dommhejt Dummheit
dominee (-s) duəməni Pfarrer
domkop (-pe) dommkopp Dummkopf
domkrag domkrach Wagenheber
donasie (-s) dunahßi Spende
donder dondər Donner
Donderdag dondərdach Donnerstag
donker donkər dunkel; Dunkelheit
donkerblou donkərblou dunkelblau
donkerbruin donkərbröin dunkelbraun
donkerharig donkərhaarəch dunkelhaarig
donkie donki Esel
dood duət Tod
dood (dooie) duət tot
dood gaan (gegaan) duət chahn sterben
doodkrap (doodge-) duətkrap durchstreichen
doodloopstraat (-strate) duətluəpßtraht Sackgasse i *In manchen Orten heißt es: cul-de-sac.*
doodmaak (doodge-) duətmahk töten
doodskiet (doodge-) duətskitt erschießen
doodskis (-te) duətßkəß Sarg
doodslaan (doodge-) duətßlahn totschlagen
doof (dowe) duəf taub
doofstom duəfßtom taubstumm
dooie (-s) doiə Tote
doop duəp Taufe
doopvont (-e) duəpfont Taufbecken
doos (dose) duəß Dose
dorp (-e) dorp Kleinstadt/Dorf
dorpshotel (-le) dorpßhutäl Landhotel
dors dors Durst; durstig
dosent (-e) dußent Dozent
dosyn (-e) dußejn Dutzend

dra (ge-) drah tragen
draad (drade) draht Draht
draai (-e) draai Kurve
draai (ge-) draai wenden; drehen
draf (ge-) draf joggen
dramaties (-e) dramatiß dramatisch
drang (-e) drang Trieb; triebhaftes Verlangen
drank (-ies) drank Getränk
dranklys (-te) dranklejs Getränkekarte
drankwinkel (-s) drankwənkəl Getränkeladen ℹ *Nur hier kann man Bier und Spirituosen kaufen - in Supermärkten auch Wein.*
dreig (ge-) drejch drohen
dreigement (-e) drejchəment Drohung
dreun, dit (gedreun) dət dröən es donnert
drie dri drei
drie keer dri kiər dreimal
drieduisend dridöißənt dreitausend
driehoek (-e) drihuk Dreieck
driehoekig (-e) drihukkəch dreieckig
driehonderd drihondərt dreihundert
dringend (-e) drəngənt dringend
drink (ge-) drənk trinken
drinkbaar (-bare) drənkbahr trinkbar
drinkwater drənkwahtər Trinkwasser ℹ *Das Leitungswasser ist überall trinkbar.*
droë voer druə fuhr Trockenfutter
droë vrugte druə fröchtə getrocknetes Obst bzw.Obstscheiben ℹ *wird oft als Zutat zu Wild oder Fleischgerichten benutzt*
droefheid drufhejt Trauer
dronk dronk betrunken
droog (droë) druəch trocken
droogblaas (droogge-) druəch-blahß fönen
droogskoonmakers druəchßkuənmahkərß Reinigung
droogte (-s) druəchtə Trockenheit
droom (drome) druəm Traum
droom (ge-) druəm träumen
druif (druiwe) dröif Traube
druip (ge-) dröip durchfallen (Prüfung)
druiwe dröiwə Weintrauben
druk drök (Hände-)Druck
druk (ge-) drök drücken; drucken
drukkery (-e) drökkərej Druckerei
drukking dröckəng Druck (Vorgang)
drukwerk drökwärk Drucksache
drup dröp Infusion
drup (ge-) dröp tropfen
druppel (-s) dröppəl Tropfen
dubbel (-e) döbbəl doppelt; zweifach
dubbelkamer (-s) döbbəlkamər Doppelzimmer
duidelik (-e) döidələk deutlich
duidelik maak (- gemaak) döidələk mahk (sich) aufklären
duik (ge-) döik tauchen; Tauchen
duikbril (-le) döikbrəl Taucherbrille
duikpak (-ke) döikpak Taucheranzug
duikuitrusting döiköitrößtəng Tauchausrüstung
duim (-e) döim Daumen
duiselig döißləch schwindelig
duisend (-e) döißənt tausend
duisend jaar döißənt jahr Jahrtausend
Duits (-e) döits deutsch
Duitser (-s) döitßər der/die Deutsche
Duitsland döitsland Deutschland
dun dön dünn
dus döss deshalb
duur dühr dauern; Dauer; teuer; kostspielig
duur plek dühr pläk teures Pflaster
duur van 'n reis dühr fan ə rejß Fahrtdauer
duur van verblyf dühr fan fərblejf Aufenthaltsdauer
duur van vlug dühr fan flöch Flugdauer
dwaas (dwase) dwahß Idiot
dwang dwang Zwang
dwarrelwind dwarrəlwənt Wirbelwind
dwars dwarß quer
dwarsstraat (-strate) dwarßtraht Querstraße
dwing (ge-) dwəng zwingen
edel edəl edel
edelsteen (-stene) edəlßtiən Edelstein ℹ *Viele Sorten wie z. B. Rubine kommen hier vor.*
een iən eins
een of ander tyd iən of andər tejt Irgendwann
eend (-e) iənt Ente
eenkeer iənkiər einmal
eenkleurig (-e) iənklöərəch einfarbig
eenparig (-e) iənpahrəch einstimmig
eenrigtingstraat (-strate) iənrəchtəngßtraht Einbahnstraße
eensaam (-same) iənßahm einsam
eensporig (-e) iənßpurəch eingleisig

eentonig (-e) iəntuənəch eintönig; monoton
eenvoudig (-e) iənfoudəch/ iənfoudəch einfach; schlicht; bieder (Kleidung)
eer iər Ehre
eerbiedig (-e) iərbiddəch respektvoll
eergister iərchəßtər vorgestern
eerlik (-e) iərlək ehrlich
eers iərß erst zuerst; anfangs
eerste iərßtə erste
eerste hulp iərßtə hölp Erste Hilfe
eerste minister iərßtə mənəßtər Ministerpräsident(in)
eerstehulpuitrusting (-s) iərßtəhölp-öitrößtəng Verbandskasten
eersteklas iərßtəklass erster Klasse
eet (ge-) iət essen
eetafel (-s) iətahfəl Tafel; Eßtisch
eetbaar iətbahr eßbar
eetgereedskap (-pe) iətchəriətskap Besteck
eetsaal (-sale) iətßahl Speiseraum; Speisesaal
eetsalon iətßalon Speisewagen
eetwa (-ens) iətwah Speisewagen
eetware iətwahrə Lebensmittel
eeu (-e) iu Jahrhundert
effektebeurs (-e) iffektəböərß Börse (Aktien)
effektief (-tiewe) effektif wirksam
effie (-s) effi Pariser; Kondom ℹ *Das Wort "kondoom" wird auch häufig benutzt.*
eg (-te) äch echt, authentisch
eggenoot (-note) ächənuət (ächənuət) Ehemann
eggenote (-notes) ächənuətə (ächənuətə) Ehefrau
eggo (-s) echu Echo
egpaar (-pare) ächpahr Ehepaar
eie ejə eigene
eienaar (-s) ejənahr Eigentümer
eienaardig (-e) ejənahrdəch eigenartig; seltsam; sonderbar
eiendom (-me) ejəndomm Eigentum
eienskap (-pe) ejənskapp Eigenschaft
eier (-s) ejərs Ei
eierstok (-ke) ejərßtock Eierstock
eiervrug (-te) ejərfröch Aubergine
eiesinnig (-e) ejəßinnəch eigensinnig
eiesinnigheid ejəßənnəchejt Trotz; Eigensinn

eiland (-e) ejlant Insel
Eina! ejna Aua!
einde (-s) ejnde Ende; Endung
eindeksamen (-s) ejntäckßahmən Abschlußprüfung
eindelik ejndələk endlich
eindig (ge-) ejndəch enden
eindpunt ejntpönt Ziel (Marathonlauf)
eindresultaat (-tate) ejntressöltaht Endergebnis
eintlik ejntl_k eigentlich
eis (-e) ejß Reklamation
eis (ge-) ejß fordern; bestehen auf
ek äk ich
ek is Duits äk əß döitß ich bin Deutsche(r)
ek is lief vir jou äk əß lif fər jou ich liebe dich
ekonomie ekunuəmi Wirtschaft
ekonomies (-e) ekunuəmiß wirtschaftlich
eksamen (-s) äkßahmən Prüfung (Schule)
Ekskuus! äkßkühß Verzeihung!
eksperiment (-e) eckßpriment Experiment
ekstra bagasie ekßtra bəchahßi Übergepäck
ekstra uitgawes ekßtra oitchahwəß Nebenkosten
elasties (-e) elaßtiß elastisch
elegant (-e) elechant elegant
elektries (-e) elektriß elektrisch
elektriese kabels ilektrißə kabəlß Stromleitung
elektriese lokomotief (-tiewe) ilektrißə lokumutif Triebwagen
elektrisiteit elektrißitejt Elektrizität ℹ *Das Stromnetz hat 220/230 Volt.*
elektrisiteitsmeter ilektrißitejtßmiətər Stromzähler
element (-e) element Element
elf älf elf
eliktrisiteit ilektrißitejt Strom (elek.)
elke keer älkə kiər jedesmal
elke uur elkə ühr stündlich
elkeen älkiən jeder
ellende ellende Elend
elmboog (-boë) älmbuəch Ellbogen
emmer (-s) emmər Eimer
emulsie imölpi Emulsion
en en und
energie enerchi Energie
energiek (-e) enerchik energisch

engel (-e) engəl Engel
Engeland engəlannt England
Engels (-e) engəls englisch
Engelsman (-ne) engəlßmann englischsprechende(r) Südafrikaner(in); Engländer(in)
engte engte Enge
enigste iənəchßtə einzige
enjin (-s) endschən Motor
enkel (-s) enkəl Knöchel
enkelkamer (-s) enkəlkahmər Einzelzimmer
enkelvoud enkəlfout Einzahl
ensovoorts enßuəfurtß und so weiter
entoesiasme entußiaßmə Begeisterung
entoesiasties (-e) entuschiaßtiß enthusiastisch; begeistert
entstof (-stowwe) entßtof Impfstoff
epidemie (-s) epədiəmi Epidemie; Seuche
erf (erwe) ärf Grundstück
erg ärch schlecht; schlimm (Zustand)
erger word (geword) ärgər wort (sich) verschlimmern
erken ärkenn gestehen; zugeben
erns ärns Ernst
ernstig (-e) ärnßtəch ernst
ertjies ärkiß Erbsen
ervaar ärfahr erfahren (Verb)
ervare (Adj.) ärfahrə erfahren (Adj.)
esel iəßəl Esel
ete (-s) iətə Essen (Mahlzeit)
etenstye iətənßtejə Essenszeiten
etes iətəß Verpflegung
ets (geëts) etß Radierung (Kunst)
etter ettər Eiter
etterig ettərəch eitrig
Europa öəruəpa Europa
Europees öərupiəß europäisch
fabriek (-e) fabrik Fabrik; Werk
faks (-e) fakß Fax
faksmasjien (-e) faksmaschin Faxgerät
faksnommer (-s) faksnommer Faxnummer
familie famili Verwandtschaft
familielid (familielede) famililət Verwandte; Angehörige
familienaam (-name) familinahm Familienname
fanaties (-e) fanahtiß fanatisch
fantasties (-e) fantaßtiß phantastisch
fasade (-s) fassadə Fassade
Februarie febrüari Februar
fees (-te) fiəß Fest; Feier
feesspel fiəßpäl Festspiele
feestelik (-e) fiəßtələk festlich; feierlich
feesvier (feesge-) fiəßfihr feiern
feit (-e) fejt Tatsache
fiets (-e) fiets Fahrrad
fietsry (fietsge-) fitßrej radfahren
fietsryer (-s) fietsrejər Fahrradfahrer(in)
film (-s) fələm Film (Kamera)
filmskyfie (-s) fəlmskejfi Dia
filosofie filußufi Philosophie
filterkoffiemasjien (-e) fəltərkoffimaschin Kaffeemaschine
finaal (-nale) finahl endgültig
finnish en klaar finnisch en klahr Aus!, Ende!
firma (-s) fərma Firma
fisioterapie fischutärapi Krankengymnastik
flankeer (-ge) flankiər flirten
fliek (-e) flick Film; Kino
fliek (-s) ßpiəlfəlm Spielfilm
flikkerlig (-te) fləckərləch Blinker
flirt (ge-) flərt flirten
flits (-e) flətß Blitzlicht
flitslig (-te) flətßləch Taschenlampe
flora flohra Flora
flou flou fad
flou word (ge-) flou wort ohnmächtig werden
fluister (ge-) flöißtər flüstern
fluit (-e) flöit Pfeife; pfeifen; Flöte
fluks (-e) flöks fleißig
fontein (-e) fontejn (Spring-)Brunnen; Quelle
fooi (-e) foi Gebühr
formeel formiəl förmlich (Benehmen)
foto (-'s) fuətu Aufnahme; Foto
fotografeer (ge-) fuətuchrafiər fotografieren
fout (-e) fout Fehler
foutloos (-lose) foutluəß fehlerlos
framboos (-bose) frambuəß Himbeere
frank frank Franc; Franken (Währung)
frankeer (ge-) frankiər frankieren
Frankryk frankrejk Frankreich
Frans (-e) frans französisch
Frans franß Franzose/Französin
fresko (-'s) freßku Fresko

fris gebou (-boude) fraß chəbou kräftig; stämmig
fungus föngchöß Pilz (med.)
funksie (-s) fönkßi Veranstaltung (Festlichkeit)
fuse-box fiuß-bocks Sicherungskasten
fyn fejn fein; zierlich
Fynbos fejnboß Fynbos
fynproewer (-s) fejnpruwwər Feinschmecker
g. chramm Gramm
gaan (ge-) chahn gehen
gaan haal (ge-) chahn hahl holen; abholen (Person/Karten)
gaan lê chahn leh (sich) hinlegen
gaan stap (ge-) chahn ßtap spazierengehen
gaap (ge-) chahp gähnen
gaar maak chahr mahk garen
gal chall Galle
galery (-e) chalərej Galerie
gang (-e) chang Flur; Korridor; Gang (Flugzeug)
gangsitplek (-ke) changßətpläk Gangplatz
gans (-e) chahnß Gans
gaping (-s) chahpəng Lücke; Spalte
garage (-s) gərahtsch Garage; Reparaturwerkstatt
garing (-s) charəng Faden
gas (-se) chaß Gas
gas (-te) chaß Gast
gasbottel (-s) chaßbottəl Gasflasche
gasheer (-here) chaßhiər Gastgeber
gasstoof (-stowe) chaßtuəf Gaskocher
gastehuis (-e) chaßtəhöiß Gasthaus; Pension
gasteplaas (-plase) chaßtəplahß Gästefarm
gat (-e) chatt Loch (Kleidung; Zahn)
gatkruiper (-s) chatkröipər Streber
Gauteng chauteng Gauteng
gay gäj schwul
gebak chəback Gebäck *Milchtorte und koeksisters sind einheimische Gebäckarten.*
gebakte eier (-s) chəbacktə ejər Spiegelei
gebed (-e) chəbett Gebet
gebergte (-s) chəbärchtə Gebirge
gebeur chəböər vorkommen; geschehen
gebeurtenis (-se) chəböərtənəß Ereignis
gebied (-e) chəbit Gebiet; Bereich
geblom chəblomm geblümt
geboorte (-s) chəburtə Geburt
geboortejaar chəburtəjahr Geburtsjahr
geboorteplek (-ke) chəburtəpläk Geburtsort
geboortesertifikaat (-kate) chəburtəßärtifikaht Geburtsurkunde
gebore chəbuərə geboren
gebou (-e) chəbou Gebäude; Bau
gebraai (-de) chəbraai gebraten
gebrek chəbräk Mangel
gebreklik (-e) chəbräklək behindert
gebroke chəbruəkə gebrochen
gebruik chəbröik verwenden; benutzen; ausnutzen
gebruik (-e) chəbröik Sitte (eines Volkes); Brauch
gebruikersfooi (-e) chəbröikərsfoi Benutzungsgebühr
gebruiklik (-e) chəbröiklək üblich
gebruiksaanwysing (-s) chəbröiks-ahnwejßəngs Gebrauchsanweisung
gedagte (-s) chədachtə Gedanke
gedeel deur chədiəl döər geteilt durch
gedeelte (-s) chədiəltə Abschnitt (Abgeschnittenes)
gedeelte van 'n bedrag chədiəltə fan ə bədrach Teilbetrag
gedeeltelik (-e) chədiəltələk teilweise
gedenkteken (-s) chədenktiəkən Denkmal
gediepvries chədipfriß tiefgefroren
gedig (-te) chədəch Gedicht
gedra chədra sich benehmen
gedrag chədrach Benehmen ; Verhalten
gedroogte brood (brode) chədruəchtə bruət Knäckebrot
geduld chədölt Geduld
geduldig (-e) chədöldəch geduldig
gedurende chədührəndə durch (zeitlich)
gedurig chədührəch ständig
gee (ge-) chiə geben; auch: blasen (Sex)
geel chiəl gelb
geel bladsye chiəl blattßejə Gelbe Seiten; Branchenbuch
geelgrys chiəlchrejs beige
geelkoors chiəlkurs Gelbfieber
geelkoper chiəlkuəpər Messing
geelwortel (-s) chiəlwortəl Karotte
geen chiən kein(e)

geen parkering chiən parkiərəng Parken verboten
gees (-te) chiəß Geist
geesdriftig (-e) chiəßdrəftəch schwungvoll
geesryk (-e) chiəßrejk geistreich
geestelik (-e) chiəßtələk seelisch; psychisch; geistlich
geestelike chiəßtələkə Geistliche
geheel-en-al chəhiəl-en-all restlos
geheue chəhöə Gedächtnis
gehoor chəhur Gehör
gehoorsaam wees chəhurßahm wiəß gehorchen
gehoorstuk chəhurßtök Telefonhörer
geïllustreerde tydskrif (-te) chə-iləßtriərdə tejtßkrəf Illustrierte
geïntereseer chə-əntrəßiər interessiert
gejuig chəjöich Jubel
geklets chəkletß Klatsch (Geschwätz)
gekleur (-de) chəklöər farbig
gekonsentreerd (-e) chəkonßentriərt konzentriert
gekook chəkuək gekocht
gekrul (-de) chəkröl lockig
gekwalifiseerd (-e) chəkwalifißiərt qualifiziert
gel dschäl Haargel
geld chält Geld
geld (ge-) chält gelten
geld leen (- geleen) chält liən aufnehmen (Kredit)
geldeenheid chəliənthejt Währung
geldig (-e) chäldəch gültig
geldstelsel (-s) chältßtälßəl Währung
geldtrek (geldge-) chälträk abheben (Geld)
geldwisselkantoor (-tore) chältwəssəlkantur Wechselstube *Geld kann auch bei American Express und Rennies Travel getauscht werden.*
geleentheid (-hede) chəliənthejt Gelegenheit (auch: Schnäppchen)
geloof (-lowe) chəluəf Religion *Alle bekannten Religionen der Erde sind hier anzutreffen.*
geloofsbrief gee (gegee) chəluəfsbrief chiə beglaubigen
geloofsvryheid chəluəfß-frejhejt Religionsfreiheit
geloofwaardig (-e) chəluəwahrdəch glaubwürdig
gelowig (-e) chəluəwəch gläubig; religiös
geluid (-e) chəlöit Geräusch; Schall
geluk chəlöck Glück
gelukkig (-e) chəlöckəch glücklich
gelukspel chəlöckßpäl Glücksspiel
gelukwens (-e) chəlöckwenß Glückwunsch
gelukwens (gelukge-) chəlöckwenß gratulieren
gelyk (-e) ch_lejk eben (nicht uneben)
gelyksoortig (-e) chəlejkßurtəch ähnlich
gelyktydig (-e) chəlejktejdəch gleichzeitig
gemak chəmack Komfort
gemaklik (-e) chəmacklək bequem; komfortabel
gemeen (-mene) chəmiən gemein
gemeenheid chəmiənhejt Gemeinheit
gemeenskap (-pe) chəmiənskap Gemeinschaft
gemeente (-s) chəmiəntə Gemeinde
gemeng (-de) chəmeng gemischt
gemeubileerd (-e) chəmöəbiliərt möbliert
gemiddeld (-e) chəməddəlt durchschnittlich
gemors chəmorß Verschwendung
geneentheid chəniənthejt Zuneigung
genees chəniəß genesen
geneesbaar (-bare) chəniəßbahr heilbar
geneeskunde chəniəßköndə Medizin (Wissenschaft)
geneesmiddel (-s) chəniəßməddəl Heilmittel
geneig wees chənejch wiəß neigen (zur Lüge)
genesing (-s) chəniəßəng Heilung
geniet chənitt genießen
genoeg chənuch genug
genoeg wees (gewees) chənuch wiəß genügen
genootskap chənuətßkap Teilhaberschaft
genot chənott Genuß
gepensioneerd chəpenschuniərt pensioniert
geraas chərahß Krach; Lärm
gereedskap chəriətßkap Werkzeug
gereeld (-e) chəriəlt regelmäßig
gereelde dienste chəriəldə dinßtə Linienverkehr
gereelde uithangplek chəriəldə öithangpläk Stammlokal
gereg chəräch Recht; Gericht (Justiz; auch: Essen)

gereg (-te) charäch Gang (Menü)
geregshof (-howe) charächßhof Justizpalast
geregtelik (-e) charächtalak gerichtlich
geregtig charächtach berechtigt
gering (-e) charang gering
geruit (-e) charöit kariert
gerusstel (gerusge-) charößtäl beruhigen
gesamentlik (-e) chaßahmantlak insgesamt
gesang chaßang Gesang
gesegde (-s) chaßächda Redensart/Redewendung
gesellig (-e) chaßällach gemütlich
gesels chaßälß (sich) unterhalten; reden
geselskap chaßälskap Gesellschaft; Geselligkeit; Unterhaltung (Gespräch)
gesig (-te) chaßach Gesicht; Anblick
gesigsuitdrukking (-s) chaßachs-öidröckang Gesichtsausdruck
gesin (-ne) chaßan Familie
geskeduleerde vlug (-te) chaßkedüliarda flöch Linienflug
geskenk (-e) chaskenk Geschenk
geskeurde ligament(-e) chasköarda lachament Bänderriß
geskiedenis (-se) chaßkidanaß Geschichte (als Wissenschaft)
geskiedkundige stadsentrum chaßkitköndacha ßtattßännträmm Altstadt
ℹ *Keine Altstädte wie in Europa; in den Stadtzentren gibt es einige historische Gebäude.*
geskik (-te) chaskak geeignet
geslag (-te) chaslach Geschlecht
geslagsdele chaslachsdiala Genitalien
geslagsiekte (-s) chaslachßikta Geschlechtskrankheit
geslagsorgaan (-organe) chaslachs-orchahn Geschlechtsorgane
geslepe chaßliapa schlau
gesluit (-e) chaslöit geschlossen
gesmoor chasmur gedünstet
gesny (-de) chaßnej geschnitzt
gesond (-e) chaßont gesund
gesond maak (ge-) chaßont mahk heilen
gesondheidsplaas (-plase) chaßonthejtßplahß Kurort
gesondheidstoestand (-e) chaßonthejts-tußtant Gesundheitszustand
gesper (-de) chaßpärr gesperrt
gespikkel (-de) chaßpakkal gepunktet
gesprek (-ke) chaßpräk Gespräch
gestalte (-s) chaßtallta Gestalt
gesteel (-de) chaßtial gestohlen
gesterf chaßtärf gestorben
gestoffeerde meubels chaßtoffiarda möabalß Polstermöbel
gestreep (-te) chaßtriap gestreift
gestrem (-de) chaßtrem behindert
getal (-le) chatall Zahl
getrou chatrou treu
getroud (-e) chatrout verheiratet
getuie (-s) chatöia Zeuge/Zeugin
getuigskrif (-te) chatöichßkraf Zeugnis (für Angestellte)
geur (-e) chöar Duft
geur afgee (afgegee) chöar afchia duften
gevaar (-vare) chafahr Gefahr
gevaarlik (-e) chafahrlak gefährlich
geval chafall (Einzel-)Fall
gevang chafang gefangen
gevangenis (-se) chafanganaß Gefängnis
geveg (-te) chafäch Kampf
gevoel (-ens) chafull Gefühl
gevoelig (-e) chafullach empfindlich
gevolg (-e) chafolch Folge
gevolgtrekking (-s) chafolchträkang Schlußfolgerung
gevries (-de) chafriß gefroren
gewaag (-de) chawaach gewagt (Kleidung)
geweer (gewere) chawiar Gewehr
gewel (-s) chiawal Giebel
geweld chawält Gewalt
gewelf (-de) chawälf gewölbt
gewelf (-welwe) chawälf Gewölbe
gewete chawiata Gewissen
gewetenloos (-lose) chawiatanluaß skrupellos
gewig (-te) chawach Gewicht
gewig verloor chawach farlur abnehmen (Gewicht)
gewild (-e) chawalt beliebt
gewone petrol chawuana petral Normalbenzin
gewoon chawuan gewöhnlich (nicht hervorstechend)
gewoond raak (geraak) aan chawuant rahk ahn sich gewöhnen (an)

gewoondheid (-hede) chəwuənthejt Angewohnheit
gewoonlik chəwuənlək gewöhnlich (in der Regel)
gewoonte (-s) chəwuəntə Gewohnheit
gholf golf Golf
gierig (-e) chihrəch gierig
giet (ge-) chitt gießen
gif chəf Gift
giftig (-e) chəftəch giftig
gimnastiek chəmnaßtick Gymnastik
gimnastiek beoefen chəmnaßtik bə-uffən turnen
Gin dschinn Gin
ginekeloog (-loë) chənəkəluəch Frauenarzt/-ärztin
gipsverband (-e) chəpsfərbannt Gipsverband
gister chəßtər gestern
glad (-de) chlatt glatt
glad nie chlattni keinesfalls
glans (ge-) chlans glänzen
glas (-e) chlaß Glas
glasstuk (-ke) chlaßtöck Glasscherbe
glimlag (ge-) chləmlach lächeln
glo (ge-) chluə glauben
gloeilamp (-e) chluilamp Glühbirne
gly (ge-) chlej rutschen; gleiten
glyerig (-e)/glad (-de) chlejərəch/chlatt rutschig
God chott Gott
god (-e) chott Gottheit
goddelik (-e) choddələk göttlich
goed chutt Zeug
goed (goeie) chutt gut
goed gaar chutt chahr durch (Fleisch)
goedaardig (-e) chuttahrdəch gutmütig
goederetrein (-e) chuddərətrejn Güterzug
goedkeur (goedge-) chutköər genehmigen
goedkeuring chutköərəng Genehmigung; Beifall
goedkoop chutkuəp billig
goeie middag chuiə məddach guten Tag
ⓘ *wird auch ohne"goeie" verwendet*
goeie môre chuiə mohrə guten Morgen
goeie naand chuiə nahnt guten Abend
goeie nag chuiə nach gute Nacht
golf (golwe) cholf Welle
gom chomm Klebstoff
gooi (-e) choi Wurf; Werfen
gooi (ge-) choi werfen
gordel (-s) chordəl Gürtel
gordel (-s) chordəl Gürtel
gordyn (-e) chordejn Gardine; Vorhang
Gotiek chuətick Gotik
Goties (-e) chuətiß gotisch
gou chou bald
gou maak (gemaak) chou mahk sich beeilen
goud chout Gold
goudmyn (-e) choutmejn Goldminen
ⓘ *können auch besucht werden*
goue chouə golden
graad (grade) chraht Grad; Sufe (Niveau)
graaf chrahf Graf
graaf (ge-) chrahf graben
graaf (grawe) chrahf Schaufel
graag chrahch gern
graan (grane) chrahn Getreide
graanflokkies chrahnflockiß Cornflakes
graansuier (-s) chrahnßöiər Kornspeicher
graf (-te) chraff Grab
grafsteen (-stene) chraffßtiən Grabstein
Grahamstad se Nasionale Kunsfees chramßtattßə naschunahlə könßfiəß nationales Musik- und Theaterfestival, das jedes Jahr in Grahamstad stattfindet
Grahamstown Art Festival grejmßtaun art feßtəvəl Musik- und Kunstfestival
gram (-me) chramm Gramm
grammatika chrammatika Grammatik
grammofoonplaat (-plate) chramməfuənplaht Schallplatte
grandvloer chrontflur Parterre
grap (-pe) chrap Witz; Scherz
gras chrass Gras
grasperk (-e) chraßpärk Rasen
gratineer (ge-) chratiniər überbacken
greep (grepe) chriəp Griff (nach)
greinhoutboom (-bome) chrejnhoutbuəm Kiefer (Baum)
grens (-e) chrenß Grenze
grenswag (-te) chrenßwach Grenzbeamter/Grenzbeamtin
Griekeland chrickəlant Griechenland
Grieks (-e) chrikß griechisch
griep chripp Grippe

grieselig (-e) chrißələch unheimlich
grimeer (ge-) chrəmiər sich schminken
grimering chrəmiərəng Schminke; Makeup
grimeringverwyderaar chrəmiərəng-fərwejdərahr Makeup-Entferner
groei (ge-) chrui wachsen
groen chrun grün
groen boontjies grun buinkiß grüne Bohnen
groente chruntə Gemüse
groentewinkel (-s) chruntəwənkəl Obst-/ Gemüsehändler
groep (-e) chrup Gruppe
groepseks chrupßeks Gruppensex
groepspel chrupßpäl Gesellschaftsspiel
groet (-e) chrut Gruß
groet (ge-) chrut grüßen; (sich) begrüßen
grof (growwe) chroff grob
grond (-e) chront Grund; Boden; Land; Erde
grond (ge-) chront gründen
grondpad (-paaie) chrontpatt unbefestigte Straße
grondslag chrontßlach Grundlage
grondstof (-stowwe) chrontßtof Rohstoff
ℹ *Rohstoffe sind die Hauptexporte des Landes.*
grondvloer (-e) chrontfluhr Erdgeschoß
grondwet chrontwet (politische) Verfassung
ℹ *Seit 1994 gibt es eine neue Verfassung.*
groodpad (-paaie) chruətpatt Landstraße
ℹ *Höchstgeschwindigkeit 100 km/h, falls nicht anders angegeben*
groot chruət groß
groot maak (ge-) chruət mahk erziehen; aufziehen (Kinder)
Groot Vyf chruət fejf "Große Fünf": Elefant, Löwe, Nashorn, Leopard und Büffel (engl. "Big Five" genannt)
groot word (- geword) chruət wort aufwachsen
Groot-Brittanje chruət-brətanjə Großbritannien
grootheid chruəthejt Größe (Bedeutung)
grootouers chruətouərß Großeltern
grootpad (-paaie) chruətpatt Landstraße
grootpraat (grootge-) chruətpraht angeben (Großmaul)
grootte chruətə Größe (Umfang)
grootvader chruətfahdər Großvater

grot (-te) chrot Höhle ℹ *Die wichtigsten Höhlen: Kango Grotte, Sudwala Grotte und die Sterkfontein Grotte.*
grotendeels chruətəndiəlß größtenteils
gruis chröiß Kies
gryp (ge-) chrejp ergreifen; greifen
grys chrejß grau
gulden chöldən Gulden
h/v. (hoek van) huk-fann an der Ecke ... und ...
haak (hake) hahk Haken
haakplek (-ke) hahkpläk Haken (Hindernis)
haan (hane) hahn Hahn (Tier)
haar hahr Haar
haar(e) hahr ihr(e) (Demonstrativpronomen, Mehrzahl)
haardroër (-s) haardruər Fön
haarkapper (-s)/haarkapster (-s) haarkappər/haarkapßtər Friseur(in)
haarkruller (-s) hahrkröllər Lockenwickler
haarsproei hahrßprui Haarspray
haartangetjie (-s) hahrtangəki Pinzette
haas (hase) hahß Hase
haastig (-e) hahßtəch eilig
haat haht Haß
haat (ge-) haht hassen
hael hahl Hagel
haglike posisie hachləkə pusißi Notlage
hak (-ke) hack Absatz (Schuhe)
hakkel (ge-) hackəl stottern
hakskeen (-skene) hackßkiən Ferse
half (halwe) half halb
halfgaar halfchahr roh, nicht gar
halfjaar halfjahr Semester
halfsirkel (-s) halfßərkəl Halbkreis
halfvol halffoll halbvoll
hallo hällou Hallo! ℹ *Am Telefon meldet man sich oft nur mit einem einfachen Hallo.*
halsband (-e) halßbannt Halsband
halsnoer (-e) halßnuhr Halskette
halsoorkop halßurkop Hals über Kopf
ham hamm Schinken
hamer (-s) hahmər Hammer
hand (-e) hant Hand
hand gee (ge-), die ... die hant chiə die Hand geben
handbagasie hantbəchahßi Handgepäck
handboek (-e) hantbuk Lehrbuch

handbriek (-e) hantbrick Handbremse
handdoek (-e) handuk Handtuch; Badetuch
handearbeid handə-arbejt Handarbeit
handel handəl Handel
handel (ge-) handəl handeln (agieren)
handel dryf (gedryf) handəl drejf handeln
handelaar (-s) handəlahr Händler(in)
handeling (-e) handələng Handlung; Akt
handgemaak (-te) hantchəmahk handgemacht
handig (-e) handəch geschickt
handsak (-ke) hantßak Handtasche
handskoen (-e) hantßkun Handschuhe
handskrif (-te) hantßkrəf Handschrift
handtekening (-e) hantiəkənəng Unterschrift
handvatsel (-s) hantfatßəl Griff (zum Festhalten); Henkel; Stiel
handvol, 'n ... ə hanntvoll eine Handvoll
hangbrug (-brûe) hangbröch Hängebrücke
hard (-e) hart hart; eisern; laut (Musik)
hardhorend (-e) harthurənt schwerhörig
hardloop (ge-) hartluəp laufen; rennen
hardlywig hartlejwəch verstopft (med.)
hardlywigheid hartlejwəchejt Verstopfung (med.)
hardnekkig (-e) hartnäckəch hartnäckig
hardnekkigheid hartnäckəch Widerstand
hare hahrə Haare
hare laat doen haare laht dun (sich) frisieren
hare laat uitspoel hahrə laht öitßpul Haarspülung
harig (-e) harəch behaart
harmonies (-e) harmuəniß harmonisch
harsingskudding (-s) harßəngsköddə Gehirnerschütterung
hart (-e) hart Herz
hartgebrek hartchəbräck Herzfehler
hartinfarksie (-s) hartənfarkßi Herzinfarkt
hartlik (-e) hartlək herzlich
hartseer hartßiər traurig; auch: Herzenskummer
hartstog hartßtoch Leidenschaft
hawe (-ns) hawə Hafen
heelal hiəlall Weltall
heeltemal hiəltəmal ganz; vollständig; völlig
heen en weer hiən en wiər hin und her
heenreis hiənrejß Hinreise
heer (here) hiər Herr (Mann)
heerlik (-e) hiərlək herrlich
heers (ge-) hiərß herrschen
hees hiəß heiser
heidens (-e) hejdənß heidnisch
heilig (-e) hejləch heilig
heimlik (-e) hejmlək heimlich
heimwee hejmwiə Heimweh
heining (-s) hejnəng Hecke; Zaun
hek (-ke) häk Tor (Haus)
heks (-e) häks Hexe
hektaar häcktahr Hektar
hel häl Hölle
held (-e)/heldin (-ne) hält/häldən Held(in)
helder häldər klar (Stimme); hell; heiter
heler (-s) hiələr Heilpraktiker(in)
helfte hälftə Hälfte
helikopter (-s) hälikoptər Hubschrauber
ℹ *Helikopterflüge werden in vielen Orten angeboten.*
helikoptervlug (-te) hälikoptərflöch Helikopterflug
helling (-s) hälləng (Ab-)Hang
help (ge-) hälp helfen
helper (-s) ♂♀ hälpər Helfer(in); Hilfskraft
hemel hiəməl Himmel
hemelstreek (-streke) hiəməlßtriək Himmelsrichtung
hemp (hemde) hemp Hemd
hengel (ge-) hengəl angeln
herder (-s) härdər Hirte
here hiərə Herren
herfs härfß Herbst
herhaal härhahl wiederholen
herhaaldelik (-e) härhahldələk mehrfach/mehrmals
herhaling (-s) härhahləng Wiederholung
herinner härrənnər sich erinnern (an)
herinnering (-e) härrənnərəng Erinnerung
herken härkenn erkennen
herpes härpeß Herpes
herstel härßtäl reparieren; renovieren; sich erholen (med.); Reparatur
hertog (-toë) härtoch Herzog
het (gehad) (Hilfsverb) het haben
heuning höənəng Honig
heup (-e) höəp Hüfte

H

heupgewrig (-te) höəpchəwrəch Hüftgelenk
heupjig höəpjəch Ischias
heuwel (-s) höəwəl Hügel
hewig (-e) hiəwəch heftig
hier hihr hier
hierdie hirdi hier; da
hierdie een hirdi iən diese(r, -s) hier/da (Substantiv)
hiernamaals hihrnamahlß Jenseits
hiernatoe hihrnatu hierher
higiënies (-e) hichi-əniß hygienisch
hinder (ge-) həndər hindern; behindern
hindernis (-se) həndərnəß Hindernis; Behinderung
Hindoe (-s) hindu Hindu
Hindoeïsme hinduəßmə Hinduismus
Hindoes (-e) hinduß hinduistisch
histories (-e) hißturiß historisch
hitte həttə Hitze
hittegolf (-golwe) həttəcholf Hitzewelle
HIV-positiev HIV-positif HIV-positiv
hoe? hu wie?
hoe ... hoe hu ... hu je ... desto
hoe dikwels hu dəkwəlß wie oft?
hoe gaan dit? hu chahn dət Wie geht's?
hoe laat is dit? hu laht əß dət Wie spät ist es?
hoe lank? hu lank wie lang?
hoed (-e) hutt Hut
hoegenaamd nie huchənahmt ni überhaupt nicht
hoek (-e) huk Winkel; Ecke
hoekig (-e) hukəch eckig
Hoekom? hukomm Wieso?
hoender (-s) hundər Huhn
hoendervleis hundərflejß Hühnerfleisch
hoërskool (-skole) hurßkuəl weiterführende Schule ℹ *Ein Hauptschulabschluß ist vergleichbar mit "Standerd agt", nach zehn Jahren Schule.*
hoes huß Husten
hoes (ge-) huß husten
hoesstroop hußtruəp Hustensaft
hoeveel? hufiəl wieviel?
Hoeveel kos dit? hufiəl koß dət Wieviel kostet das?
hoeveelheid hufiəlhejt Quantität
Hoëveld huəfält Hochland (Grasland)
hoflik (-e) hofləkhöflich
hofsaak (-sake) hofßahk Prozeß (Rechtsstreit)
hok (-ke) hok Käfig
hol hohl hohl
Hollander hollandər Holländer
homopatie huəmupati Naturheilverfahren
homoseksuel huəmußeckschüiəl schwul
hond (-e) hont Hund
honderdduisend (-e) hondərdöißənt hunderttausend
honderdmaal hondərtmahl hundertmal
hondert hondərt hundert
hondsdolheid hontßdollejt Tollwut
honger hongər Hunger; hungrig
hoofgereg (-te) huəfchəräch Hauptspeise; Hauptgericht
hoofkantoor (-kantore) huəfkantur Hauptstelle (Bank)
hoofligte (-e) huəfləchtə Scheinwerfer
hooflyngesprek (-ke) huəflejnchəßpräck Ferngespräch
hoofnuus huəfnühß Schlagzeile
hoofpyn huəfpejn Kopfschmerzen
hoofpyntablette huəfpejntablettə Kopfschmerztabletten
hoofsaak (-sake) huəfßahk Hauptsache
hoofsaaklik (-e) huəfßahklək hauptsächlich
hoofstad (-stede) huəfßtatt Hauptstadt (= Pretoria)
hoofstasie (-s) huəf-ßtahßi Hauptbahnhof
hoofstraat (-strate) huəfßtraht Hauptstraße
hoofstuk (-ke) huəfßtöck Kapitel
hoog (hoë) huəch hoch
hoogseisoen (-e) huəchßejßun Hochsaison
hoogspanning huəchßpannəng Hochspannung
hoogstens huəchßtənß höchstens
hoogte (-s) huəchtə Höhe
hoogtepunt (-e) huəchtəpönt Höhepunkt
hoogwater huəchwater Flut (Gezeiten)
hooi hoi Heu
hooikoors hoikurß Heuschnupfen
hoop huəp Hoffnung
hoop (ge-) huəp hoffen
hoop (hope) huəp Haufen
hoor (ge-) hur hören
hopelik huəpələk hoffentlich
horison hurißon Horizont

horisontaal (-tale) hurißontahl horizontal; waagrecht
horlosie (-s) uhrluəßi Uhr
hortjie (-s) horrki Fensterladen
hospitaal (-tale) hoßpitahl Krankenhaus
hotel (-le) hutäl Hotel
hoteleienaar (-nare) hutäl-ejənahr Hotelbesitzer
hotelketting hutälkettəng Hotelkette
hou (ge-) hou halten
Hou jou bek! hou jou bäck Halt's Maul!
hou links, gaan regs verby hou lənkß gahn rächß fərbej links halten und rechts überholen
Hou op! hou opp Laß das!
hou van (gehou) hou fan mögen; gerne haben
houbaar (-bare) houbahr haltbar
houer (-s) bəhouər Behälter
hout hout Holz
houtskool houtßkuəl Holzkohle
houtsneewerk houtßniəwärk Holzschnitzerei
ℹ *Alle möglichen afrikanischen Tiere werden aus Holz geschnitzt.*
huigel (ge-) höichəl heucheln
huil (ge-) höil weinen
huis (-e) höiß Haus
huisalarm (-s) höißalarrəm Hausalarm
huishoudelike artikels höißhoudələkə artikəlß Haushaltswaren
huishouding (-s) höißhoudəng Haushalt
huisnommer (-s) höißnommər Hausnummer
huisskoonmaakwerk höißkuənmahkwärk Hausarbeit
huistoegaantyd höißtuchahntejt Feierabend
huisvesting höißfeßtəng Unterkunft
huisvrou (-ens) höißfrou Hausfrau
huiswerk höißwärk Hausaufgabe
hulwer (ge-) höiwər zögern
hulle höllə ihr(e) (Demonstrativpronomen, Einzahl weiblich)
hulp hölp Hilfe; Aushilfe
humeurig (-e) hümöərəch launisch
humor hümor Humor
huppel (ge-) höppəl hüpfen
hut (-te) hött Hütte
huur hühr Miete
huur (ge-) hühr mieten
huurder (-s) hührdər Mieter
huurfooi (-e) hührfoi Leihgebühr
huurkontrak (-te) hührkontrak Mietvertrag
huurmotor (-s) hührmuətər Mietauto; Taxi
ℹ *vertreten sind u. a.: Avis, Budget, Europcar, Imperial und Dolphin Car Hire*
huurvlug (-te) hürflöch Charterflug
huwelik status hüwələk ßtatöß Familienstand
hy hej er
hys (ge-) hejß hissen (Flagge)
hysbak (-ke) hejßbak Lift
i.v.m. sake ən fərbannt met ə ßahkə beruflich
ID-boekie i diə-buki Ausweis
ideaal (ideale) idiahl ideal
idee (-s) idiə Idee; Ahnung
identiteitsdokument (-e) identitejtßdoküment Personalausweis; Papiere
idioot (idiote) idiuət Idiot
iedereen idəriən jedermann
iemand immant jemand; irgendein(e)
iets itß etwas
iets onthou itß onthou (sich) merken
illusie (-s) ilüssi Illusion
illustrasie (-s) iləßtrahßi Illustration
immigreer (geïmmigreer) əmməchriər einwandern
immuun imühn immun
immuunstelsel imühnßtälßəl Immunsystem
in ən in; rein (herein/nicht schmutzig)
in 'n sekere mate ən ə ßiəkərə mahtə einigermaßen
in die aand/saans ən di ahnt / ßahnß abends
in die middel ən di məddəl mitten in
in die namiddag ən di nahməddach nachmittags
in die voormiddag ən di furməddach vormittags
in elk geval ən älk chəfall sowieso; jedenfalls
in hegtenis neem (geneem) ən hächtənəß niəm verhaften
in olie gebak ən uəli chəback frittiert
in pare ən pahrə paarweise
in plaas van ən plahß fann anstelle; statt
in staat ən ßtaht fähig (zu)
in stukke breek (ge-) ən ßtöckə briək zerbrechen
in stukkies kleinmaak (kleinge-) ən ßtöckiß klejnmahk zerkleinern

inasem (inge-) ən-ahßəm einatmen
inbetaal ənbətahl einzahlen
inboorling (-e) ənburləng Eingeborene
inbraak (-brake) ənbrahk Einbruch
inbreek (inge-) ənbriək einbrechen
Indië indiə Indien
Indies indiß indisch
Indiese bazaar (-zare) indißə bəsahr Indischer Bazar ℹ *Orientalischer Schmuck, Saris und Gewürze sind einige Spezialitäten der indischen Bazare.*
Indonesië induniħßiə Indonesien
Indonesies induniħßiß indonesisch
indraai (inge-) əndraai wickeln (Haare)
indruk (-ke) əndrök Eindruck
ineenstort (ineenge-) əniənßtort zusammenbrechen (Mensch etc.)
inenting (-s) ənentəng Impfung
inentingsrekord ənentəngßrekort Impfpaß
infaam ənfahm verrucht
infeksie (-s) ənfekßi Infektion
informasiebord ənformahßibort Hinweisschild
informeel (-mele) ənformiəl leger (Mode)
ingang (-e) ənchang Eingang; Einfahrt
ingenieur (-e) ənchənöər Ingenieur
ingewande ənchəwandə Eingeweide
ingewikkeld (-e) ənchəwəckəlt kompliziert
ingooi (inge-) əngoi einwerfen (Brief/Münzen)
inhandig (inge-) ənhandəch aufgeben (Gepäck)
inheems (-e) ənhiəmß einheimisch
inhoud (-e) ənhout Inhalt
inhoudsopgawe (-s) ənhoutßopchawə Inhaltsverzeichnis
ink ənk Tinte
inklaring ənklahrəng Zollabfertigung
inklim (inge-) ənkləm einsteigen (Auto)
inkomste ənkommßtə Einkommen
inkopie toer (toere) ənkuəpi tuhr Einkaufsbummel ℹ *Es gibt sehr flexible Öffnungszeiten, viele Geschäfte haben auch abends und sonntags geöffnet.*
inkopielys ənkuəpilejß Einkaufsliste
inkopies doen (gedoen) ənkuəpiß dun einkaufen
inkopiessak (-ke) ənkuəpißak Tragetüte
inlê (inge-) ənleh einlegen (Essen)
inleiding (-s) ənlejdəng Einleitung
inlig (inge-) ənləch sich informieren
inligting (-s) ənləchtəng Auskunft; Information
inmekaardruk (inmekaarge-) ənməkahrdrök zusammendrücken
inmekaarstort (inmekaarge-) ənməkahrßtort einstürzen
inmeng (inge-) ənmeng sich einmischen
inname ənahmə Einnahme
innerlik (-e) ənnərlək innerlich
inpak (inge-) ənpak einpacken
inrig (inge-) ənrəch einrichten
inrigting (-s) ənrəchtəng Einrichtung
insek (-te) ənßek Insekt
insekbyt (-e) ənßekbejt (Insekten-)Stich
insekweerder ənßekwiərdər Insektenschutzmittel ℹ *in Apotheken erhältlich*
insit (inge-) ənßət einweisen (Heilanstalt)
inskakel (inge-) ənskahkəl einschalten
inskink (inge-) ənskənk einschenken
inskripsie (-s) ənßkrəpßi Inschrift
insluitende ənßlöitəndə einschließlich
inspan ənßpann (jou) (sich) anstrengen
inspuit (inge-) ənßpöit spritzen (med.)
inspuiting (-s) ənßpöitəng Injektion; Spritze
installeerder (-s) ənßtalliərdər Installateur
insteek (inge-) ənßtiək einstecken (Schlüssel)
instinkt (-e) ənßtənkt Instinkt
instituut (-tute) ənßtətüt Institut; Anstalt
instopkaartjie ənßtopkahrki Bordkarte
instrument (-e) ənßtröment Instrument
insulien inßəlihn Insulin
inteendeel əntiəndiəl im Gegenteil
intelligent (-e) əntələchent intelligent
interessant (-e) intrəßant interessant
intermediêr əntərmidiär Mittlere Reife
internasionaal (-nale) əntərnaschunahl international
Internasionale Musiekwedstryd əntərnaschunahlə mößikwettßtrejt Internationaler Musikwettbewerb ℹ *findet alle zwei Jahre in Pretoria statt*
internis (-te) əntərnəß Internist(in)
intussen əntössən inzwischen
inval (-le) ənfall Einfall

invloed ənflutt Einfluß
invoer (inge-) ənfuhr importieren; einführen
invoerregte betaal ənfuhrächtə bətahl verzollen
invul (inge-) ənföll ausfüllen (Antrag/Formular)
inweeg (inge-) ənwiəch einchecken (Flughafen)
inwoner (-s) ənwuənər Einwohner
irreteer (ge-) irrətiər reizen (Haut)
Is dit! əß dət Sag bloß!
Islam isslam Islam
isoleermat (-te) issuliərmatt Isomatte
Italiaans italiahnß italienisch
Italiaans (-e) italiahnß italienisch
Italianer/Italiaanse vrou italiahnər/italiahnßə frou Italiener(in)
Italië itahliə Italien
ja ja ja
ja graag ja chrahch gerne
jaag (ge-) jahch rasen
jaag (ver-) jahch jagen; vertreiben
jaar (jare) jahr Jahr
jaarliks (-e) jahrləkß jährlich
jag (ge-) jach jagen
jag (te-) jach Jagd ℹ *Infos unter: (012) 6632417*
jags (-e) jachß geil
jagter (-s) jachtər Jäger
jaloers (-e) jaluhrs eifersüchtig
jammer jammər schade
Januarie janniahri Januar ℹ *vielerorts der heißeste Monat*
Japan japan Japan
Japannees (-nese) japəniəß japanisch
jas (-se) jaß Mantel
jeug jöəch Jugend
jeugdige (-s) jöəchdəchə Jugendliche
jeugtuiste (-s) jöəchtöißtə Jugendherberge
jodium juədləm Jod
joernalis (-te) jurrnaləß Journalist(in)
jogurt juəchərt Joghurt
jol (ge-) jol sich amüsieren
jong jong jung; jugendlich
Jood (Jode)/Jodin (Jodinne) juət/juədən Jude/Jüdin
Joods (-e) juətß jüdisch
jou jou dein(e)
jou bekommer jou bəkommər sich sorgen (um)
jou besig hou (gehou) jou biəßəch hou sich beschäftigen
jou dwaas jou dwahß du bist verrückt
jou hoed (gehoed) jou hutt sich hüten (vor)
jou moer jou muhr Zur Hölle!
jou volgens iemand rig (gerig) jou follchənß imannt rəch sich richten (nach)
jou/mekaar aanvul (aange-) jou/məkahr ahnföl sich/einander ergänzen
jouself onderhou jousälf ondərhou sich erhalten
jouself oppas (opge-) joußälf oppaß (sich) schonen
Julie jüli Juli
julle jöllə ihr; euch; euer(e)
Junie jüni Juni
juwele juwiələ Schmuck
juwelier juwəlihr Juwelier
jy jej du
jy's mal jejß mall du bist verrückt; du spinnst
kaal kahl kahl; nackt
kaalperske (-s) kahlpärßkə Nektarine
kaalvoet (-e) kahlfut barfuß
Kaap-Hollandse argitektuur kahp-hollanntßə architektühr Kapholländische Architektur
Kaapland kahplannt Kapland
Kaapmaleier (-s) kahpmalejər Kapmalaie
Kaapse Klopse kahpßə kloppßə Umzug malaiischer Musiker und Tänzer ℹ *jedes Jahr im Januar, lockt sehr viele Zuschauer an*
kaart (-e) kahrt Karte
kaartjie (-s) kahrki Fahrschein; -karte
kaartjie besprekings kahrki bəßpriəkəngß Vorverkauf
kaartjie laat knip kahrki laht knəp entwerten
kaartjieskantoor (-tore) kahrkißkantur Fahrkartenschalter
kaartregister (-s) kahrtrəchəßtər Kartei
kaartspel kahrtßpäl Kartenspiel
kaas (kase) kahß Käse
kabel (-s) kabəl Kabel
kabriolet (-te) kabriulett Cabrio
kafee (-s) kafiə Gemischtwarenladen ℹ *Kein Café zum Sitzen!*
kaggel (-s) kachəl Kamin
kajuit (-e) kajöit Kabine
kak kack Quatsch!; Schwachsinn!

kakao kakau Kakao
kakebeen (-bene) kahkəbiən Kiefer (anat.)
Kalahari kaləhari Kalahari (Sandwüste)
kalender van funksies kalendər fər fönkßiß Veranstaltungskalender
kalfsvleis kalfßflejß Kalbfleisch
kalk kalk Kalk
kalkoenvleis kalkunflejß Putenfleisch
kalmeermiddel (-s) kalmiərməddəl Beruhigungsmittel
kam (-me) kamm Kamm
kam (ge-) kamm sich kämmen
kamer (-s) kahmər Zimmer
kamer met ontbyt en aandete kahmər met ontbejt en ahntiətə Halbpension
kamera (-s) kamərа Kamera; Fotoapparat
kamerawinkel (-s) kamerawənkəl Fotogeschäft
kamerbediende (-s) kahmərbədində Zimmermädchen
kamerdiens kahmərdinß Zimmerservice
kamers beskikbaar kahmərß bəßkəkbahr Zimmer frei
kamp (ge-) kamp campen
kampeer (ge-) kampiər zelten
kampeerbus (-se) kampiərböß Wohnmobil
kampeerplek (-ke) kampiərpläk Campingplatz; Stellplatz ℹ *Campingplätze sind reichlich vorhanden.*
kampeerterrein (-e) kampiərtərejn Campingplatz
kampioenskap (-pe) kampiunßkap Meisterschaft
kan (-ne) kann Kanne
kan (kon) kann können
Kan u my help? kann ü mej help Können Sie mir helfen?
kanaal (-nale) kanahl Kanal
Kanada kanəda Kanada
Kanadees (-dese) kanadiəß kanadisch
kandysuiker kandejsöikər Kandis(zucker)
kaneel kaniəl Zimt
kanker kankər Krebs
kanon (-ne) kannon Kanone
kansel (-s) kanßəl Kanzel
kanselier (-e) kanßəlihr Kanzler
kanselleer (ge-) kanßəliər absagen; annulieren; stornieren
kansellering van 'n geldoorplasing kanßəliərəng fan ə chälturplahßəng Rückbuchung
kant (-e) kant (Stirn-)Seite; Kante
kantoor (kantore) kantur Amt (Behörde); Büro (Arbeitsplatz)
kap (ge-) kapp hacken
kapitaal kapitahl Kapital
kapsule (-s) kapsülə Kapsel (med.)
kaptein (-e) kaptejn Kapitän
kar (-re) kar Auto
karaat karaht Karat
karakter (-s) karaktər Charakter
karakteristies karaktərəßtiß charakteristisch
karavaan (-vane) karəfahn Wohnwagen
kardinaal (-nale) kardinahl Kardinal
Karibies (-e) karibiß karibisch
Karibiese eilande karibißə ejlandə Karibik
karnaval (-le) karnəfall Karneval
Karoo karuə Karru (Trockensteppe)
karton kartonn Karton (Papier)
kartondoos (-dose) kartonduəß Karton (Schachtel)
kartonpapier kartonpapihr Pappe
kas (-te) kaß Kasten; Schrank
kaset (-te) kaßet Kassette
kassier (-s) kaßihr Kassierer(in)
kasteel (-tele) kaßtiəl Burg; Schloß
kat (-te) katt Katze
katakombe (-s) katakombə Katakomben
katalisator (-s) katalißahtor Katalysator
katalogus (-se) kataluchöß Katalog
katedraal (-drale) katədrahl Kathedrale; Dom
kategorie (-ë) katəchuri Kategorie
katoen katunn Baumwolle
kattebak kattəback Kofferraum
keel (kele) kiəl Kehle; Hals; Rachen
keelseer kiəlßiər Halsschmerzen
keer (ge-) kiər anhalten (Dieb)
keer (kere) kiər Mal
keiser (-s)/keiserin (-ne) kejsər/kejsərən Kaiser(in)
kelder (-s) käldər Keller
kelner (-s)/kelnerin (-ne) kälnər/kälnərən Kellner(in)
ken (-ne) kenn Kinn
ken (ge-) kenn kennen

K

kennis (-se) kennəß Wissen; Kenntnisse; Bekanntschaft
kennis gee (ge-) kennəß chiə kündigen (Zimmer/Arbeit)
kennis gee van vertrek kännəs chiə fann fərträk sich abmelden
kennisgewing (-s) kännəßchiəwəng Anzeige (Bekanntgabe)
kennisgewingbord (-de) kennəßchiəwəngbort Anzeigetafel
kenteken (-s) kentiəkən Merkmal
keramik kərahmik Keramik
kêrel (-s) kärəl Kerl
kerk (-e) kärk Kirche
kerkbazaar (-zare) kärkbəsahr Kirchenbazar
kerkdiens (-te) kärkdinß Gottesdienst
kerktoring (-s) kärkturəng Glockenturm
kern kärn Kern
kernkragsentrale kärrənkrachßentrahlə Atomkraftwerk
kerrie kärri Curry
kers (-e) kärß Kerze
Kersfees kärßfiəß Weihnachten
kersie (-s) kärßi Kirsche
ketel (-s) kiətəl Kessel; Wasserkocher
ketting (-s) kettəng Kette
keuse (-s) köəßə (Aus-)Wahl
kewer (-s) kiəwər Käfer
kibbel (ge-) kəbbəl feilschen ℹ *ist auf allen Flohmärkten üblich*
kiem (-e) kimm Keim
kierie (-s) kiri Spazierstock
kies (ge-) kiß (aus-)wählen
kieskeurig (-e) kißköərəch anspruchsvoll
kilogram kiluchramm Kilogramm
kilometer kilumiətər Kilometer
kilometer per uur kilumiətər pər ühr Stundenkilometer
kind (-ers) kənt Kind
kinderarts (-e) kəndərartß Kinderarzt; Kinderärztin
kinderbed (-dens) kəndərbett Kinderbett
kinderdae kəndərdaə Kindheit
kindersitplek (-ke) kəndərßətpläk Kindersitz
kiosk (-e) kiosk Kiosk
kis (-te) kəß Kiste
kitaar (-tare) kitahr Gitarre
kitschagtig kitschachtəch kitschig
kiwivrug (-te) kiwifröch Kiwi
kla (ge-) klah klagen; sich beschweren; sich beklagen
klaar klahr fertig
klaar maak (ge-) klahr mahk vervollständigen; (etwas) erledigen
klag (-tes) klach Anzeige (Polizei); Klage
klag lê (gelê) klach leh Anzeige erstatten
klam klamm feucht
klank (-e) klank Klang; Ton
klap (-pe) klapp Klatsch (eines Schlags)
klas klass Klasse (Zug)
klassiek (-e) klassik klassisch
klassisisme klassißəßmə Klassizismus
klavier (-e) klafihr Klavier
kleedkamers kliətkahmərß WC
klein klejn klein
klein kerkie klejn kärki Kapelle
klein ontrouheid klejn ontrouhejt Seitensprung
kleingeld klejnchält Kleingeld
kleinigheid klejnəchejt Kleinigkeit
kleinkind (-ers) klejnkənt Enkel
kleinlik (-e) klejnlək kleinlich
kleintjies kry (gekry) klejnkiß krej Junge bekommen
kleintongetjie (-s) klejntongiki Zäpfchen (Kehle)
klem-in-die-kaak klem ən di kahk Tetanus
klere kliərə Kleidung
klerehanger (-s) kliərəhangər Kleiderbügel
klerekas (-te) kliərəkass Kleiderschrank
kleremaker (-s)/kleremaakster (-s) kliərəmahkər/kliərəmahkßtər Schneider(in)
klerewinkel (-s) kliərəwənkəl Bekleidungsgeschäft
klets (ge-) kletß quatschen
kleur klöər Farbe
kleur (ge-) klöər färben
Kleurling (-e) klöərləng Farbige
kleurskakering (-s) klöərßkakiərəng Tönung; Farbton
kleuterskool (-skole) klöətərskuəl Kindergarten
kliënt (-e) klient Kunde; Kundin
klim (ge-) kləm klettern

klimaat klimaht Klima ℹ *Mischung aus tropischem und gemäßigtem Klima*
kliniek (-e) klənick Klinik
klip (-pe) kləp Stein
klipperig (-e) kləppərəch steinig
klok (-ke) klock Glocke
klokkie (-s) klocki Klingel
kloof (klowe) kluəf Schlucht
klooster (-s) kluəßtər Kloster
klop (ge-) klopp klopfen
klou (-e) klou Kralle (eines Raubvogels)
kluis (-e) klöiß Safe
Km. kilumiətər Kilometer
knak (ge-) knack knicken
knal (-le) knall Knall
kneukel (-s) knöəkəl Knöchel
kneusing (-s) knöəßəng Quetschung
knie (-ë) kni Knie
kniel (ge-) knil knien
knipmes (-se) knəpmeß Taschenmesser
knoffel knoffəl Knoblauch
knoop (knope) knuəp Knoten
knooptrui (-e) knuəp trej Strickjacke
knop (-pe) knopp Knopf
knoppie (-s) knoppi (Druck-)Knopf
knutsel (ge-) knötßəl basteln
kode (-s) kuədə Vorwahl(nummer)
kodenommer kuədənommər Geheimnummer
koebaai kubaai tschüß
koeël (-s) kuhl Kugel
koei (-e) kui Kuh
koek (-e) kuck Kuchen; Gebäck
koekie (-s) kucki Keks
koeksister (-s) kuckßəßtər Ingwerteiggebäck in Sirup getaucht
koel kul kühl
koeldrank (-e) kuldrank Limonade
koepee (-s) kupiə kleines Abteil
koepel (-s) kuppəl Kuppel
koerant (-e) kurant Zeitung
koers (-e) kurrß Kurs (Richtung)
koevert (-e) kufärt Kuvert; Briefumschlag
koffer (-s) koffər Koffer
koffie (-s) koffi Kaffee
koffiehuis (-e) koffihöis Café ℹ *"Café" ist ein kleiner Gemischtwarenladen, zum Hinsetzen geht man ins "Koffiehuis".*
koffiekan (-ne) koffikann Kaffeekanne
kok (-ke)/kookster (-s) kock/kuəkßtər Koch; Köchin
kollega (-s) kuliəcha Kollege/Kollegin
kollekteer oproep (-e) kollektiər oprup R-Gespräch
kom (ge-) komm kommen (auch: Orgasmus)
Kom saam! komm ßahm Komm(t) mit!
koma (-s) kuəma Koma
kombers (-e) kombärs (Bett-)Decke
kombuis (-e) komböiß Küche
komedie (-s) kumiədi Komödie
komkommer (-s) komkommər Gurke
komma (-s) komma Komma
kommissaris (-se) komməßahrəß Kommissar
kommissie kumißi Provision
kommunikeer (ge-) komünikiər sich verständigen
kommunisties (-e) kommünəßtiß kommunistisch
kompartement (-e) kompartəment (großes) Abteil
kompartement vir rokers kompartəment fər ruəkərß Raucherabteil
kompas (-se) kommpass Kompaß
kompetisie (-s) kompətißi Wettbewerb
kompliment (-e) kompliment Kompliment
komponis (-te) kompunəß Komponist
kompos kommposs Kompost
komyn kumejn Kümmel
kondoom (-dome) konduəm Kondom, Pariser
kondukteur (-s) kondöktöər Schaffner(in)
konferensie (-s) konfərehnßi Konferenz
konfyt konfejt Marmelade
kongres konchress Kongreß
koning (-s)/koningin (-ne) kuənəng/kuənəngən König(in)
koningin (-ne) kuənəngən Dame (Schach, Karten)
konsekwent (-e) konßəkwent konsequent
konsert (-e) konßärt Konzert
konsertsaal (-sale) konßärtßahl Konzertsaal
konserwatief (-tiewe) konßärwatif konservativ
konsidereer (ge-) konßədariər Rücksicht nehmen
konstant (-e) konßtant beständig
konstrueer (ge-) konßtrüər konstruieren

konstruksie (-s) konßtrökßi Konstruktion
konsulaat (-late) konßulaht Konsulat
kontak (-te) kontak Kontakt
kontakkabel kontakkabəl Zündkabel
kontaklense kontaklehnßə Kontaktlinsen
kontant kontannt Bargeld
kontemporêr (-e) kontempurär zeitgenössisch
kontinent (-e) kontinent Kontinent
kontrak (-te) kontrack Vertrag
kontrasepsie kontraßepßi Empfängnisverhütung
kontroleer (ge-) kontruliər kontrollieren
kontroleur kontrulöər Kontrolleur(in)
konvensioneel (-nele) konfenschuniəl konventionell
konyn (-e) kunejn Kaninchen
kook (ge-) kuək kochen
kookpot (-te) kuəkpott Kochtopf
kooktoestel (-le) kuəktußtäl Kocher
kool kuəl Kohl
koolsteen (-stene) kuəlßtiən Kohletabletten
koop kuəp Kauf
koop (ge-) kuəp kaufen
koopbewys (-e) kuəpbəwejß Gutschein
koopware kuəpwahrə Ware
koor (kore) kur Chor
koors kuərß Fieber
kop (-pe) kop Kopf
koper kuəpər Kupfer
koper (-s) kuəpər Käufer
kopie (-ë) kupi Kopie
koppeling koppələng Kupplung
koppie (-s) koppi Tasse
koppie koffie'n ə koppi koffi eine Tasse Kaffee
koppig (-e) koppəch störrisch
Koran kurahn Koran
koring kurəng Weizen; Korn
koringland (-e) kurəngland Getreidefeld
korrek (-te) kurreck korrekt
korreksie (-s) kurreckßi Korrektur
korrigeer (ge-) korrəchiər korrigieren
kort kort kurz
kort mansbaadjie (-s) kort manßbaaiki Sakko
kortpad (-paaie) kortpatt Abkürzung (Straße)
kortsluiting (-s) kortßlöitəng Kurzschluß

kos koß Essen (Nahrung)
kosbaar (-bare) koßbahr kostbar
koshuis (-e) kosshöiß Internat
kosmetiek kossmiətick Kosmetika
koste per dag kostə pər dach Kosten pro Tag
kosteloos (-lose) koßtəluəß kostenlos; gebührenfrei
kostes koßtəß Kosten
kostuum (-tume) koßtschim Kostüm
kou (ge-) kou kauen
koud (koue) kout kalt
koue kouə Kälte
koue vleis(-e) kouə flejß Aufschnitt
kouefront kouəfront Kältewelle
kousbroekie (-s) koußbruki Strumpfhose
kouse koußə Socken
kraag (krae) krahch Kragen
kraan (krane) krahn (Wasser-)Hahn
kraanwater krahnwahtər Leitungswasser
krag (-te) krach Kraft
kragaansluiting krachahnßlöitəng Stromanschluß
kragopwekker (-s) krachopwäckər Lichtmaschine
kragprop (-pe) krachprop Stecker
kragverbruik krachfərbröik Stromverbrauch
kragvoorsiening krachfurßinnəng Stromversorgung
kramp (-e) kramp Krampf
krans (-e) kranß Kranz
krap (ge-) krapp kratzen
krediet krəditt Kredit; Gutschrift
kredietkaart (-e) krəditkahrt Kreditkarte
ℹ *Visa, American Express, Euro-/Mastercard und Diners Club werden akzeptiert.*
kreukel (ge-) kröəkəl knittern
kring (-e) krəng Ring (Kreis); (Freundes-)Kreis
kringe krəngə Augenränder
kringloop (-lope) krəngluəp Jahreszeiten
krisis (-se) krißəß Krise
kritiek krətik Kritik
krities (-e) kritiß kritisch
kritiseer (ge-) krətəßiər kritisieren
kroeg (kroeë) kruch Bar; Kneipe
krokodilplaas (-plase) krokədəlplahß Krokodil-Farm
krom kromm krumm

K

kroon (krone) kruən Krone
kruid (kruie) kröit Kraut
kruie byvoeg (byge-) kröiə bejfuch würzen
kruier (-s) kröiər Gepäckträger
kruik (-e) kröik Krug
kruip (ge-) kröip kriechen
kruis (-e) kröiß Kreuz
kruisbeeld (-e) kröißbiəlt Kruzifix
kruisbessie (-s) kröißbessi Stachelbeere
kruisgang (-e) kröißchang Kreuzgang
kruising (-s) kröißəng Kreuzung
kruit kröit (Schieß-)Pulver
kry (ge-) krej bekommen
kryt krejt Kreide
kubieke meter köbikə miətər Kubikmeter
kuit (-e) köit Wade
kultuur (-ture) költühr Kultur
kuns (-te) könß Kunst
kunsgalery (-e) könßchalərej Kunstgalerie
kunshandwerk könßhantwärk Kunsthandwerk
kunsledemaat (-mate) könßliədəmaht Prothese
kunsmatig (-e) könßmahtəch künstlich
kunsrigting (-s) könßrəchtəng Kunstrichtung
kunsskilder (-s) könßkəldər (Kunst-)Maler(in)
kunsstof (-stowwe) könßtof Kunststoff
kunstenaar (-s)/kunstenares (-se) könßtənahr Künstler(in)
kunswerk (-e) könßwärk Kunstwerk
kurk (-e) körk Korken; Kork
kurktrekker (-s) körkträkər Korkenzieher
kursus (-se) körßəß Kurs; Lehrgang
kus (-te) köß Küste
kusgebied kößchəbit Küstengebiet
kussing (-s) kössəng Kissen
kuur (kure) kühr Kur
kwaad (kwaai) kwaht zornig
kwalifikasie (-s) kwalifikahßi Qualifikation
kwaliteit kwalitejt Qualität
kwart kwart Viertel (Menge)
kwas (-te) kwaß Pinsel
kweek (ge-) kwiək anbauen; züchten (Pflanzen)
kwitansie (-s) kwətanßi Quittung
kyk (ge-) kejk zuschauen

laag (lae) lahch niedrig
laagwater laachwatər Ebbe ℹ *Der Unterschied zwischen Ebbe und Flut ist nicht so groß wie in Europa.*
laai kapasiteit laai kapaßitejt Speicher (Computer)
laaikas (-te) laaikaß Schublade
laas lahß zuletzt noch gesehen
laaste lahßtə zuletzt; als Letzte
laaste reinigingsproses (-se) lahßte rejnəchəngßprusses Endreinigung
laaste stopplek (-e) lahßte ßtoppläk Endhaltestelle
laat laht lassen; erlauben; spät
laat 'n ambulans kom laht ə ambülanß komm Rufen Sie einen Krankenwagen
laat regmaak laht rächmahk reparieren lassen
laat sink (gelaat) laht ßənk versenken; versinken
laat skrik laht skrək erschrecken
laat styg laht ßtejch steigern
laat suip laht ßöip tränken (Vieh)
laat weet (gelaat) laht wiət benachrichtigen; mitteilen
laatslaper (-s) lahtßlahpər Langschläfer
laatste lahßtə letzte
laboratorium (-s) labrəturiöm Labor
lae verkeersgebied laə fərkiərßchəbit verkehrsberuhigte Zone
laer (-s) lahr Lager
laerskool (-skole) lahrßkuəl Grundschule
Laeveld laəfält Unterland (Grasland)
lafaard (-e) laffahrt Feigling
lafhartig (-e) laffhartəch feige
lag (ge-) lach lachen (über)
lamp (-e) lamp Lampe
lamsvleis lammßflejß Lammfleisch
land (-e) lant Land
land (ge-) lant landen
land binnekom (binnege-), 'n/die ... ə/die lannt bənnəkomm einreisen
landbou lantbou Landwirtschaft
landelik (-e) landələk ländlich
landerye landərejə Länderei
landing (-s) landəng Landung
landkaart (-e) lantkahrt Landkarte
landskap (-pe) lantßkapp Landschaft

lang lang lange (Zeit)
langs langß neben; entlang
langs mekaar langß məkahr nebeneinander
langsaan langßahn daneben; neben; nebenan
langwerpig (-e) langwärpəch länglich
lank (lang) lank lang
lankal lankal längst
lap (-pe) lapp Lappen
las (-te) lass Beschwerde; Bürde; Last
lastig (-e) lastəch lästig; ärgerlich
later lahtər später
Latyn latejn Latein
lê (ge-) leh liegen; legen (Teppich/Eier)
leed liət Leid
leef (ge-) liəf leben
leefwyse liəfwejßə Lebensweise
leeg (leë) liəch leer
leegmaak (leegge-) liəchmahk räumen; (aus-)leeren
leegmaaktye liəchmahktejə Leerungszeiten
leem liəm Lehm
leemte (-s) liəmtə Leere, Lücke
leen (ge-) liən (sich) leihen
leer liər Leder
leër (-s) liər Heer; Armee
lêer (-s) lähr (Akten-)Mappe; Ordner
leer (ge-) liər lernen
leer (lere) liər Leiter (zum Klettern)
leer ken (geleer) liər kenn (sich) kennenlernen
leerartikels liərartickəlß Lederwaren ℹ *z. B. aus Krokodil- und Straußenleder*
leergeld liər chält Kursgebühr
leerling (-e) liərləng Lehrling
leerstelling (-s) liərßtelləng Lehre
leerware liərwahrə Lederwaren
lees (ge-) liəß lesen
leesbaar (-bare) liəßbahr leserlich
legendaries (-e) lechəndahriß legendär
lei (ge-) lej leiten (Person)
leiding lejdəng Führung
leier (-s) lejər Leiter (einer Partei); Führer
lek (-ke) läck Leck
lek (ge-) läck lecken
lekker slaap läkkər ßlahp schlaf(t) schön
lekkerny (-e) läckərnej Leckerbissen
lekkers läckərß Süßigkeiten
lelik (-e) liələk häßlich

lem (-me) lemm Klinge
lemoen (-e) ləmunn Orange
lendestuk (-ke) lendəßtök Filet
lengte (-s) lengtə Länge
lengtemaat lengtəmaht Längenmaß
lensies lehnßis Linsen
lente lentə Frühling
lepel (-s) liəpəl Löffel
les (-se) leß Stunde (Unterricht)
lesbies (-e) leßbiß lesbisch
leser (-s) liəßər Leser(in)
lessenaar (-s) lessənahr Schreibtisch; Pult
letter (-s) lettər Buchstabe
lettergreep (-grepe) lettərchriəp Silbe
letterlik (-e) lettərlək wörtlich; buchstäblich
lettie (-s) letti Lesbe
leuen (-s) löən Lüge
leuning (-s) löənəng Lehne
leunstoel (-e) löənßtul Sessel
lewe (-ns) liəwə Leben
lewende wese (-ns) liəwəndə wiəßə Lebewesen
lewendig (-e) liəwəndəch lebendig; lebhaft
lewenskoste (-s) liəwənßkoßtə Lebenshaltungskosten
lewenslank liəwənßlank lebenslänglich
lewensmaat liəwənßmaht Lebensgefährte/(in)
lewensstandaard (-e) liəwənßtandahrt Lebensstandard
lewer liəwər Leber
lewer (ge-) liəwər liefern (Beweise)
lidmaat (-mate) lətmaht Mitglied
lied (-ere) litt Lied
lief (liewe) lif liebenswürdig
liefde lifdə Liebe
liefdevol (-le) lifdəfoll liebevoll; zärtlich
liefhê (-gehad) lifheh lieben
liefhebber (-s) lifhebbər Anhänger (Sport etc.)
liefies liffiß niedlich
liefkoos (ge-) lifkuəß streicheln; liebkosen; kuscheln
lieflik (-e) liflək lieblich (Gesicht)
liefling (-e) lifləng Liebling
liewer liwwər lieber; eher
lig ləch Licht
lig (-te) ləch leicht (Gewicht)
lig (ge-) ləch heben (Last)

ligbeskermingsfaktor ləchbəßkärməngßfaktor Lichtschutzfaktor ℹ *Die Sonne ist sehr intensiv, deshalb nur Creme mit hohem Lichtschutzfaktor verwenden!*
ligblou ləchblou hellblau
ligbruin ləchbröin hellbraun
liggaam (-game) ləchahm Körper
liggaamlik (-e) ləchahmlək körperlich; physisch
ligsinnig (-e) ləchßənnəch leichtsinnig
ligte maaltyd (-tye) ləchtə mahltejt Imbiß
likeur (-e) likö̤ər Likör
linker lənkər linke
links lənkß links
lip (-pe) ləp Lippe
lipstiffie (-s) ləpßtəffi Lippenstift
lit (-te) lət Gelenk
liter litər Liter
literatuur lətəratühr Literatur
litteken (-s) ləttiəkən Narbe
logies (-e) luəchiß logisch
lok (-ke) lock Locke
lokaal (-kale) lukahl örtlich; lokal (med.)
lokaas lockahß Köder (Angeln) ℹ *Es herrschen ideale Bedingungen zum Angeln.*
lokale oproep (-e) lokahlə oprup Stadtgespräch
lokomotief (-tiewe) lokumutif Lokomotive
lomp lomp plump
long (-e) long Lunge
longontsteking longontßtiəkəng Lungenentzündung
lood luət Blei
loodreg (-te) luəträch senkrecht
loodvry (-e) luətfrej bleifrei
loof (ge-) luəf loben
loon (lone) luən (Wochen-)Lohn
loop (ge-) luəp (aufrecht) gehen
loopbaan (-bane) luəpbahn Karriere
loopmaag luəpmaach Durchfall
loopneus luəpnöəß Schnupfen
loopskoene luəpßkunnə Wanderschuhe
loot (lote) luət Trieb (am Baum)
lootjie (-s) luiki Los (Lotto)
lopende bankrekening (-e) luəpəndə bankriəkənəng Girokonto
los loß lose; locker (Schraube)
los klippe loß kləppə Geröll
losie (-s) luəßi Loge
losieshuis (-e) lußißhöiß Pension (Fremdenheim)
loslaat (losge-) loßlaht loslassen
losmaak (losge-) loßmahk abmachen; lösen; entfernen; ablegen (Schiff)
losmaakplek (-ke) loßmahkpläck Ablegestelle
lou lou lauwarm
lug löch Luft
lug (ge-) löch lüften
lugdruk löchdrök Luftdruck
lughawe (-ns) löchawə Flughafen
lugklep (-pe) löchklep Ventil
lugpomp (-e) löchpomp Luftpumpe
lugredery (-e) löchriədərej Fluggesellschaft ℹ *z. B. Suid-Afrikaanse Lugdiens (SAL) / South African Airways (SAA)*
lugreëling löchriələng Klimaanlage
lugvogtigheid löchfochtəchejt Luftfeuchtigkeit
lui löi faul (Person)
lui (ge-) löi läuten
luidspreker (-s) löitßpriəkər Lautsprecher
luister na (geluister) löißtər na zuhören
lus (-te) löß Lust
lus hê (gehad) löß heh Lust haben
Luxemburg luxembörch Luxemburg
Luxemburgs (-e) luxemnörchß luxemburgisch
ly (ge-) lej leiden (Hunger)
lyk (-e) lejk Leiche
lyk (ge-) lejk aussehen; vorkommen; scheinen
lyk soos lejk ßuəß sich gleichen
lym lejm Leim
lyn (-e) lejn Leine; Schnur; Linie
lys (-e) lejß Liste
lys van hotelle lejß fan hutällə Hotelverzeichnis
ma ('s) mah Mama
maag (mae) mahch Magen
maagpyn mahchpejn Bauchschmerzen
maagsweer (-swere) mahchßwiər Magengeschwür
maai (ge-) maai mähen (Getreide)
maak (ge-) mahk machen; anmachen (Salat)
maal mahl mal
maal (ge-) mahl mahlen; Mal
maal (male) mahl Mal

maalgat (-gate) mahlchat Strudel
maaltyd (-tye) mahltejt Mahlzeit
maalvleis mahlflejß Gehacktes
maan (mane) mahn Mond
maand (-e) mahnt Monat
Maandag mahndach Montag
maandeliks (-e) mahndələkß monatlich
maandlikse seisoenkaartjie (-s) mahndələkßə ßejßunkahrki Monatskarte
maandstonde mahntßtondə Menstruation
maar mahr nur; allerdings; aber; sondern
Maart mahrt März
maat (-s) maht Geselle
maat (mate) maht Maß(einheit)
maateenheid (-hede) mahtiənhejt Maßeinheit
maatreël (-s) mahtriəl Maßnahme
maatskappy (-e) mahtßkappej Firma
maatstaf (-stawwe) mahtßtaf Maßstab
macaroni mäckərouni Nudeln
maer mahr mager
maermerrie (-s) mahrmehri Schienbein
mag mach Macht; dürfen
magasyn (-e) machaßejn Magazin (Handfeuerwaffe)
magneet (-nete) machniət Magnet
magtig (-e) machtəch mächtig
mak mak zahm
maklik (-e) macklək anspruchslos; leicht (Aufgabe)
maksimumsnelheid (-hede) mackßimömßnälhejt Höchstgeschwindigkeit
mal mall verrückt
malaria məlahria Malaria ℹ *Im Nordosten des Landes verbreitet, Tabletten zur Prophylaxe sind rezeptlos in Apotheken erhältlich.*
mampoer mampuhr Schnaps ℹ *privat gebraut, sehr hochprozentig*
man (-s) mann Mann
mandjie (-s) mainki Korb
mangelontsteking mangəlontßtiəkəng Mandelentzündung
manier (-e) manihr Weise (Art und Weise)
manlik (-e) mannlək männlich
manskap (-pe) manßkap Mannschaft (Truppe)
manskleding mannßkliədəng Herrenbekleidung
margarien marcharihn Margarine
mark mark Mark (Geldeinheit)
mark (-te) mark Markt
markgebou (-e) markchəbou Markthalle
markplein (-e) markplejn Marktplatz
marmelade marməlahdə Orangen-Marmelade
marmer marmər Marmor
martel (ge-) martəl quälen
mas (-te) maß Mast (maritim)
mascara maßkahra Wimperntusche
masjien (-e) maschin Maschine
maskers maßkərß Masken von div. Bantustämme
massa (-s) massa Masse
massamedia massamidia Massenmedien
massering (-s) massiərəng Massage
masseur/masseuse massöər/massöəßə Masseur(in)
massief (-siewe) massif massiv
mat (-te) matt Matte
mateloos (-lose) mahtəluəß maßlos
materiaal (-riale) materiahl Material; Stoff
materie matiəri Materie
materieel (-ële) materiəl materiell
materiële skade matiəriələ ßkahdə Sachschaden
matras (-se) matrass Matratze
matriek matrick Abitur
matriekafskeid matrikafßkejt Schultanz ℹ *Abschiedsparty für Schulabgänger*
matroos (-trose) matruəß Matrose
me. (mevrou/mejuffrou) məfrou/mejjöfrou Frau oder Fräulein
medalje (-s) mədaljə Orden (Auszeichnung)
medebewoner (-s) miədəbəwuənər Mitbewohner(in)
medelye miədəlejə Mitleid
medewerker (-s)/medewerkster (-s) miədəwärkər/miədəwärkßtər Mitarbeiter(in)
medies behandel miədiß behandəl verarzten
mediese kaart (kaarte) medißə kahrt Versicherungskarte; Krankenschein
mediese versekering miədißə fərßiəkərəng Krankenversicherung ℹ *Man sollte vorher eine Reisekrankenversicherung abschließen.*
medisyne mədəßejnə Medizin; Arznei
medium midiöm medium
meedeling miədiələng Mitteilung

M

meedoëloos (-e) miəduəluəß rücksichtslos (Mensch)
meegevoel (-ens) miəchəfull Mitgefühl
meel miəl Mehl
meen (ge-) miən meinen
meer miər mehr
meer (mere) miər See
meer as genoeg miər aß chənuch reichlich
meerderheid (-hede) miərdərhejt Mehrheit
meervoud (-e) miərvout Mehrzahl
meestal miəßtal meistens
meester (-s) miəßtər Meister(in)
meesterstuk (-ke) miəßtərßtök Meisterwerk
meet (ge-) miət messen
meganies (-e) məchahniß mechanisch
Mei mej Mai
meisie (-s) mejßi Mädchen
mejuffrou mejöffrou Fräulein
mekaar verstaan məkahr fərßtahn (sich) verstehen
mekaar weer sien məkahr wiər ßin (sich) wiedersehen
melancholies (-e) melankuəliß melancholisch
melk mälk Milch
melkkoffie (-s) mälkoffi Milchkaffee
melktert (-e) mälktärt Milchtorte (mit Zimt)
melodie (-ë) meludi Melodie
meneer (-nere) məniər Herr
meng (ge-) meng mischen
menger (-s) mengər Mixer
mengsel (-s) mengßəl Mischung
menigte (-s) miənəchtə Menge
mens (-e) menß Mensch
mens, 'n ... ə menß man
mensdom menßdom Menschheit
mense menßə Leute
menseregte menßərächtə Menschenrechte
menslik (-e) menßlək menschlich
menstruasie (-s) menßtrüahßi Regel (phys.)
mes (-se) meß Messer
mes en vurk meß en förk Messer und Gabel
messelaar (-s) messəlahr Maurer
met met mit
met 'n broodkrummelkors met ə bruətkrömməlkorß paniert
met "jy" en "jou" aanspreek met "jej" en "jou" ahnßpriək (sich) duzen
met "u" aanspreek met ü ahnßpriək (sich) siezen
met besonderhede met beßonderhiədə ausführlich
met goud oortrek (oorge-) met chout urträk vergoldet
met iemand slaap (ge-) met immant ßlahp mit jemandem schlafen
met koste met koßtə gebührenpflichtig
met mekaar met məkahr miteinander
met mekaar ooreenstem met məkahr uəriənßtem sich einigen
met patrone met patruənə gemustert
met silwer oorgetrek met ßəlwər urchəträk versilbert
metaal (-tale) mətahl Metall
metaalafval mətahlaffal Schrott
meter miətər Meter
metode (-s) mətuədə Methode
meubels möəbəlß Möbel
meul (-e) möəl Mühle
mevrou məfrou Frau
Mexikaans (-e) mexikahnß mexikanisch
Mexiko mexiku Mexiko
miau (ge-) miau miauen
middag məddach Mittag
middagete (-s) məddachiətə Mittagessen
middel məddəl Mitte
middele məddələ Mittel
Middeleeue məddəliuə Mittelalter
Middeleeus (-e) məddəliuß mittelalterlich
Middellandse See məddəlantßə ßiə Mittelmeer
middelmatig (-e) məddəlmahtəch mittelmäßig; mäßig
middeloorontsteking məddəlurontßtiəkəng Mittelohrentzündung
middelpad (-paaie) məddəlpatt Mittelgang
middelpunt (-e) məddəlpönt Mittelpunkt
middelsitplek (-ke) məddəlßətpläk Mittelplatz
middernag (-te) məddərnach Mitternacht
middestat məddəßtatt Stadtmitte ℹ *Das Zentrum Johannesburgs besser nachts meiden, das Nachtleben findet in den Außenbezirken statt.*
mielies miliß Mais

migraine mihgrejnə Migräne
mikrofoon (-fone) mikrufuən Mikrophon
mikrogolfoond (-e) mikrucholfuənt Mikrowellengerät
milieu miljö Szene (Drogen etc.)
militêr (-e) məllətär militärisch
militêre diens mələtärə dinß Wehrdienst
miljoen məljun Million
milligram məllichram Milligramm
milliliter məllilitər Milliliter
millimeter məllimiətər Millimeter
min mən wenig(e)
minder as məndər aß weniger (als)
minderheid (-hede) məndərhejt Minderheit
minderwaardig (-e) məndərwahrdəch minderwertig
mineraalwater mənərahlwatər Mineralwasser
minibus-taxi (-s) minibößß Minibus-Taxi
ℹ *Preiswert, doch sollte man sie nicht ohne einheimische Begleitung benutzen.*
miniraal (-rale) mənərahl Mineral
minister (-s) mənəßtər Minister(in)
ministerie mənəßtiəri Ministerium
minnaar (-s)/minnaares (-se) mənnahr/mənnahreß Liebhaber(in)
minstens mənßtənß mindestens
minus minößß minus
minuut (-nute) mənüht Minute
mis məß Mist; Dünger; Nebel
misbruik məßbröik mißbrauchen
misdaad məßdaht Verbrechen
misdadiger (-s) məßdahdəchər Verbrecher(in)
misdiens (-te) məßdinß Messe (Kirche)
misgis məßchəß (sich) irren; (sich) täuschen
mishandel məßhandəl mißhandeln
mishoop (-hope) məßhuəp Misthaufen
miskien məßkin vielleicht
misluk məßlök mißlingen
mislukking (-s) məßlökəng Mißerfolg
mistig (-e) məßtəch / məßtəch neblig; dunstig
misverstand (-e) məßfərßtant Mißverständnis
mits mətß vorausgesetzt daß
mnr. (meneer) məniər Herr
modder moddər Matsch; Schlamm
modderskerm (-s) moddərßkärm Kotflügel
mode (-s) muədə Mode
model (-le) mudäl Modell; Vorlage
modern (-e) mudärrən modern; gegenwärtig
moderne kuns mudärnə könß Moderne Kunst
modeskou (-e) muədəßkou Modenschau
modieus (-e) muədiößß modisch
moed mutt Mut
moedeloos wees muddəluəß wiəß geknickt sein
moeder (-s) mudər Mutter
moedertaal (-tale) mudərtahl Muttersprache
moeg (moeë) much müde; matt
moeilik (-e) muilək schwierig
moeilikheid (-hede) muiləkhejt Schwierigkeit
moeite muitə Mühe
moeite doen (gedoen) muitə dunn sich bemühen
Moenie! munni Tu' das nicht!
moeras (-se) murraß Moor; Sumpf
moerasagtig (-e) murraßachtəch sumpfig
moet (moes) mutt müssen
mof moff schwul
moffie (-s) moffi Schwuler
moltrein (-e) moltrejn U-Bahn
moltreinstasie moltrejnßtaßi U-Bahn-Station
mompel (ge-) mompəl murmeln
mond (-e) mont Mund
mondeliks (-e) mondələkß mündlich
mondspoelmiddel (-s) montßpulməddəl Mundwasser
monnik (-e) monnək Mönch
monster (-s) monßtər Probe
monteerbaan (-bane) montiərbahn Fließband
monument (-e) monüment Monument; Denkmal
monumentesorg monüməntəßorch Denkmalschutz
mooi moi schön; hübsch
mooi bly moi blej mach(t)'s gut (an Zurückbleibende)
mooi loop moi luəp mach(t)'s gut (an Abreisende)
mooier maak (gemaak) moiər mahk verschönern
moontlik (-e) muəntlək möglich
moontlikheid (-hede) muəntləkhejt Möglichkeit
moord (-e) murt Mord

M

moordenaar (-s)/moordenares (-se) murdənahr/murdənahress Mörder(in)
Moors (-e) murß maurisch
môre mohrə morgen
môre (-s) mohrə Morgen (früh am Tag)
morg morch Morgen (Landvermessung)
mosaïek (-e) mußa-ik Mosaik
moskee (-s) moßkiə Moschee
Moslem (-me) moßlem Muslim(e)
Moslems (-e) moßlemß muslimisch
mosterd moßtərt Senf
motief (-tiewe) mutif Motiv
motorband (-e) muətərbannt Reifen
motorbestuurder(-s) muətərbeßtührdər Autofahrer(in)
motorboot (-bote) muətərbuət Motorboot
motordefek muətərdifeck Panne (Motor)
motorfiets (-e) muətərfitß Motorrad; Mofa
motorhuur muətərhuhr Autovermietung
motorkar (-re) muətərkar Wagen; Auto
motorolie (-s) muətəruəli Motoröl
motorpont(-e) muətərpont Autofähre
motorprobleme muətərprubliəmə Motorschaden
motorwassery (-e) muətərwasserej Autowaschanlage/-straße
motorwerktuigkundige (-s) muətərwärktöichköndəchə Automechaniker(in)
motreën (ge-) mottriən nieseln
mou (-e) mou Ärmel
muesli muhßli Müsli
muis (-e) möiß Maus
munisipale busse münißipahlə bössə öffentlich-städtischer Busdienst ℹ *nur tagsüber in den großen Städten, Verbindung zwischen Innenstadt und Außenbezirken*
munisipaliteit münißipalitejt Stadtverwaltung
munt (-e) mönt Münze
muntstuk (-ke) möntßtök Münze
murg mörch Knochenmark
mus (-se) möß Mütze
museum (-s) miusiəm Museum
musiek mößik Musik
musikaal (-kale) müßikahl musikalisch
musikus (musici) müßiköß Musiker(in)
muskaat mößkaht Muskat(nuß)
muskiet (-e) mößkit Mücke
muskietbyt (-e) mößkittbejt Mückenstich
muur (mure) mühr Mauer; Wand
muurpapier mührpapihr Tapete
muurprop (-pe) mührprop Steckdose
muwwerig (-e) möwwərəch schimmelig
my mej mein(e)
my hene mej hiənə Meine Güte!
my naam is mej nahm əß ich heiße
My wêreld! mej wärəlt Was erzählst du mir!
myl mejl Meile
myn (-e) mejn Bergwerk
mynbou mejnbou Bergbau ℹ *einer der Hauptwirtschaftszweige*
na nah nach
na ... toe na ... tu zu (jemandem gehen)
na die pad vra (gevra) na di patt fra nach dem Weg fragen
na mekaar nah məkahr nacheinander
naai (ge-) nai nähen; ficken, bumsen (sex.)
naaimasjien (-e) naiməschin Nähmaschine
naald (-e) nahlt Nadel
naam (name) nahm Name
naambord (-e) nahmbort Schild
naamlik nahmlək nämlich
naamvieringsdag nahmfihrəngßdach Namenstag ℹ *ein hierzulande unbekannter Brauch*
naar (nare) nahr übel
naarheid nahrhejt Übelkeit
naaste nahßtə nächste (örtlich)
naat (nate) naht Naht
naboots (nage-) nahbuətß nachmachen
nabootsing (-s) nahbuətßəng Nachahmung
naby nahbej nahe (Präposition)
nabye nabejə nahe (Adjektiv)
nadat nahdat nachdem
nadeel (-dele) nahdiəl Nachteil
nader kom (ge-) nahdər komm sich nähern
nader trek (ge-) nahdər träk sich anziehen
nadink (nage-) nahdənk nachdenken (über)
nadink oor (nage-) nahdənk uhr (sich) überlegen
nael (-s) naəl Nagel
naelfeil (-e) nahlfejl Nagelfeile
naellak nahlack Nagellack
naelskêrtjie (-s) nahlßkärki Nagelschere
naeltjie (-s) nahlki Nelke (Gewürz)

nag (-te) nach Nacht

nagaan (nage-) nachahn überprüfen

nagdiens (-te) nachdinß Nachtdienst

nagereg (-te) nahchəräch Nachspeise; Nachtisch

nagklere ßlahp Schlafanzug

nagklub (-s) nachklöb Nachtclub

naglewe nachliəwə Nachtleben

naïef (naïewe) na-if naiv

nakom (nage-) nahkom nachkommen (Versprechen)

nakomelinge nahkuəmələngə Nachkommen

nalaat (nage-) nahlaht nachlassen (Leistung)

nalatig (-e) nahlahtəch nachlässig

Namakwaland namakwalannt Namaqualand *Im Frühling verwandelt sich diese trockene Region in ein Meer der schönsten Blumen.*

namiddag nahməddach Nachmittag

narkose narkuəßə Narkose

nartjie (-s) narki Mandarine

nasie (-s) nahßi Nation

nasien (nage-) nahßin nachsehen (Schulheft)

nasionaal (-nale) naschunahl national

nasionale park (parke) naschunahlə park Nationalpark *Der bekannteste ist wohl der Krüger National Park.*

nasionaliteit (-e) naschunalitejt Nationalität; Staatsangehörigkeit

nat natt naß

natlap (-pe) nattlapp Feuchttücher

natuur natühr Natur

natuurlik (-e) natührlək natürlich

Natuurlik! natührlək Klar!

natuurreservaat (-vate) natühressərfaht Naturschutzgebiet

natuurwetenskap natührwiətənßkapp Naturwissenschaft

navorser (-s) nahforßər Forscher

navorsing nahforßəng Forschung

navraag (-vrae) nahfrahch Nachfrage; Anfrage

naweek (-weke) nahwiək Wochenende

nederlaag (-lae) niədərlahch Niederlage

Nederland niədərlannt Niederlande

Nederlands niədərlanntß niederländisch

nee niə nein

neem (ge-) niəm nehmen

neerlê (neerge-) niərleh legen

neersit (neerge-) nierßət stellen; auflegen (Telefon)

neerslag niərßlach Niederschläge

neerslagtig (-e) niərslachtəch deprimiert; trüb (Stimmung)

negatief (-we) niəchatif negativ

nege niəchə neun

negehonderd niəchəhondərt neunhundert

negentien niəchəntin neunzehn

negentig niəchəntəch neunzig

neiging (-s) nejchəng Hang; Neigung

neiging (-s) om te braak nejchəng Brechreiz

nek (-ke) näck Nacken; Hals

nêrens närənß nirgends

nes (-te) ness Nest

net nett nur

net (-te) nett Netz (Angeln; Sport)

net so net suə ebenso; gleichfalls

net soos net ßuəß sowie

netheid nethejt Sauberkeit

netjies (-e) nehkiß gepflegt

netnou netnou vorhin; gleich (sofort)

neurie (ge-) nöəri summen (Melodie)

neus (-e) nöəß Nase

neusbloeding nöəßbluddəng Nasenbluten

neut (-e) nöət Nuß

neutraal (-trale) niutrahl neutral

newe-effek niəwə effek Nebenwirkung

nie ni nicht

Nie aanraak nie! ni ahnrahk ni Nicht berühren!

nie eenkeer nie ni iənkiər ni keinmal

nie net ... nie, maar ook ni nett ... ni, mahr uək nicht nur ... sondern auch

nie-roker (-s) ni-ruəkər Nichtraucher

nie-rokerskompartement (-e) ni-ruəkərßkomparətment Nichtraucherabteil

niemand nimannt niemand

nier (-e) nihr Niere

nies (ge-) niß niesen

nietig klein nitəch klejn winzig

niggie (-s) nəchi Cousin(e)

niks nəkß nichts

nodig (-e) nuədəch nötig

noem (ge-) num nennen; erwähnen

nog noch noch

nòg ... nòg noch ... noch weder ... noch

nog nie noch ni noch nicht
nogtans nochtanß trotzdem; dennoch
nommer (-s) nommər Nummer
nommerplaat (-plate) nommərplaht Nummernschild
non (-ne) nonn Nonne
nonsens nonßənß Unsinn
nood nuət Not
noodarts (-e) nuətartß Notarzt
nooddiens nuədinß Notdienst
noodlanding (-s) nuətlandəng Notlandung
noodlot nuətlot Schicksal
noodrem (-me) nuətrem Notbremse
noodroep (-e) nuətrup Notruf
noodsein (-e) nuətßejn Notsignal
nooduitgang (-e) nuətöitchang Notausgang
noodverband nuətfərbannt Notverband
noodwendig (-e) nuətwendəch notwendig
nooit noit nie(mals)
noord (-e) nurt Nord(en)
noordelik (-e) nurdələk nördlich
Noord-Kaap nurtkahp Nordkap
Noord-Wes nurt-weß Nordwest
Noordelike Provinsie nuərdələkə prufənßi Nord-Provinz
Noordpool nurtpuəl Nordpol
noot (note) nuət Klaviertaste; Note (Musik)
normaal (-male) normahl normal; verbleit (Benzin)
notisie nutahßi beachten
nou nou nun; jetzt; eng
nou ja nou ja nun (unter den Umständen)
nouer maak (gemaak) nouər/ mahk enger machen
nousluitend (-e) noußlöitənt (wie) angegossen (sitzen)
November nuəfembər November
NP en-piə Nationale Partei ℹ *zur Zeit Oppositionspartei Südafrikas*
nugter nöchtər nüchtern
nul nöl Null
nutteloos (-lose) nöttəluəß zwecklos; unnütz (Person)
nuttig (-e) nöttəch nützlich
nuttige plante nöttəchə plantə Nutzpflanze
nuus nühß Neuigkeit; Nachricht(en)
nuuskierig (-e) nəßkirrəch neugierig

nuut (nuwe) nüt neu
Nuwejaar nüwəjahr Neujahr
nuwigheid (-hede) nüwəchejt Neuheit
nywerheid (-hede) nejwərhejt Industrie
nywerheids (-e) nejwərhejtß industriell
nywerheidsstad (-stede) nejwərhejtßtatt Industriestadt

O

O! uə Ach so!
oase (-s) u-ahßə Oase
objektief (-tiewe) objektif objektiv
oefen (ge-) uffən üben; trainieren (Sportler)
oefening (-s) uffənəng Übung
oënskynlik (-e) uənßkejnlək anscheinend
oerwoud (-e) uhrwout Urwald; Dschungel
oes (-te) uß Ernte
oes (ge-) uß ernten
oeswerker (-s) ußwärkər Erntehelfer
oewer (-s) uwwər Ufer
of off ob; oder
òf ... òf off ... off entweder ... oder
offer (-s) offər Opfergabe
offer (ge-) offər opfern
offisieel (-ele) offischiəl offiziell
ogies maak uəchiß mahk Flirt
OK ou kej OK; in Ordnung
Oktober oktuəbər Oktober
olie (-s) uəli Öl
olie nagaan uəli nahchahn Ölstand prüfen
Olimpiese Spele uələmpißə ßpiələ Olympische Spiele
olyf (olywe) uəlejf Olive
olyfolie uəlejfuəli Olivenöl
om om um
om't ewe omt iəwə egal; gleichgültig
om sesuur om ßeßühr um sechs/achtzehn Uhr
omarm omarrəm (sich) umarmen
ombou (omge-) ombou umbauen
ombring (omge-) ombrəng umbringen
omdat omdat da; weil
omdraai (omge-) omdraai umdrehen; umkehren
omelet (-te) ommələtt Omelett
omgang omchang Umgehungsstraße; Geschlechtsverkehr
omgekeer (-de) omchəkiər umgekehrt
omgewing (-s) omchiəwəng Umgebung; Umwelt

omgewingsbeheer omchiəwəngßbəhiər Umweltschutz

omgooi (omge-) omchoi umwerfen

omkantel (omge-) omkantəl umkippen; umfallen

omkeer (omge-) omkiər kehren; wenden

omkoping omkuəpəng Bestechung

ompad (-paaie) ompatt Umweg; Umleitung

omreken (omge-) omriəkən umrechnen

omrekeningstabel (-le) omriəkənəngßtabäl Umrechnungstabelle

omroer (omge-) omruhr verrühren

omruil (omge-) omröil umtauschen

omruil van motorband omröil fan muətərbannt Reifenwechsel

omry (omge-) omrej überfahren

omset omßet Umsatz

omskakel (omge-) omßkakəl umschalten (Strom)

omslag (-slae) omßlach Umschlag

omslagtig (-e) omßlachtəch umständlich

omspit (omge-) omßpət umgraben

omstandighede omßtandəchiədə Umstände

omtrent omtrent ungefähr

omval (omge-) omfall umfallen

omvang omfang Umfang

omvangryk (-e) omfangrejk umfangreich

onaangenaam (-name) onahnchənahm unangenehm; widerwärtig

onafhanklik (-e) onafhanklək unabhängig

onafhanklike televisiestasie (-s) onafhankləkə teləwißißtahßi Privatfernsehen

onafhanklikheid onafhankləkhejt Unabhängigkeit

onbeduidend (-e) onbədöidənt nebensächlich

onbegaaf (-de) onbəchahf unbegabt

onbekend (-e) onbəkent unbekannt

onbepaald (-e) onbəpahlt unbestimmt

onbeperk (-te) onbəpärk unbegrenzt

onberispelik (-e) onbərəßpələk einwandfrei

onbeskaaf (-de) onbəßkahf unkultiviert; unzivilisiert

onbeskadig (-de) onbəßkahdəch unbeschädigt

onbeskof (-de) onbəßkoff unhöflich

onbreekbaar (-bare) onbriəkbahr unzerbrechlich

onbuigsaam (-same) onböichßahm starr

onder ondər unten; unter; unterhalb

onder andere ondər andərə unter anderem

onder mekaar ondər məkahr untereinander

onder staatsbeheer bring (gebring) ondər ßtahtßbəhiər brəng verstaatlichen

onderarm (-s) ondərarrəm Unterarm

onderbaadjie (-s) ondərbaaiki Weste

onderbreek ondərbriək unterbrechen

onderbreking (-s) ondərbriəkəng Unterbrechung

onderbroek (-e) ondərbruk Unterhose, Slip

onderdeel (-dele) ondərdiəl Unterteil

onderdeel (dele) ondərdiəl Ersatzteil

onderdruk ondərdrök unterdrücken

onderdy (-e) ondərdej Unterschenkel

ondergaan (onderge-) ondərchahn untergehen (Sonne/Kultur)

ondergang ondərchang Ruin

ondergeskikte ondərchəßkəktə Untergebene

ondergrondse deurgang (-e) ondərchrontßə döərchang Unterführung

onderhandel ondərhandəl verhandeln

onderhandeling ondərhandələng Verhandlung

onderhemp (-hemde) ondərhemp Unterhemd

onderhoud (-e) ondərhout Interview

onderklere ondərkliərə Unterwäsche

onderlyf ondərlejf Unterleib

onderneem (ge-) ondərniəm unternehmen

onderrig ondərəch Unterricht

om om um

om't ewe omt iəwə egal; gleichgültig

om sesuur om ßeßühr um sechs/achtzehn Uhr

omarm omarrəm (sich) umarmen

ombou (omge-) ombou umbauen

ombring (omge-) ombrəng umbringen

omdat omdat da; weil

omdraai (omge-) omdraai umdrehen; umkehren

omelet (-te) omməlett Omelett

omgang omchang Umgehungsstraße; Geschlechtsverkehr

omgekeer (-de) omchəkiər umgekehrt

omgewing (-s) omchiəwəng Umgebung; Umwelt

omgewingsbeheer omchiəwəngßbəhiər Umweltschutz

O

omgooi (omge-) omchoi umwerfen
omkantel (omge-) omkantəl umkippen; umfallen
omkeer (omge-) omkiər kehren; wenden
omkoping omkuəpəng Bestechung
ompad (-paaie) ompatt Umweg; Umleitung
omreken (omge-) omriəkən umrechnen
omrekeningstabel (-le) omriəkənəngßtabäl Umrechnungstabelle
omroer (omge-) omruhr verrühren
omruil (omge-) omröil umtauschen
omruil van motorband omröil fan muətərbannt Reifenwechsel
omry (omge-) omrej überfahren
omset omßet Umsatz
omskakel (omge-) omßkakəl umschalten (Strom)
omslag (-slae) omßlach Umschlag
omslagtig (-e) omßlachtəch umständlich
omspit (omge-) omßpət umgraben
omstandighede omßtandəchiədə Umstände
omtrent omtrent ungefähr
omval (omge-) omfall umfallen
omvang omfang Umfang
omvangryk (-e) omfangrejk umfangreich
onaangenaam (-name) onahnchənahm unangenehm; widerwärtig
onafhanklik (-e) onafhanklək unabhängig
onafhanklike televisiestasie (-s) onafhankləkə teləwißißtahßi Privatfernsehen
onafhanklikheid onafhankləkhejt Unabhängigkeit
onbeduidend (-e) onbədöidənt nebensächlich
onbegaaf (-de) onbəchahf unbegabt
onbekend (-e) onbəkent unbekannt
onbepaald (-e) onbəpahlt unbestimmt
onbeperk (-te) onbəpärk unbegrenzt
onberispelik (-e) onbərəßpələk einwandfrei
onbeskaaf (-de) onbəßkahf unkultiviert; unzivilisiert
onbeskadig (-de) onbəßkahdəch unbeschädigt
onbeskof (-de) onbəßkoff unhöflich
onbreekbaar (-bare) onbriəkbahr unzerbrechlich
onbuigsaam (-same) onböichßahm starr
onder ondər unten; unter; unterhalb
onder andere ondər andərə unter anderem
onder mekaar ondər məkahr untereinander
onder staatsbeheer bring (gebring) ondər ßtahtßbəhiər brəng verstaatlichen
onderarm (-s) ondərarrəm Unterarm
onderbaadjie (-s) ondərbaaiki Weste
onderbreek ondərbriək unterbrechen
onderbreking (-s) ondərbriəkəng Unterbrechung
onderbroek (-e) ondərbruk Unterhose, Slip
onderdeel (-dele) ondərdiəl Unterteil
onderdeel (dele) ondərdiəl Ersatzteil
onderdruk ondərdrök unterdrücken
onderdy (-e) ondərdej Unterschenkel
ondergaan (onderge-) ondərchahn untergehen (Sonne/Kultur)
ondergang ondərchang Ruin
ondergeskikte ondərchəßkəktə Untergebene
ondergrondse deurgang (-e) ondərchrontßə döərchang Unterführung
onderhandel ondərhandəl verhandeln
onderhandeling ondərhandələng Verhandlung
onderhemp (-hemde) ondərhemp Unterhemd
onderhoud (-e) ondərhout Interview
onderklere ondərkliərə Unterwäsche
onderlyf ondərlejf Unterleib
onderneem (ge-) ondərniəm unternehmen
onderrig ondərəch Unterricht
onderrigstye ondərəchßtejə Unterrichtszeiten
onderskei ondərßkej unterscheiden
onderskeid ondərßkejt Unterschied
ondersoek (-e) ondərßuk Prüfung; Untersuchung
ondersoek (ge-) ondərßuk prüfen; untersuchen (Vorfall/Material)
ondersteun ondərßtöən unterstützen
onderstreep ondərßtriəp unterstreichen
onderteken ondərtiəkən unterschreiben
ondertoe ondərtu runter; abwärts (Richtung)
onderverdeel ondərfərdiəl unterteilen
ondervinding ondərfəndəng Erfahrung
onderwerp(-e) van 'n gesprek ondərwärp fan ə chəßpräk Gesprächsthema
onderwyser (-s)/onderwyseres (-se) ondərwejßər/ondərwejßəress Lehrer(in)
onduidelik (-e) ondöidələk undeutlich; unscharf

oneindig (-e) onejndəch unendlich
ongedeerd onchədiərt unverletzt
ongedekte tjek (-s) onchədäktə tscheck ungedeckt (Scheck)
ongeduldig (-e) onchədöldəch ungeduldig
ongekonsentreerd (-e) onchəkonßentriərt unkonzentriert
ongekook (-te) onchəkuək ungekocht
ongeldig (-e) onchäldəch ungültig
ongeletterd (-e) onchəlettərt ungebildet
ongelooflik (-e) onchəluəflək unglaublich; unheimlich
ongelowig (-e) onchəluəwəch ungläubig
ongeluk (-ke) onchəlök Unglück; Unfall; Pech
ongelukkig (-e) onchəlökəch unglücklich; leider
ongelukkig nie onchəlökkəch ni leider nicht
ongelyk (-e) onchəlejk ungerade
ongemaklik (-e) onchəmaklək unbequem
ongeneeslik (-e) onchəniəßlək unheilbar
ongeoorloofde werk onchə-urluəfdə wärk Schwarzarbeit
ongesond (-e) onchəßont ungesund
ongesteld onchəßtalt unwohl
ongetroud (-e) onchətrout ledig
ongetwyfeld onchətwejfəlt zweifellos
ongeveer onchəfiər etwa
ongevoelig (-e) onchəfulləch unempfindlich
ongewild (-e) onchəwəlt unbeliebt; unsympatisch
ongewoon (-wone) onchəwuən ungewöhnlich
onhandig (-e) onhandəch ungeschickt
onhigiënies (-e) onhichiəniß unhygienisch
oninteressant (-e) onəntrəßant uninteressant
onkoste (-s) onkoßtə Unkosten
onkruid onkröit Unkraut
onlangs (-o) onlangß kürzlich; vor kurzem; neulich
onleesbaar (-bare) onliəßbahr unleserlich
onluste onlößtə Unruhe; Aufruhr
onmenslik (-e) onmenßlək unmenschlich
onmoontlik (-e) onmuəntlək unmöglich
onoffisieel (-siële) onofischiəl inoffiziell
onontbeerlik (-e) onontbiərlək unentbehrlich
onopgevoed (-e) onopchəfut ungezogen; schlecht erzogen
onoplettend (-e) onoplettənt unaufmerksam
onpersoonlik (-e) onpərßuənlək unpersönlich
onreëlmatig (-e) onriəlmahtəch unregelmäßig
onreg onräch Unrecht
onregverdig (-e) onrächfärdəch ungerecht; unfair
onrustig (-e) onrößtəch unruhig
onrustigheid onrößtəchejt Unruhe (innere Erregung)
ons onß wir; unser(e)
onseker onßiəkər unsicher
onseker gemaak onßiəkər chəmahk verunsichert
onselfsugtig (-e) onsälfßəchtəch selbstlos
onsigbaar (-bare) onßəchbahr unsichtbar
onsimpatiek onßəmpatik verständnislos
onsin onßən Quatsch; Mist (dummes Zeug)
onskadelik (-e) onßkadələk harmlos; unschädlich
onskuldig (-e) onßköldəch unschuldig; harmlos
onsportief (-tiewe) onßportif unsportlich
onsterflik (-e) onßtärflək unsterblich
onstiptelik (-e) onßtaptələk unpünktlich
onstuimig (-e) ontßtöiməch rauh (See)
ontbied ontbit rufen (Arzt)
ontbied die polisie ontbit di pulißi Rufen Sie die Polizei!
ontbreek ontbriək fehlen
ontbyt (-e) ontbejt Frühstück
ontbytsaal (-sale) ontbejtßahl Frühstücksraum
ontdek ondäck entdecken
ontdekking (-s) ondäckəng Entdeckung
ontevrede ontəfriədə unzufrieden (mit)
onthou onthou sich erinnern (an)
ontken ontken verneinen
ontkiem ontkimm keimen
ontmoet ontmutt (sich) treffen
ontpit ontpət ontkernen
ontruim ontröim räumen; verlassen
ontsettend (-e) ontßettent äußerst
ontslaan (-slane) ontßlahn entlassen (auch: Krankenhaus); kündigen
ontsmet ontsmett desinfizieren
ontsmettingsmiddel (-s) ontsmettəngsməddəl Desinfektionsmittel
ontspan ontßpann sich erholen; sich entspannen
ontspanne ontßpannə locker (Atmosphäre)

O

ontspanning ontßpannəng Erholung; Entspannung
ontstaan ontßtahn entstehen
ontsteek ontßtiək entzündet
ontsteking (-s) ontßtiəkəng Infektion; Entzündung
ontsyfer ontßejfər entziffern
ontvang ontfang erhalten; bekommen; empfangen
ontvanger (-s) ontfanger Empfänger
ontvangs ontfangß Rezeption
ontvangskamer (-s) ontfangskamer Empfangshalle
ontvanklik (-e) ontfanklək aufgeschlossen
ontwerp ontwärp entwerfen
ontwerp (-e) ontwärp Entwurf; Design
ontwikkel ontwəckəl (sich) entwickeln
ontwikkeling ontwəkkələng Entwicklung; Bildung
ontwikkelingsbystand ontwəckələngs-bejßtant Entwicklungshilfe
onuitgemaak (-te) onöitchəmahk unentschieden
onverantwoordelik (-e) onfərantwuərdələk unverantwortlich
onverdraagsaam (-same) onfərdrahchßahm intolerant
onverskillig (-e) onfərßkəlləch rücksichtslos (fahren)
onverwags (-e) onfərwachß unerwartet
onverwagte aanval (-le) onfərwachtə ahnfall Überfall
onvoldoende onfolldundə ungenügend
onvolledig (-e) onfolliədəch unvollständig
onvoorwaardelik onfuərwahrdələk bedingungslos
onvriendelik (-e) onfrindələk unfreundlich
onweer onwiər Unwetter; Gewitter
onwettig (-e) onwəttəch ungesetzlich; rechtswidrig
oog (oë) uəch Auge
oogdokter (-s) uəchdoktər Augenarzt/-ärztin; Optiker(in)
oogdruppels uəchdröppəlß Augentropfen
ooggetuie (-s) uəchətöiə Augenzeuge
ooglid (-lede) uəchlət Lid
oogmerk (-e) uəchmärk Absicht
oogskaduwee (-s) uəchßkadüwiə Lidschatten
oogvliesontsteking uəchflißontßtiəkəng Bindehautentzündung
oogwimper (-s) uəchwəmpər Wimpern
ooit oit jemals
ook uək auch
oom (-s) uəm Onkel
oomblik (-ke) uəmblək Moment
oond (-e) uənt Ofen
oop uəp offen; geöffnet
oop treinwa uəp trejnwa Großraumwagen
oopmaak (oopge-) uəpmahk (er)öffnen; aufmachen
oopsluit (oopge-) uəpslöit aufschließen
oopstaan (oopge-) uəpßtahn aufstehen (Tür)
oopval (oopge-) uəpfal sich öffnen
oor uhr über; übrig
oor (ore) ur Ohr
oor iets kommer (gekommer) ur itß kommər sich kümmern (um)
oor mekaar ur məkahr übereinander
Oor, Neus en Keel Dokter ur, nöəß en kiəl doktər HNO-Arzt/-Ärztin
oorbrugkabels uərbröchkahbəlß Starthilfekabel
oord (-e) urt Ort; Ortschaft
oordadig (-e) urdahdəch übermäßig
oordeel (-dele) urdiəl Urteil
oordra (oorge-) urdra übertragen
oordruppels urdröppəlß Ohrentropfen
oordryf urdrejf übertreiben
ooreenkoms (-te) ur-iənkomß Ähnlichkeit; Vereinbarung
ooreenstem (-gestem) ur-iənßtem übereinstimmen; einverstanden
ooreenstemmig uriənßtemməg einig
ooreenstemming uriənßtemməng Einigung; Absprache
oorfone urfuənə Kopfhörer
oorgang (-e) urchang Übergang
oorgawe urchawə Leidenschaft
oorkant urkannt gegenüber (räumlich)
oorklim (oorge-) urkləm umsteigen
oorlog (-loë) urloch Krieg
oorloop (oorge-) urluəp überlaufen
oormôre urmohrə übermorgen
oornag (ge-) urnach übernachten

O

oornagting (-s) urnachtəng Übernachtung
oorneem (oorge-) urniəm übernehmen
oorplaas (oorge-) urplahß überweisen (Geld)
oorplasing (-s) urplahßəng Überweisung (Geld)
oorreed urriət überreden
oorsaak (-sake) urßahk Ursache
oorsee urßiə Übersee
oorsese oproep urßiəßə oprup Auslandsgespräch
oorsig urßəch Überblick
oorsigtelik (-e) urßəchtələk übersichtlich
oorsit (oorge-) uərßət übersetzen (Fähre)
oorskakel (oorge-) urßkahkəl umschalten (Rundfunk)
oorskiet urßkit Überreste
oorskry urßkrej überziehen; überzogen (Konto)
oorsprong urßprong Ursprung
oorspronklik (-e) urßpronklək ursprünglich; originell; original
oorspronklike stuk (-ke) urßpronkləkə ßtök Original
oorspronklike toestand (-e) urßpronkləkə tußtant Originalzustand
oorsteek (oorge-) urßtiək überqueren
oorstroming (-s) urßtruəməng Überschwemmung; Flut
oortog urtoch Überfahrt
oortrokke limiet uərtrockə ləmit Dispo-Rahmen
oortuig urtöich überzeugen
oortuigend (-e) urtöichənt überzeugend
oortyd urtejt Überstunde
oorvol urfoll überfüllt
oorwinnaar (-s) urwənnahr Sieger(in)
oorwinning (-s) urwənnahr Sieg
Oos(te) uəß Ost(en)
Oos-Kaap uəßkahp Ostkap
Ooskus uəßköß Ostküste ℹ *etwa von Port Elizabeth bis Mosambik*
oostelik (-e) uəßtələk östlich
Oostenryk uəßtənrejk Österreich
Oostenryker uəßtənrejkər Österreicher
Oostenryks (-e) uəßtənrejkß österreichisch
op op auf; rauf
op (Adjektiv) opp alle (aufgebraucht)
op die hoek van op di huk fan Ecke (...straße und ...straße)
op die laaste op di lahßtə spätestens
op die vroegste op die fruchßtə frühestens
op pad op patt unterwegs
op sy sit (gesit) op ßej ßət zurücklegen (Karten)
opblaasmatras (-se) opblahßmatrass Luftmatratze
opbou (opge-) opbou erbauen
opbreek (opge-) opbriək (sich) trennen (Partner)
opbrengs (opbrengste) opbrengs Ertrag
opbring (opge-) opbrəng sich erbrechen
opdraand opdrahnt bergauf
opdrag (-te) opdrach Auftrag; Anweisung
opeenhoping (-s) opiənhuəpəng Stau
openbaarmaak (openbaarge-) uəpənbahrmahk veröffentlichen
openbare mening (-s) uəpənbahrə miənəng öffentliche Meinung
openhartig (-e) uəpənhartəch offen; geistig frei
opening (-s) uəpənəng Öffnung; Eröffnung
openlik (-e) uəpənlək offen; ehrlich
opera (-s) uəpəra Oper
operasie (-s) uəpərahßi Operation
opgaardam (-me) opchahrdamm Stausee
opgee (opge-) opchiə resignieren
opgeswel (-de) opchəßwäl geschwollen
opgevoed opchəfutt (gut) erzogen; gebildet
opgooisakkie (-s) opchoißacki Spucktüte
opgrawings opchrawəngs Ausgrabungen
ophang (opge-) ophang hängen; aufhängen
ophou (opge-) ophou aufhören
opinie (-s) upinni Ansicht; Meinung
opklim (opge-) opkləm einsteigen (Flugzeug/Zug); besteigen; aufsteigen (Berg)
opleiding oplejdəng Ausbildung
oplet (opge-) opplətt achten auf; beachten
oplettend (-e) oplettənt aufmerksam
oplos (opge-) oploß lösen (math. Aufgabe)
oplosmiddel vir kontaklense oplossməddəl fər kontaklehnßə Kontaklinsenflüssigkeit
oplossing (-s) oplossəng Lösung (Rätsel/med.); Emulsion
opmerking (-s) opmärkəng Bemerkung
opname (-s) opnahmə Aufnahme (Musik)
opneem (opge-) opniəm aufnehmen (Musik)
oppas (opge-) oppaß aufpassen; bewachen

O

oppervlakkig (-e) oppərflackəch oberflächlich
oppervlakte (-s) oppərflaktə Oberfläche
opposisie opusißi Opposition
oprig (opge-) oprəch errichten
oproep (-e) oprup Anruf; Telefonat
oproep maak oprup mahk anrufen; telefonieren
opsig hou (gehou) opßəch hou beaufsichtigen
opskrif (-te) opßkrəf Überschrift
opskryf (opge-) opskrejf aufschreiben
opstaan (opge-) opßtahn aufstehen (morgens)
opstel (opge-) opßtäl aufstellen
optel (opge-) optäll aufzählen; (vom Boden) aufheben; abnehmen (Telefonhörer)
optog (-te) optoch Umzug (Fest)
optrede (-s) optriədə Auftritt
optree (opge-) optriə treten (auf)
opval (opge-) opfall auffallen
opvangdraad (-drade) opfangdraht/ Antenne
opvoering (-s) opfuhrəng Vorstellung; Aufführung; Inszenierung
opvoeringskalender opfuhrəngßkallendər Spielplan
opvolger (-s) opfolchər Nachfolger(in)
opwek (opge-) opwäck erregen
opwen (opge-) opwen (sich) aufregen
opwindend opwəndənt aufregend
orals uralß überall
oranje uranjə orange
orde ordə Ordnung; Orden (Ritter)
ordentlik (-e) ordentlək ordentlich; anständig
oreganum origahnöm Oregano
orgaan (-gane) orchahn Organ
organisasie (-s) orchanißahßi Organisation
organiseer (ge-) orchanißiər organisieren
orgasme (-s) orchaßmə Orgasmus
oriënteer (ge-) urientiər sich orientieren
orkaan (-kane) orkahn Orkan
orkes (-te) orkeß Orchester
oseaan (oseane) uschiahn Ozean
oud (ou) out alt
ouderdom (-me) oudərdomm Alter
oudhede outhiədə Antiquitäten
ouers ouərs Eltern
ouetehuis (-e) ouətəhöiß Altenheim
oujongkêrel (-s) oujongkärəl Junggeselle
oujongnooi (-ens) oujongnoi alte Jungfer
oulik (-e) oulək nett; lieb
ouma (-s) ouma Oma; Großmutter
oupa (-s) oupa Opa
outomaat (-mate) outumat Automat
outomaties (-e) outumatiß automatisch
outomatiese kaartjiesmasjien (-e) outumahtißə kahrkimaschin Fahrkartenautomat
outomatiese kar(re) outumatißə kar Automatikwagen
outonomie outunumie Autonomie
outyds (-e) outejtß unmodern; altmodisch
ovaal (-vale) ufahl oval
pa ('s) pa Papa
paaiement (-e) paiəmennt Anzahlung; Rate
paal (pale) pahl Pfosten
paar (pare) pahr Paar
paar, 'n ... ə pahr ein paar
Paasfees pahßfiəß Ostern
pad (paaie) patt Pfad; Weg; Straße
padda (-s) padda Frosch
padkaart (-e) pattkahrt Straßenkarte/Stadtplan
padnetwerk pattnetwärk Straßennetz ℹ *sehr gut ausgebaut in Südafrika*
padteken (-s) pattiəkən Verkehrschilder
padverdeling (-s) pattvərdiələng Abzweigung (Straße)
padversperring (-s) patfərßpärrəng Straßensperre
padwerke pattwärkə Baustelle (Straße)
pagaaiboot (-bote) pəchai buət Paddelboot
pak (-ke) pack Packung; Anzug (Kleidung)
pak (ge-) pack packen
pak klere pack kliərə Anzug
pakkie (-s) packi Paket; Päckchen
paleis (-e) palejß Palast
palm (-s) palm Palme
pampoen (-e) pampun Kürbis
pan (-ne) pann Pfanne
pantoffel (-s) pantoffəl Pantoffel; Hausschuhe
pap pap Brei; Mus
pap en sous papp en ßouß Maisbrei mit Zwiebeln/Tomatensoße ℹ *als Beilage bei Grillfesten, auch "krummelpap" genannt*
pap wiel (wiele) pap wihl Reifenpanne

papier (-e) papihr Papier
papnat papnat durchnäßt
paradys paradejß Paradies
parallel (-e) paraläl parallel
parfuum (-s) parfühm Parfüm
park (-e) park Park
parkeer (ge-) parkiər parken
parkeerbewys parkiərbəwejß Parkschein
parkeergebou (-e) parkiərchəbou Parkhaus
parkeermeter (-s) parkiərmiətər Parkuhr
parkeerplek (-ke) parkiərpläk Parkplatz
parkeerstrepe parkiərßtriəpə Parkstreifen
parkeerterrein (-e) parkiərtərejn Parkgelände
parkering verbode parkiərəng fərbuədə Parkverbot
parket parkett Parkett
parlement (-e) parləment Parlament
parmantig (-e) parmantəch frech
parstoestel (-le) parßtußtäl Fruchtpresse
party (-e) partej Partei
partytjie (-s) partejki Party
pas (ge-) paß passen
Pas op! passop Achtung!; Paß auf!
pasaangeër paßahnchiər Herzschrittmacher
pasiënt (-e) paschient Patient(in)
paspoort (-e) paßpurt Paß (Papiere) 🛈 *Touristen benötigen einen noch mindestens sechs Monate gültigen Paß.*
paspoortbeheer paßpurtbəhiər Paßkontrolle
paspoortkontrole paßpurtkontroolə Paßkontrolle
passasie (-s) passahßi Passage
passasier (-e) passəßihr Passagier(in); Fluggast
passend (-e) passənt passend
passief (-siewe) passif passiv
pastelkleur (-e) paßtälklöər pastellfarben
patch en solution pätsch ən saluschən Fahrradflickzeug
patroon (-trone) patruən Muster (auf Stoff)
pedaal (-dale) pədahl Pedal
peer (pere) piər Birne (Obst)
peetkind (-ers) piətkənt Patenkind
peetma piətma Patentante
peetpa piətpa Patenonkel
pelgrim (-s)♂♀ pälchrəm Wallfahrer(in); Pilger(in)
pels (-e) pälß Pelz
pendel pendəl pendeln
penis (-se) piənəß Penis
pennie (-s) penni Pfennig
pens (-e) pehns Bauch
pensioen (-e) penschiun Rente
pensioenaris (-se) penschunarəß Rentner(in)
peper piəpər Pfeffer
peperpot piəpərpott Pfefferstreuer
per lugpos pər löchpoß per Luftpost
perd (-e) pärt Pferd
pêrel (-s) pärəl Perle
Peri-Peri peri-peri Currymischung
periode (-s) piriuədə Periode; "Tage"
perk (-e) pärk Maß (Grenze)
pers pärß lila
pers (ge-) pärß Presse (Zeitungswesen); pressen
persent pərßent Prozent
perske (-s) pärßkə Pfirsich
persoon (-sone) pərßuən Person
persoonlik (-e) pərßuənlək persönlich
persoonlike higiëne pərßuənləkə hichiənə Körperpflege
perspektief (-tiewe) pərßpəktif Perspektive
petrol pettrəl Benzin 🛈 *Ist relativ preiswert im Vergleich zu Deutschland, kann aber nur in bar bezahlt werden.*
petroleum petruəliöm Erdöl
petrolkan (-ne) petrəlkann Reservekanister
petrolstasie (-s) petrəlßtahßi Tankstelle
piekniekplek (-ke) piknikpläk Picknickplatz
pienk pink pink; rosa
piesang (-s) pißang Banane
pietersielie pitərßili Petersilie
pikant (-e) pikant würzig
pil (-le) pəl Pille; Antibabypille
pilaar (-lare) pilahr Säule
Pinkster pənkßtər Pfingsten
pistool (-tole) pəßtuəl Pistole
plaas (plase) plahß Bauernhof
plaashuis (-e) plahßhöiß Bauernhaus; Landhaus
plaaslik (-e) plahßlək örtlich; lokal (nähere Umgebung)
plaaslike oproep (-e) plahßləkə oprup Ortsgespräch

P

plaaslike tyd (tye) plahßləkə tejt Ortszeit
plaasvervanger (-s) plahßfərfangər Vertreter; Vertretung; Ersatz
plaasvind (plaasge-) plahßfənt stattfinden
plaaswerker (-s)/plaaswerkster (-s) plahßwärkər Landarbeiter(in)
plaat (plate) plaht Platte
plafon (-ne) plafonn (Zimmer-)Decke
plakaat (-kate) plakaht Plakat
plakkerskamp (-e) plackərßkamp Slum
plan (-ne) plann Plan
planeet (-nete) planiət Planet
plank (-e) plank Brett; Bohle
planne maak (ge-) plannə mahk planen
plant (-e) plant Pflanze
plant (ge-) plant pflanzen
plas (-se) plaß Pfütze
plas (ge-) plaß planschen
plastiek plaßtik Plastik
plat platt platt; flach; eben
platespeler (-s) plahtəßpiələr Plattenspieler
platform (-s) platform Bahnsteig
plato (-'s) platuə Hochebene
platteland plattəlant Provinz (ländlich)
plein (-e) plejn öffentlicher Platz
pleister (-s) plejßtər Pflaster (med.)

plek (-ke) pläk Stelle; Ort; Platz
plek van uitreiking pläck van öitrejkəng Ausstellungsort (Dokument)
plesier pləßihr Vergnügen; Spaß
plesierig (-e) pləßihrəch lustig
plig (-te) pləch Pflicht
ploeg (ge-) pluch pflügen
plooi (-e) ploi Falte (Gesicht)
pluk (ge-) plök pflücken
plunder (ge-) plöndər plündern
plus plöss plus
poeding pudding Pudding
poeier puiər Puder
poephol (-le) pupohl Arschloch
poëties puiətiß poetisch
poetslap (-pe) putßlap Putzlappen
poging (-s) puəchəng Versuch
poleer (ge-) puliər polieren
polisie pulißi (Kriminal-)Polizei
polisiekantoor (-tore) pulißikantur Polizeirevier/-station/-wache
polisieman (-ne)/polisievrou (-ens) pulißimann/pulißifrou Polizist(in) ℹ *auch bekannt als "konstabel"*
politiek polətik Politik
polities (-e) pulitiß politisch
politikus (politici) pulitiköss Politiker(in)
polohemp (-hemde) puəluhemp Polohemd
pols (-e) polß Puls
polshorlosie (-s) polshorluəßi Armbanduhr
pomelo ('s) pumiəlouß Grapefruit
pomp (-e) pomp Pumpe
pomp (ge-) pomp bumsen
pompjoggie (-s) pompjochi Tankwart
pond (-e) pont Pfund
pont (-e) ponnt Fähre
poot (pote) puət Pfote
pop (-pe) pop Puppe
Poplap (-pe) popplap junges, niedliches Mädchen
porselein porßəlejn Porzellan
porsie (-s) porßi Portion
portaal (-tale) portahl Portal
portefeulje (-s) portəfüljə (Zeichen-)Mappe
portier (-s) portihr Portier; Pförtner
portret (-te) portret Porträt
Portugal portichal Portugal
Portugees (-gese) portəchiəß portugiesisch; Portugiese
pos poß Post
pos (-te) poß Posten (Anstellung)
posbeamte (-s) poßbəamtə Postbeamte; Postbeamtin
posbode (-s) posbuədə Briefträger(in)
posbus (-se) poßböss Postfach ; Briefkasten
posgeld poßchält Porto
posisie (-s) pusißi Lage (räumlich); Stellung
positief (-tiewe) puəsətif positiv
poskaart (-e) poßkahrt Postkarte
poskantoor (-tore) poßkantur Postamt ℹ *Öffnungszeiten: Mo-Fr 8.-16.30, Sa 8-12*
poskode (-s) poßkuədə Postleitzahl
posseël (-s) possiəls Briefmarke
posstempel (-s) poßtempəl Poststempel
poste restante poßtə reßtantə postlagernd
pot (-te) pott Topf
potjiekos poikikoß Eintopf (auf offenem Feuer zubereitet)

potlood (-lode) potluət Bleistift; Stift
pottebakkerskuns pottəbackərßkönß Keramik (Technik)
pous pouß Papst
pouse (-s) pousə Pause
praat (ge-) praht reden; sprechen
Praat jy Afrikaans? praht jej afrikahnß Sprichst du Afrikaans?
prakties (-e) praktiß praktisch
praktiseer (-serende) praktißiər praktizieren
praktiserende dokter praktißiərəndə doktər praktische(r) Arzt; Ärztin
praktyk (-e) praktejk Praxis
preek (ge-) priək predigen
preek (preke) priək Predigt
prefab (-s) prifäb Fertighaus
prei prej Lauch
première prəmiərə Uraufführung
prent (-e) prent Bild
president (-e) prəßədent Präsident(in)
presies (-e) prəßiß genau
presies so prəßissuə ist gleich
prestasie (-s) prəßtahßi Leistung; Errungenschaft
priester (-s) prißtər Priester
primitief (-tiewe) prəmətif primitiv
prins (-e)/prinses (-se) prənß/prənßeß Prinz/Prinzessin
prinsipe (-s) prənßipə Prinzip
prinsipieel (-piële) prənßipiəl grundsätzlich
privaat (-vate) prifaht privat
privaatskool (-skole) prifahtskuəl Privatschule
privatiseer (ge-) prifatißiər privatisieren
probeer (ge-) prubiər probieren; versuchen
probleem (-bleme) prubliəm Problem; Ärger; Unannehmlichkeit
produk (-te) prudök Produkt
produksie (-s) prudökßi Produktion
produseer (ge-) prodüßiər erzeugen (Güter); produzieren
produsent (-e) prodüßent Produzent
proe (ge-) pru kosten
professor (-s) prufessər Professor(in)
program (-me) pruchram Programm
prokureur (-s) prokəröər (Rechts-)Anwalt/ Anwältin
prop (-pe) propp Stöpsel
proporsie (-s) prəpohrßi Proportion
proses (-se) prusseß Prozeß (Vorgang); Verfahren
proseseerfooi (-e) prossəßiərfoi Bearbeitungsgebühr
prostitusie proßtətüssi Strich (Prostitution)
protesteer (ge-) protəßtiər protestieren
provinsiale hoofstad (-stede) prufənschiahlə huəfßtatt Provinzhauptstadt
provinsie (-s) prufənßi Provinz; Bundesland
ℹ *Südafrika hat neun Länder/Provinzen.*
pruik (-e) pröik Perücke
pruim (-e) pröim Pflaume; Zwetschge
prutbraai (ge-) prötbrai anbraten
prys (-e) prejs Preis
prysverhoging (-s) prejßfərhuəchəng Preiserhöhung
prysverlaging (-s) prejßfərlahchəng Preissenkung
publiek pöblick Publikum
publiek (-e) pöblick öffentlich
publiseer (ge-) pöblißiər veröffentlichen (Bücher)
punt (-e) pönt Punkt; Spitze (eines Schirms)
punte pöntə Note (Schule)
pupil (-le) püpəl Pupille
purgasie (-s) pörchaßi Abführmittel
put (-te) pött Brunnen (natürlicher)
pyl (-e) pejl Pfeil
pyn pejn Qual; Schmerz(en)
pynappel (-s) pejnappel Ananas
pynlik (-e) pejnlək peinlich
pynstiller (-s) pejnßtəllər Schmerzmittel/ -tabletten
pyp (-e) pejp Pfeife (Orgel/Tabak); (Leitungs-)Rohr
quicky kwicki Quickie
R rannt Abkürzung für südafrikanische Währung
raad gee (ge-) raht chiə beraten; raten; empfehlen
raadpleging (-s) rahtpliəchəng Beratung
raai (ge-) raai raten (Rätsel)
raaisel (-s) raaißəl Rätsel
raaiselagtig (-e) raaißəlachtəch rätselhaft
raakloop (-geloop) rahkluəp (sich) begegnen
raam (rame) rahm Rahmen (Fenster)

radeloos (-lose) rahdəluəß ratlos
radikaal (-kale) radikahl radikal
radio (-s) radiu Radio
radys (-e) radejß Radieschen
rand (-e) rannt Rand
rangskik (ge-) rangßkək ordnen; sortieren
rankplant (-e) rankplant Kletterpflanze
rapport (-e) rappərt (Schul-)Zeugnis
ras (-se) raß Rasse
rasper (ge-) raßpər reiben; zerkleinern
rat (-te) ratt Gang (Auto)
ratte ruil (geruil) rattə röil schalten (Auto)
red (ge-) rett retten
redding reddəng Rettung
reddingsbaadjie (-s) reddəngßbaaiki Schwimmweste
reddingsband (-e) reddəngßbannt Rettungsring
reddingsboot (-bote) reddəngßbuət Rettungsboot
rede (-s) riədə Grund (Veranlassung)
redery riədərej Reederei
reeds riətß schon
reeks (-e) riəkß Serie; Folge; Reihe
reël (-s) riəl Regel; Vorschrift; Zeile
reël (ge-) riəl regeln; organisieren
reëling (-s) riələng Regelung
reën (-s) riən Regen
reën, dit (het gereën) dət riən es regnet
reënboog (-boë) riənbuəch Regenbogen
reëndans (-e) riəndanß Regentanz
ℹ *meistens von Medizinmännern ausgeführt*
reënerig (-e) riənərəch regnerisch
reënjas (-se) riənjaß Regenmantel
reënseisoen (-e) riənßeißun Regenzeit
reg (-te) räch Recht; Berechtigung; richtig
reg wees (gewees) räch wiəß recht haben
regeer (ge-) rəchiər regieren
regering (-s) rəchiərəng Regierung
regeringsetel rəchiərəngßiətəl Regierungssitz
reghoek (-e) rächuk Rechteck
regime regime Regime
regisseur (-s) rəchəßöər Regisseur
register (s) rəchəßtər Verzeichnis
registrasiekantoor (-tore) rəchəßtrahßikantur Standesamt
registreer (ge-) rəchəßtriər einschreiben; registrieren
regkry (regge-) rächkrej schaffen; bewältigen
regmaak (regge-) rächmahk ordnen; aufräumen; flicken
regop rächop aufrecht
regs rächß rechts
regte rächtə rechte
regter (-s) rächtər Richter(in)
reguit rächöit gerade (nicht schräg)
reguit aan rächöit ahn geradeaus
regulasies vir besoekers rechülahßiß vər bəßuckərs Einreisebestimmungen ℹ *Ein Visum ist nicht notwendig, der Reisepass muß jedoch noch mindestens 6 Monate gültig sein.*
reguleer (ge-) rechüliər regeln (Verkehr)
regverdig (-e) rächfärdəch gerecht; fair
regverdig (ge-) rächfärdəch (sich) rechtfertigen
reinig (ge-) rejnəch reinigen
reiniging rejnəchəng Reinigung (Metallen/Blut)
reis (-e) rejß Fahrt; Reise
reis (ge-) rejß reisen
reis soontoe rejß ßuntu Hinfahrt
reisburo (-'s) rejßbüruə Reisebüro
reisiger (-s) rejßəchər Reisender
reisigerstjek (-s) rejßəchərßtscheck Reisescheck
reiskaartie (-s) rejßkahrki Fahrkarte
reiskanselleeringsversekering rejßkanßəliərəngßfərßiəkərəng Reiserücktrittskostenversicherung
reken (ge-) riəkən rechnen
rekenaar (-s) riəkənahr Computer
rekenfout (-e) riəkənfout Rechenfehler
rekening (-e) riəkənəng Rechnung; Konto
rekening balans riəkənəng bəlahnß Kontostand
rekeninghouer (-s) riəkənənghouər Kontoinhaber
rekeningnommer riəkənəngnommər Kontonummer
rekeningstrokie (-s) riekənəngßtruəki Kontoauszug
rekkie (-s) räcki Elastikbinde
reklame rəklahmə Werbung
reklamefilm (-s) rəklahməfəlləm Werbefilm
rekonstrueer (ge-) rikonßtrüər rekonstruieren

rekord (-s) rekort Rekord

relatief (-tiewe) relatif relativ; verhältnismäßig

reliëf (-s) relief Relief

rem (-me) rem Bremse

remuloeistof remfluißtof Bremsflüssigkeit

Renaissance renejßahnß Renaissance

rente (-s) rentə Zinsen

repeteer (ge-) repətiər proben

repetisie (-s) repətißi Probe (Theater)

reptiel (-e) reptil Reptil

republiek (-e) repəblik Republik

reputasie (-s) repütahßi (schlechter/guter) Ruf

res (-te) reß Rest

resep (-te) rəßep Rezept (kochen)

reserwe (-s) rəsärwə Reserve

respekteer (ge-) rəßpektiər respektieren; (jemanden) achten

respirator (-s) reßpirator Atemgerät

restaurant (-e) reßturant Restaurant; Gaststätte ℹ *Restaurants ohne Alkohollizenz gestatten das Mitbringen eigener Getränke.*

restourasie (-s) reßturahßi Restaurierung

restoureer (ge-) reßturiər restaurieren

resultaat (-tate) ressöltaht Ergebnis

retoerkaartjie (-s) rətuhrkahrki Rückfahrkarte

retoervlug (-te) rətuhrflöch Rückflug

reuk (-e) röək Geruch

rewolusie (-s) rewulüßi Revolution

rewolusionêr (-e) rewulischiunär revolutionär

rib (-bes) rəb Rippe

ribbetjie (-s) rəbbiki Rippchen (vom Schaf oder Schwein)

riet (-e) ritt Schilfrohr

riete ritə Schilf

rif (riwwe) rəf Riff

rigting (-s) rəchtəng Richtung

ring (-e) rəng Ring (Schmuck)

ringeiland (-e) rəngejland Atoll

riool (riole) rijuəl Abfluß

rioolwater rijuəlwahtər Abwässer

risiko (-'s) rißiku Risiko

rissiepeul (-e) rössipöəl Paprikaschote

rit (-te) rət (Bus-)Fahrt

rite (-s) ritə Ritus

ritssluiter rətßlöitər Reißverschluß

rituaal (-tuale) rətschuahl Ritual

ritueel (-tuele) rətschuel rituell

rivier (-e) rəfihr Fluß

riviermonding (-s) rəfihrmondəng Flußmündung

rivieroewer (-s) rəfihruwwər Flußufer

riviervaart rəfirfahrt Wildwasserfahrten

Robbeneiland robbənejlannt Robben Island

robot (-te) ruəbott (Verkehrs-)Ampel

robyn (-e) rubejn Rubin

roei (ge-) rui rudern

roeiboot (-bote) ruibuət Ruderboot; Kahn

roeispaan (-spane) ruißpahn Ruder

roep (-e) rup Ruf; Schrei

roep (ge-) rup rufen

roer (ge-) ruhr umrühren

roereier (-s) ruhr-ejər Rührei

roerend (-e) ruhrənt rührend

roete (-s) ruttə Fahrtroute; Strecke

rof (rowwe) roff rauh; grob

rog roch Roggen

rok (-ke) rock Kleid

roker (-s) ruəkər Raucher

Rokoko rukoku Rokoko

rol (-le) roll Rolle

rol (ge-) roll rollen

roltrap rolltrap Rolltreppe

Romaans (-e) rumahnß romanisch

Romaanse styl rumahnßə ßtejl Romanik

roman (-s) ruman Roman

romanties (-e) rumantiß romantisch

Romeins (-e) rumejnß römisch (Reich)

romp (-e) romp Rock

rond (-e) ront rund

rondawel (-s) rondahwəl runde Hütte ℹ *festes Bauwerk, manchmal sehr luxuriös (findet man vor allem in Naturreservaton)*

rondkyk (rondge-) rontkejk sich umschauen

rondloop (rondge-) rontluəp bummeln

rondom rontom herum; ringsherum

rondte (-s) rontə Rundgang

rondtoer (-e) rontuhr Rundreise

roof ruəf Raub

roofdier (-e) ruəfdihr Raubtier

rooi roi rot

Rooi Kruis roi kröiß Rotes Kreuz

rooi rissie roi rössi Paprika

rooi wyn roi wejn Rotwein

rooibostee roiboßtiə Rooibuschtee ℹ *einheimischer roter Tee*

rook ruək Rauch

rook (ge-) ruək rauchen

room (rome) ruəm Creme; Sahne

Rooms (-e) ruəmß römisch (katholisch)

roomys ruəmejß (Speise-)Eis

roos (rose) ruəß Rose

roosmaryn ruəßmarejn Rosmarin

Rosé rusej Rosé(wein)

rots (-e) rotts Fels(en)

rou rou wund; roh

rubber röbbər Gummi

rubberpyp (-e) röbbərpejp Schlauch

rug (rûe) röch Rücken

rugpyn röchpejn Rückenschmerzen

rugraatskyf (-skywe) röchrahtskejf Bandscheibe

rugsak (-ke) röchßak Rucksack

ruik na (geruik) röik na riechen (nach)

ruiker (-s) röikər Blumenstrauß

ruil (ge-) röil tauschen

ruim röim geräumig

ruimte (-s) röimtə Raum; Platz; Weltraum

ruïne (-s) ruinə Ruine

ruïneer (ge-) ruiniər ruinieren

ruit (-e) röit (Fenster-)Scheibe

ruitveër (-s) röitfiər Scheibenwischer

rum röm Rum

rumatiek römatik Rheuma

rus röß Bettruhe (phys.)

rus (ge-) röß sich ausruhen; rasten

rusie (-s) rüßi Krach; Streit

Rusland rößlannt Rußland

rusoord (-e) rößurt Rasthaus

rusplek (-ke) rößpläk Raststätte ℹ *Autobahnraststätten haben meistens auch Restaurants.*

Russies (-e) rössiß russisch

rustig (-e) rößtəch ruhig

rustigheid rößtəchejt Ruhe; Stille

ry (-e) rej Reihe (Schlange)

ry (ge-) rej fahren (Auto/Zug/Rad); reiten

ry sonder om te betaal rej ßondər om tə bətahl schwarzfahren

ry-loper (-s) rejluəpər Anhalter ℹ *Ist ein wenig riskant in Südafrika.*

rybaan (-bane) rejbahn Fahrbahn

rybewys (-e) rejbəwejß Führerschein ℹ *Der nationale Führerschein mit Lichtbild wird anerkannt, doch ist ein internationaler Führerschein von Vorteil.*

ryk rejk reich

rykdom (-me) rejkdom Reichtum; Vermögen

ryloop (ge-) rejluəp per Anhalter fahren

ryp rejp reif (Obst); Frost

rys rejß Reis

ryskool (-skole) rejskuəl Fahrschule

S.A.P. (Suid Afrikaanse Polisie) eß-ah-piə südafrikanische Polizei

S

saad (sade) ßaht Samen

saag (ge-) ßahch sägen

saai (ge-) ßaai säen

saak (sake) ßahk Sache

saaklik (-e) ßahklək sachlich

saal (sale) ßahl Saal; Halle; Station (Krankenhaus)

saam ßahm zusammen

saambring (saamge-) ßahmbrəng mitbringen

saamdoen (saamge-) ßahmdun mitmachen

saamkom (saamge-) ßahmkomm mitkommen

saamneem (saamge-) ßahmniəm (jemanden/etwas) mitnehmen

saamstel (saamge-) ßahmßtäl zusammensetzen

saamwerk (saamge-) ßahmwärk zusammenarbeiten

saffier (-e) ßaffihr Saphir

sag (-te) ßach sanft; weich; mild; leise; lieblich (Wein)

sagspoelmiddel ßachßpulməddəl Weichspüler

sagter stel (gestel) ßachtər ßtäl leise stellen

sak (-ke) ßak Tasche (Reise/Einkauf); Tüte; Sack

sakboek ßakbuk Taschenbuch

sakdoek (-e) ßakduk Taschentuch

sakkie (ge-) sacki burischer, enger Tanz

sakrekenaar (-nare) ßakriəkənahr Taschenrechner

sal (sou) ßall werden (zur Bildung des Futurs)

SAL/SAA (Suid Afrikaanse Lugdiens) eß-ah-äl/eß-ej-ej Südafrikanische Fluggesellschaft
salaris (-se) ßəlahrəß Lohn (Gehalt)
salf ßalf (Wund-)Salbe
salmonella vergiftiging ßalmunälla fərchəftəchəng Salmonellenvergiftung
sambreel (-brele) ßambriəl (Regen-)Schirm
samelewing ßahməliəwəng Gesellschaft (soziale Struktur)
samevatting ßahməfattəng Zusammenfassung
samewerking ßahməwärkəng Zusammenarbeit
sampioen (-e) ßampiun Pilz (Nahrungsmittel)
sand ßannt Sand
sanger (-s)/sangeres (-se) ßangər/ßangəreß Sänger(in)
saniteitsdoekie (-s) ßanitejtsducki Damenbinde
sap (-pe) ßap Saft
sappig (-e) ßappəch saftig
Sari (-'s) ßahri Sari
sat ßatt jemanden satt haben
Saterdag ßahtərdach Samstag
savanne ßawanna Savanne
schnitzel schnitzel Schnitzel
sê (ge-) ßeh sagen
sebrastrepe siəbraßtriəpə Zebrastreifen
ℹ *wird von den Autofahrern nicht immer beachtet*
sedert ßiədərt seit; seitdem
sedes ßiədəß Moral; Sitte
see (seë) ßiə Meer
seekos ßiəkoß Meerestiere
seël (-s) ßiəl Briefmarke / Plombe
seeman (-seelui) ßiəmann Seemann
seën (ge-) ßiən segnen
seep (sepe) ßiəp / ßiəp Seife; Duschgel
seer ßiər schmerzhaft
seer maak (ge-) ßiər mahk Leid antun
seermaak (seerge-) ßiərmahk weh tun
seesiek ßiəßick seekrank
seeuitsig (-te) ßiə-öitßəch Meerblick
seil (-e) ßejl Segel
seil (ge-) ßejl segeln
seilboot (-bote) ßejlbuət Segelboot
seilskip (-skepe) ßejlßkəp Segelschiff
seisoen (-e) ßejßunn Jahreszeit ℹ *Die Jahreszeiten sind denen der nördlichen Hemisphäre entgegengesetzt.*

seker ßiəkər sicher; gewiß
seker maak (gemaak) ßiəkər mahk nachsehen; nachprüfen
sekering ßiəkərəng Sicherung
sekonde (-s) ßəkondə Sekunde
sekretariaat (-riate) ßəkrətariaht Sekretariat
sekretaris (-se)/sekretaresse (-s) ßəkrətahrəß/ßəkrətaressə Sekretär(in)
seks ßekß Sex
sel (-le) ßäl Zelle
selde ßäldə selten
seldsaam (-same) ßältßahm merkwürdig
self ßälf selbst
selfbediening ßälfbədinəgn Selbstbedienung
selfmoord (-e) ßälfmurt Selbstmord
selfoon (-fone) ßälfuən Handy
selfportret (-te) ßälfportret Selbstporträt
selfs ßälfß sogar
selfstandig (-e) ßälfßtandəch selbständig
selfstandige naamwoord (-e) ßälfßtandəchə nahmwurt Hauptwort
sement ßəment Zement
seminaar (-nare) ßeminahr Seminar
sending (-s) ßendəng Sendung (Post); Mission
sening (-s) ßiənəngß Sehne
sentimeter ßentimiətər Zentimeter
sentraal (-trale) ßentrahl zentral
sentrale (-s) ßentrahlə Zentrale
senuwee (-s) ßiənəwiə Nerv
senuweeagtig (-e) ßiənəwiə-achtəch nervös
September ßəptembər September
seremonie (-s) ßärəmuəni Zeremonie
serp (-e) ßärp Schal
sertifikaat (-kate) ßärtifikaht Bescheinigung; Urkunde; Zeugnis
serum ßiərom Serum
servet (-te) ßərfett Serviette
ses ßeß sechs
seshonderd ßeßhondərt sechshundert
sestien ßeßtin sechzehn
sestig ßeßtəch sechzig
setpil (-le) ßettpəl Zäpfchen (med.)
seun (-s) ßöən Sohn; Junge
sewe ßiəwə sieben
sewehonderd ßiəwəhondərt siebenhundert
sewentien ßiəwəntin siebzehn
sewentig ßiəwəntəch siebzig

S

sexy sekßi scharf (geil)
shame schejm der Arme
Shebeen (-s) schəbihn Treffpunkt der schwarzen Bevölkerung
siek ßick krank
sieke (-s) ßicktə Kranke
siekefonds (-e) sickəfondß Krankenkasse
siekte (-s) ßicktə Krankheit
siel (-e) ßil Seele
sien (ge-) ßin sehen
sien jou gou weer sin jou chou wiər bis bald
sien jou later ßin jou lahtər bis später
sigaar (-gare) ßəchahr Zigarre
sigaret (-te) ßəcharett Zigarette
sigbaar (-bare) ßəchbahr sichtbar
silinder (-s) ßələndər Zylinder
silwer ßəlwər Silber
simfonie (-ë) ßəmfuni Sinfonie
simpatie ßəmpati Beileid
simpatiek ßəmpatik verständnisvoll
sin (-ne) ßən Satz (Sprache); Sinn ; Wille
sinagoge (-s) ßənachuachə Synagoge
sing (ge-) ßəng singen
sink (ge-) ßənk sinken (Schiff)
sinlik (-e) ßənlək sinnlich
sinloos (-lose) ßənluəß sinnlos
sinsbedrog ßənßbədroch Sinnestäuschung
sintuig (-tuie) ßəntöich Sinnesorgan
sirene (-s) ßiriənə Sirene
sirkel (-s) ßərkəl Kreis; Zirkel
sirkelverkeer ßərkəlfərkiər Kreisverkehr
sirkus (-se) ßərköß Zirkus
sit (ge-) ßət sitzen; sich setzen
sitkamer (-s) ßətkamər Wohnzimmer
sitplek (-ke) ßətpläk Sitzplatz
sitplekkaartjie (-s) ßətpläkahrki Platzkarte
situasie (-s) ßətschuahßi Situation
sjampoe schampu Shampoo
sjerrie (-s) scherri Sherry
sjieling (-s) schiləng Schilling
Sjina schina China
Sjinees (-nese) schiniəß chinesisch
sjokolade schokulahdə Schokolade
skaakspel ßkahkßpäl Schachspiel
skaam ßkahm schüchtern
skaam (ge-) ßkahm sich schämen
skaap (-skape) ßkahp Schaf
skaapvleis ßkahpflejß Schaf
skaars ßkahrß kaum
skade ßkahdə Schaden
skadelik (-e) ßkahdələk schädlich
skaduryk (-e) ßkahdürejk schattig
skaduwee (-s) ßkahdəwiə Schatten
skakelaar (-s) ßkahkəlahr (Licht-)Schalter
skande (-s) ßkandə Schande
Skandinawië ßkandənahwiə Skandinavien
Skandinawies (-e) ßkandənahwiß skandinavisch
skat (ge-) ßkatt schätzen (Wert)
skeef (skewe) ßkiəf schief
skeepswerf (-werwe) ßkiəpßwärf Werft
skeer (ge-) ßkiər sich rasieren
skeerapparaat (-rate) ßkiərapəraht Rasierapparat
skeergereedskap ßkiərchəriətßkap Rasierzeug
skeerkwas (-se) ßkiərkwaß Rasierpinsel
skeermes (-se) ßkiərmeß Rasiermesser
skeermeslemmetjie (-s) ßkiərmeßlemiki Rasierklinge
skeerskuim ßkiərßköim Rasierschaum
skeiding (-s) ßkejdəng Scheidung; Trennung
skeidsregter (-s) ßkejtßrächtər Schiedsrichter
skemer skiəmər Dämmerung ℹ *ist relativ kurz*
skenk (ge-) ßkenk schenken
skep (ge-) ßkep schaffen (Kunstwerk)
skepping ßkeppəng Schöpfung
skêr (-e) ßkär Schere
skerp ßkärp scharf (Messer); streng (Geruch)
skets (-e) ßketß Skizze
skeur (-e) ßköər Riß
skeur (ge-) ßköər reißen
skewebek ßkiəwəbäck Grimasse
ski (-'s) ßki Ski
ski-stewel (-s) ßki-ßtiəwəl Skistiefel
ski-stok (-ke) ßki-ßtok Skistock
skibaan (-bane) ßkibahn Skipiste
skibrille ßkibrəllə Skibrille
skielik (-e) ßkilək plötzlich
skielike val van temperatuur ßkiləkə fall fan temperatühr Temperatursturz ℹ *oft große Unterschiede zwischen Tag und Nacht*
skiereiland (-e) ßkihrejlant Halbinsel
skiet (ge-) ßkitt schießen
skikking ßkəkkəng Abkommen

S

skil (-le) ßkəl Schale (Kartoffel)
skilder (ge-) ßkəldər malen (Gemälde)
skilderkuns ßkəldərkönß Malerei
skildery (-e) skəldərej Gemälde
skilderyversameling (-s) skəldərej-fərßahmələng Gemäldesammlung
skilfer (-s) ßkəlfər Schuppen
skilift (-s) ßkiləft Skilift
skinkbord (-e) skənkbort Brett; Tablett
skip (skepe) ßkəp Schiff
skip van 'n kerk skəp fan ə kärk Kirchenschiff
skipak (-ke) ßkipak Skianzug
skitter (ge-) skəttər glänzen
skitterend (-e) skəttərant glänzend
skoene ßkunə Schuhe
skoenlapper (-s) ßkunlappər Schmetterling
skoenmaker (-s) ßkunmahkər Schuster
skoenveters ßkunfiətərß Schuhbänder
skoenwinkel (-s) ßkunwənkəl Schuhgeschäft
skofte werk ßkoftə wärk Schichtarbeit
skok (-ke) ßkok Schock
skokbreker (-s) ßkokbriəkər Stoßdämpfer
skolier (-e) ßkuəlihr Schüler(in)
skool (skole) ßkuəl Schule
skool vir tale ßkuəl fər tahlə Sprachenschule
skoolbus (-se) ßkuəlböß Schulbus ℹ *sehen wie andere städtische Busse aus*
skooldrag ßkuəldrach Schuluniform ℹ *Die Kinder gehen alle in einer einheitlichen Uniform zur Schule.*
skoolhoof (-de) ßkuəlhuəf Schuldirektor
skooljaar (-jare) ßkuəljahr Schuljahr
skoolopleiding ßkuəloplejdəng Schulbildung
Skoolvakansie (-s) ßkuəlfəkanßi Schulferien
skoon ßkuən sauber
skoondogter (-s) ßkuəndochtər Schwiegertochter
skoonheid (-hede) ßkuənhejt Schönheit
skoonma (-'s) ßkuənma Schwiegermutter
skoonmaak (skoonge-) skuənmahk saubermachen; putzen
skoonmaakmiddel (-s) ßkuənmahkməddəl Putzmittel; Reinigungsmilch
skoonmaakster (-s) ßkuənmahkßtər Putzfrau
skoonouers ßkuənouərß Schwiegereltern
skoonpa (-'s) ßkuənpa Schwiegervater
skoonseun (-s) ßkuənßöən Schwiegersohn
skoonsuster (-s) ßkuənßößtər Schwager; Schwägerin
skoot (skote) ßkuət Schuß
skop (-pe) ßkop Fußtritt
skop (ge-) ßkop treten (nach)
skottel (-s) ßkottəl Schüssel; Becken
skottelgoed was (gewas) ßkottəlchut waß spülen (Geschirr)
skottelgoedwasser (-s) ßkottəlchutwassər Spülmaschine
skou (-e) skou Ausstellung; (Handels-)Messe ℹ *z. B. die Randse skou in Johannesburg*
skouer (-s) ßkouər Schulter
skouterrein (-e) ßkoutərejn Messegelände
skraal ßkrahl schmal (Einkommen)
skraps ßkrappß knapp; kärglich
skraps onder ßkrapß ondər knapp (vor Zahlen)
skree (ge-) ßkriə quietschen
skreeu (-e) ßkriu Schrei
skreeu (ge-) ßkriu schreien
skrif ßkrəf Schrift
skriftelik (-e) ßkrəftələk schriftlich
skriftelike bevestiging (-s) skrəftələkə bəfeßtəchəng Bestätigung
skrik ßkrək Schreck(en)
skril ßkrəl grell
skroef (-we) ßkruf Schraube
skroewedraaier (-s) ßkruwwədraiər Schraubenzieher
skrok (-ke) ßkrok Vielfraß
skryf (ge-) ßkrejf schreiben
skryfblok (-ke) ßkrejfblock (Schreib-)Heft
skrynwerker/skrynwerkster (-s) ßkrejnwärkər/ßkrejnwärkßtər Schreiner(in)
skrywer(-s)/skryfster(-s) skrejwer/skrejfßtər Schriftsteller(in), Autor(in)
sku ßkü scheu
skud (ge-) ßköt schütteln (auch: Hände)
skuif (ge-) ßköif rutschen (Möbelstück)
skuim ßköim Schaum
skuins ßköinß schräg
skuld ßkölt Schulden
skuld (ge-) ßkölt schulden
skuld hê ßkölt heh Schuld haben
skuldig (-e) ßköldəch schuldig
skurkagtig ßkörkachtəch verrucht

S

skuur (skure) ßkühr Scheune
skyfies ßkejfiß Pommes frites
skyn (ge-) ßkejn scheinen (auch: Sonne)
skynbaar ßkejnbahr scheinbar
skynheilig (-e) ßkejnhejləch scheinheilig
slaag (ge-) ßlahch bestehen (Prüfung); gelingen
slaai (-e) ßlaai Salat
slaaisous (-e) ßlaaißouß Salatsoße
slaan (ge-) ßlahn schlagen
slaap ßlahp Schlaf
slaap (ge-) ßlahp schlafen
slaapbank (-e) ßlahpbank Schlafplatz, Liegeplatz
slaapkamer (-s) ßlahpkamər Schlafzimmer
slaapmiddel (-s) ßlahpməddəl Schlafmittel/-tablette
slaapsaal (-sale) ßlahpßahl Schlafsaal
slaapsak (-ke) ßlahpßak Schlafsack
slaapwa (-ens) ßlahpwa Liege-/Schlafwagen
slag (ge-) ßlach schlachten
slag (slae) ßlach Schlag; Schlacht
slaghuis (-e) ßlachöiß Fleischerei
slagoffer (-s) ßlachoffər Opfer (Raub/Unfall)
slagter (-s)/slagster (-s) ßlachtər/ßlachßtər Metzger(in)
slagtery (-e) ßlachtərej Metzgerei
slang (-e) ßlang Schlange ℹ *Es gibt hier auch einige giftige Arten.*
slangbyt (-e) ßlangbejt Schlangenbiß
slank ßlank schlank
slap ßlap schlaff
slap tjips ßlapp tschəpß Pommes frites mit Salz und Essig
slaperig (-e) ßlahpərəch schläfrig
slee (sleë) ßliə Schlitten
sleep (ge-) ßliəp schleppen
sleeptou (-e) ßliəptou Abschleppseil
sleepwa (-waens) ßliəpwa Anhänger (am Auto)
sleg (-te) ßläch schlecht; schlimm; böse
slegs ßlächß nur
slegs met doktersvoorskrif ßlächß met doktərß-furßkrəf verschreibungspflichtig
slegte bloedsomloop ßlächtə blutßomluəp Kreislaufprobleme
sleutel (-s) ßlöətəl Schlüssel
slim ßləm klug
slinger (-s) ßləngər Kurbel
slinger (ge-) ßləngər schleudern
sloot (-slote) ßluət Graben
slot ßlott Schluß
slot (-te) ßlott Schloß (Tür)
sluit (ge-) ßlöit schließen
sluitkas ßlöitkass Schließfach (Gepäck)
sluk (-ke) ßlök Schluck
sluk (ge-) ßlök schlucken
smaak (ge-) ßmahk schmecken
smaak (smake) ßmahkə Geschmack
smaaklik (-e) ßmahklək schmackhaft
smaakloos (-lose) ßmahkluəß geschmacklos (Mode, Essen)
smaakvol (-le) ßmahkfoll geschmackvoll
smal straat (- strate) ßmall ßtraht Gasse
smarag (-de) ßmarach Smaragd
smeek (ge-) ßmiək flehen
smeer (ge-) ßmiər streichen (Brot)
smeerkaas (-kase) ßmiərkahß Streichkäse
smelt (ge-) ßmält schmelzen (Schnee)
smerig (-e) ßmiərəch schmierig
smiddags ßməddachß mittags
smoor (ge-) smur dünsten
smôrens ßmohrənß morgens
snaaks (-e) ßnahkß komisch; witzig
snaarinstrument (-e) ßnahrənßtröment Saiteninstrument
snags ßnachß nachts
snawel (-s) ßnahwəl Schnabel
sneeu ßniu Schnee
sneeu, dit (het gesneeu) dət ßniu es schneit
sneeuketting vir motorbande ßniukettəng fər muətərbandə Schneeketten
sneeustorting (-s) ßniußtortəng Lawine
snelweg (snelweë) ßnälwäch Autobahn; Schnellstraße ℹ *Die Höchstgeschwindigkeit beträgt 120 km/h.*
snert ßnärt Schund
snippermandjie (-s) ßnəpərmainki Papierkorb
snor (-re) ßnor Schnurrbart
snork (ge-) ßnork schnarchen
sny (-e) ßnej Scheibe (Brot); Schnitt
sny (ge-) ßnej schneiden (Messer); mähen (Rasen)

snydokter (-s) ßnejdoktәr Chirurg(in)
snywerk doen (ge-) ßnejwärk dun schnitzen
snywond (-e) snejwont Schnittwunde
so ßuә so; also (Satzeinleitung)
so 'n ßuә ә solche(-r, -s) (Einzahl)
so te sê ßuә tә seh sozusagen
so vinnig as moontlik ßuә fәnnәch aß muәntlәk schnellstens
sodat ßuәdatt damit; daß
soek (ge-) ßuk suchen
soen (-e) ßun Kuß
soen (ge-) ßun küssen
soet ßutt brav; artig; süß
sogenaamd (-e) ßuәchnahmt sogenannt
sokker ßockәr Fußball ⓘ *zusammen mit Rugby und Cricket die beliebteste Sportart*
sokkerspel ßockәrßpäll Fußballspiel
sokkies ßockiß Socken
solank ßuәlank solange
soldaat (-date) ßoldaht Soldat
som (-me) ßomm Summe
somer (-s) ßuәmәr Sommer ⓘ *von Dezember bis März*
sommige ßommәchә manche; einige
somtyds ßommtejtß manchmal
son ßon Sonne
sonbeskerming ßonnbәßkärrәmәng Sonnenschutz ⓘ *unbedingt Sonnenschutzmittel mit hohem Schutzfaktor verwenden*
sonbrand ßonbrannt Sonnenbrand
sonbrandolie (-s) ßonbranntuәli Sonnenöl
Sondag ßondach Sonntag
sonde (-s) ßondә Sünde
sonder ßondәr ohne
sonder preskripsie ßondәr praßkrәpßi rezeptfrei
sone (-s) ßuәnә Zone
sonneblom (-me) ßonnәblom Sonnenblume
sonnig (-e) ßonnәch sonnig
sonroom ßonruәm Sonnencreme ⓘ *Empfehlenswert ist Sonnenschutzmittel mit Lichtschutzfaktor 15.*
sonsambreel (-brele) ßonßambriәl Sonnenschirm
sonskyn ßonßkejn Sonnenschein
sonsondergang ßonßondәrchang Sonnenuntergang
sonsopkoms ßonßopkommß Sonnenaufgang
sonsteek ßonßtiәk Sonnenstich
soogdier (-e) ßuәchdihr Säugetier
sool (-sole) ßuәl Sohle
soontoe en terug ßuntu en tröch hin und zurück
soort (-e) ßurt Sorte; Marke (Warentyp); Art (Tiere/Pflanzen)
soos ßuәß danach aussehen; aussehen wie
sop (-pe) ßopp Suppe
sopas ßuәpass gerade (so eben)
sopbak (-ke) ßopbak Suppenschüssel
sopbord (-e) ßopbort Suppenteller
sorg (ge-) ßorch sorgen (für)
sorge ßorgә Sorge
sorgvuldig ßorchföldәch sorgfältig
sosatie (-s) ßußahti Fleischspieß ⓘ *stark mariniert und mit Zwiebeln und getrockneten Früchten zubereitet*
sosiaal (-siale) ßuәschiahl sozial
sosiale versekering ßuәschiahlә fәrßiәkәrәng Sozialversicherung
sosiale werker (-s)/werkster (-s) ßuәschiahlә wärkәr/wärkßtәr Sozialarbeiter(in)
sosialisties (-e) ßuәschialәßtiß sozialistisch
Sotho (-s) ßutu Sotho
sou ßou würde (Konjunktiv von "sal")
sous (-e) ßouß Soße
sout ßout Salz
souterig (-e) ßoutәrәch salzig
soutoplossing (-s) ßoutoplossәng Kochsalzlösung
soutpotjie (-s) ßoutpoiki Salzstreuer
soveel ßuәfiәl soviel
sowel ... asook ßuwäl ... aßuәk sowohl ... als auch
spa (-s) ßpa Kurort
Spaans (-e) ßpahnß spanisch
spaar (ge-) ßpahr sparen
spaarbank ßpahrbank Sparkasse
spaarboekie (-e) ßpahrbuki Sparbuch
spaarrekening (-e) ßpahriәkәnәng Sparkonto
spaarsaam (-same) ßpahrßahm sparsam
spaarwiel (-e) ßpahrwihl Reservereifen; Ersatzreifen
spalk (-e) ßpalk Schiene (med.)
span (-ne) ßpann Mannschaft (Rettung/Sport)

S

Spanje ßpanjə Spanien
spannend (-e) ßpannənt spannend
spanner (-s) ßpännər Schraubenschlüssel
spanspek (-ke) ßpanßpäk Melone
spat (ge-) ßpatt spritzen (Wasser)
speel (ge-) ßpiəl spielen (Spiel/Instrument)
speelgoed ßpiəlchut Spielsachen; Spielzeug
speelkaarte ßpiəlkahrtə Spielkarten
speelplek (-ke) ßpiəlpläk Spielplatz
speels (-e) ßpiəlß verspielt
spek ßpäk Speck
spel ßpäl Spiel
spel (ge-) ßpäl buchstabieren
speld (-e) ßpält Stecknadel
spelling ßpälləng Rechtschreibung
spesery (-e) ßpəßərej Gewürz
spesiale aanbod (aanbiedings) ßpeschiələ ahnbott Sonderangebot
spesiale prys (-e) ßpeschiələ prejß Sonderpreis
spesiale seël uitgawe ßpeschiələ ßiəl öitchawə Sonderbriefmarke
spesiale tarief (tariewe) ßpeschiələ tarif Sondertarif
spesialiteit (-e) ßpeschialitejt Spezialität
speurfilm (-s) ßpöərfilm Krimi (Film)
speurverhaal (-verhale) ßpöərfərhahl Krimi (Buch)
spieël (-s) ßpihl Spiegel
spier (-e) ßpihr Muskel
spierverrekking ßpihrfəräckəng Zerrung
spinasie ßpinahßi Spinat
spiraal (-rale) ßpirahl Spirale
spit in die rug ßpət ən die röch Hexenschuß
spits ßpətß spitz
spleet (splete) ßpliət Spalte
splinter (-s) ßpləntər Splitter
split (ge-) ßplət spalten
spoed ßputt Geschwindigkeit
spoedbeperking (-s) ßputtbəpärkəng Geschwindigkeitsbegrenzung ℹ *In der Stadt: 60 km/h, auf Landstraßen 100 km/h und auf Autobahnen 120 km/h.*
spoedbrief (-briewe) ßputbrief Eilbrief
spoedoortreding ßputt-urtriədəng Geschwindigkeitsübertretung
spoedpos sputposs Eilzustellung
spoeg ßpuch Speichel
spoeg (ge-) ßpuch spucken
spog (ge-) ßpoch prahlen
spons (-e) ßponß Schwamm
spontaan (-tane) ßpontahn spontan
spoor (spore) ßpur Spur
spoorhek (-ke) ßpurhäk Schranke
spoorlyn (-e) ßpurlejn Gleis
spooroorgang (-e) ßpururchang Bahnübergang
spoorstaaf (-stawe) ßpurßtahf Schiene (Zug)
spoorweg (-weë) ßpurwäch Eisenbahn ℹ *heißt Spoornet/Transnet*
sport ßport Sport
sportief (-tiewe) ßportif sportlich
sportman (-s)/sportvrou (-ens) ßportmann/ßportfrou Sportler(in)
sportterrein (-e) ßportərejn Sportplatz
sportvereniging (-s) ßportfəriənəchəng Sportverein
spot (ge-) ßpott spotten (über)
spraakgebrek ßprahkchəbräk Sprachfehler
spraakloos (-lose) ßprahkluəß sprachlos
spreekkamer (-s) ßpriəkamər Sprechzimmer
spreekuur (-ure) ßpriəkühr Sprechstunde
spreker (-s) ßpriəkər Sprecher(in)
spring (ge-) ßprəng springen
sprokie (-s) ßpruəki Märchen
sprong (-e) ßprong Sprung
spruit ßpröit Bach
spruitkool ßpröitkuəl Rosenkohl
spuit (ge-) ßpöit sprühen (Insektizid)
spyskaart (-e) ßpejßkahrt Speisekarte; Menü
spysvertering ßpejßfərtiərəng Verdauung
staaf (stawe) ßtahf Eisenstab
staak (ge-) ßtahk aufgeben
staal ßtahl Stahl ℹ *großer Wirtschaftszweig Südafrikas*
staan (ge-) ßtahn stehen
staanplek (-ke) ßtahnpläk Stehplatz
staat (state) ßtaht Staat
staat maak (ge-) ßtaht mahk sich verlassen (auf)
staatkundig (-e) ßtahtköndəch staatlich
staatsanklaer (-s) ßtahtßanklaər Staatsanwalt/Staatsanwältin
staatshoof (-de) ßtahtßhuəf Staatschef; Staatsoberhaupt

S

staatspresident (-e) ßtahtßpraßadent Staatspräsident(in)
staatswerker (-s) ßtahtßwärkər Beamter
stabiel (-e) ßtabil stabil
stad (stede) ßtatt Stadt
stadbesigtiging ßtattbəßəchtəchəng Stadtrundfahrt
stadig (-e) ßtahdəch langsam
stadigaan ßtahdəchahn nach und nach
stadium (-s) ßtahdiöm Phase
stadsaal (-sale) ßtattßahl Rathaus
stadspark (-e) ßtattßpark Stadtpark
staf (stawwe) ßtaff (General-)Stab
staking (-s) ßtahkəng Streik
stal (-le) ßtal Stall
stalletjie ßtalliki Verkaufsstand
stam (-me) ßtamm Stamm
stamp (-e) ßtamp Stoß; Aufprall
stamp (ge-) ßtamp schieben (Auto)
stand ßtannt Stand; Lage
standbeeld (-e) ßtantbiəlt Skulptur; Statue
standerd (-s) ßtandərt Klasse (Schule)
standpunt (-e) ßtanntpönt Standpunkt
stap (ge-) ßtap wandern
stapel (-s) ßtahpəl Stapel
staptoer (-e) ßtapptuhr Wandern *großes Angebot an Wanderwegen - Infos unter: (011) 8866524 und (012) 2993382*
staptoer (-e) ßtaptuhr Wanderung
starter (-s) ßtahtərß Anlaßer
stasie (-s) ßtahßi Bahnhof
stasiewa (-waens) ßtahßiwa Kombi (Auto)
stedelik (-e) ßtiədələk städtisch
steek (ge-) ßtiək stecken; stechen
steeks (-e) ßtiəkß stur
steel (ge-) ßtiəl stehlen; rauben
steenkool ßtiənkuəl Steinkohle
Steentydperk ßtiəntejtpärk Steinzeit
steil ßtejl steil
stekerig (-e) ßtiəkərəch stachlig
stel tande ßtäl tandə Gebiß
stellasie (-s) ßtəllaßi Gerüst
stelsel (-s) ßtälßəl System
stem (-me) ßtem Stimme (Gesang/Wahl)
stem (ge-) ßtem wählen (Politik); abstimmen; stimmen (wahr sein/Instrument)
stembriefie (-s) ßtembrifi Stimmzettel
stemming (-e oder -s) ßtemməng Abstimmung; Stimmung
stempel (-s) ßtempəl Stempel
ster (-re) ßtärr Stern
sterf (ge-) ßtärf sterben
steriel (-e) ßtəril steril
sterk ßtärk stark; kräftig
sterkte ßtärktə Stärke
stert (-e) ßtärt Schwanz (Tier)
steun (ge-) ßtöən stöhnen
steur (ge-) ßtöər stören
steuring (-s) ßtöərəng Störung
stewel (-s) ßtiəwəl Stiefel
stiefbroer (-s) ßtifbruhr Stiefbruder
stiefma (-'s) ßtifma Stiefmutter
stiefpa (-'s) ßtifpa Stiefvater
stiefsuster (-s) ßtifßößtər Stiefschwester
stiergeveg (-te) ßtihrchəfäch Stierkampf
stig (ge-) ßtəch gründen
stil ßtəl still
stileerroom stilliəruəm Haarfestiger
stilhou verbode ßtəlhou fərbuədə Halteverbot; Anhalten verboten
stilhouplek (-ke) ßtəlhoupläck Haltestelle
stillewe (-ns) ßtəliəwə Stilleben
stilte ßtəltə Stille
Stilte! ßtəltə Ruhe!
stingel (-s) ßtəngəl Stiel (Blume)
stiptelik (-e) ßtəptələk pünktlich
stoel (-e) ßtul Stuhl
stoelgang ßtuhlchang Stuhlgang
stof ßtoff Staub
stoflap (-pe) ßtofflap Staubtuch
stofsuier (-s) ßtoffßöiər Staubsauger
stok (-ke) ßtock Stock; Stange
stokperdjie (-s) ßtokpärki Hobby
stom ßtom stumm
stomp ßtomp stumpf
stoof (stowe) ßtuəf Herd
stoofplaat (-plate) ßtuəfplaht Herdplatte
stoom (ge-) ßtuəm dampfen
stoomlokomotief (-tiewe) ßtuəmluəkumutif Dampflok
stoot (ge-) ßtuət stoßen; schieben
stoot (stote) ßtuət Stoß
stop (ge-) ßtopp stoppen; anhalten (Taxi); (in die Hose) stopfen

S

Stop! ßtopp Halt!
stophorlosie (-s) ßtophorluəßi Stoppuhr
storie (-s) ßturi Geschichte; Erzählung
storm (-s) ßtorrəm Sturm
storm (het gestorm), dit ... dət ßtorrəm es stürmt
stormagtig (-e) ßtorrəm-achtəch stürmisch
stort (-e) ßtort Dusche
stort (ge-) ßtort duschen
stortgordyn (-e) ßtortchordejn Duschvorhang
stout ßtout ungezogen; unartig
stowwerig (-e) ßtowwərəch staubig
straal (ge-) ßtrahl strahlen
straal (strale) ßtrahl Strahl
straat (ge-) ßtrahl leuchten
straat (strate) ßtraht Straße
straatkaart ßtrahtkahrt Stadtplan
straf (strawwe) ßtraf Strafe (jur. etc.)
strand (-e) ßtrant Strand
strandmatjie (-s) ßtrantmaiki Strandmatte
strandsak (-ke) ßtrantßak Badetasche
strandstoel (-e) ßtrantßtul Liegestuhl
strandvakansie (-s) ßtrantfakanßi Badeurlaub
streek (-streke) ßtriək Region
streeksgewys (-e) ßtriəkßchəwejß regional
streel (ge-) ßtriəl streicheln (zärtlich)
streep (strepe) ßtriəp (Pinsel-)Strich; Streifen
streng ßtreng streng (Person)
strik (-ke) ßtrək Schleife
stroming (-s) ßtruəməng Strömung
strooi ßtroi Stroh
stroom (ge-) ßtruəm strömen
stroom (strome) ßtruəm Strom (Wasser)
struik (-e) ßtröik Strauch
struikel (ge-) ßtröikəl stolpern
struikgewas ßtröikchəwass Gestrüpp
stry (ge-) ßtrej sich streiten
stryk (ge-) ßtrejk bügeln
strykyster (-s) ßtrejkejßtər Bügeleisen
studeer (ge-) ßtüdiər studieren
student (-e) ßtüdent Student(in)
studie (-s) ßtüdi Studium
studiebeurs (-e) ßtüdiböərß Stipendium
studiereis ßtüdirejß Studienreise
stuk (-ke) ßtök Stück
stukkend (-e) ßtökkənt kaputt
stukkend slaan (geslaan) ßtöckənt ßlahn zerschlagen
stukkie papier ßtöcki papihr Zettel
stuur (ge-) ßtühr schicken
stuurwiel (-e) ßtührwihl Lenkrad
styf (stywe) ßtejf straff; steif
styg (ge-) ßtejch steigen
stygbaan (-bane) ßtejchbahn Startbahn
styl (-e) ßtejl Stil
stylrigting (-s) ßtejlrəchtəng Stilrichtung
subjektief (-tiewe) ßöbjektif subjektiv
substansie (-s) ßößßtanßi Substanz
Suid-Afrika ßöit-ahfrika Südafrika
i *momentan elf Amtssprachen*
Suid-Afrikaans (-e) ßöit-afrikahnß südafrikanisch
suide ßöidə Süd(en)
suidelik (-e) ßöidələk südlich
Suiderkruis ßöidərkröiß Kreuz des Südens
Suidkus ßöitköß Südküste i *von Kapstadt bis etwa Port Elizabeth*
Suidpool ßöitpuəl Südpol
suig (ge-) ßöich lutschen
suiker ßöikər Zucker
suikerplantasie (-s) ßöikərplantaßi Zuckerpflanzung
suikerpot (-te) ßöikərpot Zuckerdose
suinig (-e) ßöinəch geizig
suip (ge) ßöip saufen
suiwer (ge-) ßöiwər säubern
sukkelaar (-s) ßöckəlahr Stümper(in)
sukses ßöcksess Erfolg
suksesvol (-le) ßöcksessvol erfolgreich
sulke ßölkə solche(-r, -s)
Sun City ßann ßəti Vergnügungszentrum unweit von Johannesburg
Super ßüpər Super (Benzin)
supermark (-te) ßüpərmark Supermarkt; Lebensmittelgeschäft
supersoniese snelheid ßüpərßuənißə ßnälhejt Überschallgeschwindigkeit
suspisie ßößpißi Verdacht
suster (-s) ßößtər Schwester
susterskind ßößtərßkənt Nichte; Neffe
suur ßühr sauer
suur (sure) ßühr Säure

suurlemoen (-e) ßührləmun Zitrone
suurstofsilinder (-s) ßührßtof-ßələndər Sauerstoffflasche
swaar ßwahr schwer
swaard (-e) ßwahrt Schwert
swaer (-s) ßwahr Schwager; Schwägerin
swak ßwack schwächlich; schwach; geschwächt
swanger ßwangər schwanger
swart ßwart schwarz
swartbord (-e) ßwartbort Tafel (Schule)
Swazi (-s) ßwasi Swasi
sweeftuig (-tuie) ßwiəftöich Segelflugzeug
sweer (swere) ßwiər Geschwür
sweet ßwiət Schweiß
sweet (ge-) ßwiət schwitzen
sweetpakhemp (-s) ßwiətpakhemp Sweatshirt
Swein! (-e) ßwaain Schwein!
swelsel ßwälßəl Schwellung
swem (ge-) ßwem schwimmen
swembad (-dens) ßwembatt Schwimmbad; Swimmingpool
swembroek (-e) swembruk Badehose
Switser ßwətßər Schweizer
Switserland ßwətßərlannt Schweiz
swoeg (ge-) ßwuch schuften
swyg (ge-) ßwejch schweigen
sy ßej Seide; sie
sy(ne) ßej sein(e)
sydelings (-e) ßejdəlangß seitlich
sykous (-e) ßejkouß Strümpfe
sykousleer ßejkoußliər Laufmasche
sypaadjie (-s) ßejpaiki Bürgersteig
syskip ßejßkəp Seitenschiff
systraat (-strate) ßejßtraht Seitenstraße; Nebenstraße
sytak van 'n rivier ßejtak fan ə rəfihr Nebenfluß
sywaarts (-e) ßejwahrtß seitwärts
T-hemp (-hemde) tiə-hemp T-Shirt
taai taai zäh; klebrig
taak (take) tahk Aufgabe
taal (-tale) tahl Sprache
taalkundig (-e) tahlköndəch sprachlich
taalkursus (-se) tahlkörßöß Sprachkurs
taalreëls tahlriəlß Grammatikregeln
taamlik (-e) tahmlək ziemlich

tabak taback Tabak
tabakwinkel (-s) tabackwənkəl Tabakladen
tabel (-le) tabäl Tabelle; Tafel
tablet (-te) tablett Tablette
tafel (-s) tahfəl Tisch
tafel vir twee tafel fər twiə Tisch für zwei Personen
Tafelberg tafəlbärch Tafelberg
tafeldoek (-e) tahfəlduk Tischdecke
tagtig tachtəch achtzig
tak (-ke) tack Ast; Zweig; Filiale; Zweigstelle
tak nommer(-s) tack nommər Bankleitzahl
talent (-e) talent Talent
talentvol (-le) talentfoll begabt
tamatie (-s) tamahti Tomate
tampon (-s) tampon Tampon
tand (-e) tant Zahn
tandarts (-e) tantartß Zahnarzt; Zahnärztin
tandbederf tantbədärf Karies
tande stop (gestop) tandə ßtopp plombieren
tandeborsel (-s) tannəborßəl Zahnbürste
tandepasta tannəpaßtə Zahnpasta
tandestokkies tandəßtockiß Zahnstocher
tandevlos tandəfloß Zahnseide
tandpyn tantpejn Zahnschmerzen
tandvleis tantflejß Zahnfleisch
tang (-e) tang Zange
tannie (-s) tanni Tante
tapisserie (-ë) tapəßiəri Wandteppich; Gobelin
tapyt (-e) tapejt Teppich
tarief (tariewe) tarif Tarif; Fahrpreis
tas (-se) tass Reisetasche
tasse pak tassə pack Koffer packen
taxi (-s) takßi Taxi ℹ *ein wenig teuer*
taxibestuurder (-s) täkßibəßtührdər Taxifahrer(in)
taxistaanplek (-ke) takßißtahnpläk Taxistand
te tə zu (in Infinitivsätzen); zu(viel); zu sehr
te sout tə ßout versalzen
te veel tə fiəl zuviel(e)
teater (-s) tiahtər Theater
tee tiə Tee
teël (-s) tiəl Dachziegel
teel (ge-) tiəl züchten (Tiere)
teelbal (-le) tiəlball Hoden
teelt tiəlt Züchtung

T

teen tiən gegen
teendeel tiəndiəl Gegenteil
teengif tiənchəf Gegengift
teenoor tiənur (jemandem) gegenüber
teenoorgestel (-de) tiənurchəßtäl entgegengesetzt
teenoorgestelde tiənurchəßtäldə Gegenteil von
teenstaander (-s) tiənßtahndər Gegner
teenwind tiənwənt Gegenwind
teenwoordigheid tiənwurdəchejt Gegenwart
teer (tere) tiər zart
teesakkie (-s) tiəßakki Teebeutel
teësin tiəßən Widerwille
teëspoed tiəßput Mißgeschick
teëstelling (-s) tiəßtälləng Gegensatz
tegnies (-e) tächniß technisch
tegnikus tächnikößß Techniker(in)
tegnologie technuəluchi Technik
tegnologies (-e) technuluəchiß Technik (wissenschaftlich)
teiken (-s) ejkən Zielscheibe
teken (-s) tiəkən Zeichen; Signal
teken (ge-) tiəkən zeichnen
tekening (-e) tiəkənəng Zeichnung
teks (-te) tekß Text
tel (ge-) täl zählen
telefoneer (ge-) tälləfuəniər telefonieren
telefonies (-e) tälləfuəniß telefonisch
telefoon (-fone) tälləfuən Telefon
telefoonboek (-e) tälləfuənbuk Telefonbuch
telefoonhokkie (-s) tälləfuənhokki Telefonzelle
telefoonkaart (-e) tälləfuənkahrt Telefonkarte
telefoonnommer (-s) tälləfuənommər Telefonnummer
telefoonsentrale (-s) tälləfuənßentrahlə Telefonzentrale; Vermittlung (Telefon)
telegram (-me) tälləchramm Telegramm
teleurgestel (-de) təlöərchəßtäl enttäuscht
teleurstelling (-s) təlöərßtälləng Enttäuschung
televisie (-s) tälləwißi Fernsehen
televisieskerm (-s) täləwißiskärm Bildschirm
televisietoestel (-le) tälləwißitußtäl Fernsehapparat/-gerät
tellermasjien (-e) tällərmaschin Geldautomat
ⓘ *auch ATM genannt*

tema (-s) tiəma Thema
tempel (-s) tempəl Tempel
temperatuur (-ture) tempəratühr Temperatur
ten minste ten mənßtə wenigstens
ten slotte ten ßlottə schließlich; am Schluß
ten spyte van ten ßpejtə fan trotz
tenk (-e) tenk Tank
tennisbaan (-bane) tennəßbahn Tennisplatz
tennisbal (-le) tennəßball Tennisball
tennisraket (-te) tennəßrakett Tennisschläger
tent (-e) tent Zelt
tentpaal (-pale) tentpahl Zeltstange
tentpen (-ne) tentpen Hering (Zelt)
teoreties (-e) tiuriətiß theoretisch
terloops tərluəpß übrigens; nebenbei
termometer (-s) tärmumiətər Thermometer
terras (-se) tərraß Terrasse
terrein (-e) tərrejn Gelände
terreur tərröər Terror
tert (-e) tärt Torte
terug tröch zurück
terugbetaal tröchbətahl zurückzahlen
terugeis (terugge-) tröch-ejß reklamieren
teruggee (terugge-) tröchiə zurückgeben
terugkom (terugge-) tröchkomm wiederkommen; zurückkommen
terugkoms tröchkomß Rückkehr
terugreis tröchrejß Rückfahrt
terugry (terugge-)/teruggaan (terugge-) tröchrej/tröchahn zurückfahren/-gehen
terugstuur (terugge-) tröchßtühr zurückschicken/-senden
terugval (-le) tröchfall Rückfall
terwyl tərwejl während
tesourie teßuri Schatzkammer
tevergeefs (-e) təfərchiəfß vergebens; vergeblich
tevore təfurə zuvor
tevrede təfriədə zufrieden
Thailand tailant Thailand
Thailands (-e) tailantß thailändisch
tien tin zehn
tien keer tin kiər zehnmal
tienduisend tindöißənt zehntausend
tifus tiföß Typhus
tik (ge-) tək tippen (Schreibmaschine); eintippen (Geheimnummer)

T

tikmasjien (-e) təkmaschin Schreibmaschine
til (-s) təl Kasse
tip təp Trinkgeld *nicht in der Rechnung enthalten, üblich sind 10% vom Rechnungbetrag*
tipies (-e) tipiß typisch
tirannie (-ë) tirani Gewaltherrschaft
tissue (-s) tischu Papiertaschentuch; Kosmetiktücher
titel (-s) titəl Titel
tjaaf (ge-) tschahf anmachen (sex.)
tjalie (-s) tschahli (Schulter-)Tuch
tjek (-s) tscheck Scheck
tjekboek tscheckbuk Scheckheft
tjekkaart tscheckkahrt Scheckkarte
tjop (-s) tschopp (Lamm-)Kotelett
toe tu dann; danach; damals; als (zeitlich); zugeschlossen
toebehore tubəhurə Zubehör
toedraai (toege-) tudraai einwickeln (Geschenk)
toegang tuchang Zutritt; Eintritt(spreis); Zugang
toegangskaartjie (-s) tuchangskahrki Eintrittskarte
toegee (toege-) tuchiə zugeben; Vorfahrt beachten
toekoms tukommß Zukunft
toelaat (toege-) tulaht zulassen
toelatingseksamen (-s) tulahtəngsekßahmən Aufnahmeprüfung
toemaak (toege-) tumahk zumachen; (sich) zudecken (mit)
toeneem (toege-) tuniəm zunehmen
toeplak (toege-) tuplak zukleben
toergids (-e) tuhrchitß Reiseführer
toeris (-te) turrəß Tourist(in)
toeskouer (-s) tußkouər Zuschauer(in)
toeskouersport tußkouərßport Zuschauersport
toeslag (-slae) tußlach Zuschlag
toesluit (toege-) tußlöit verschließen; abschließen
toespraak (-sprake) tußprahk Rede; Anrede
toestand (-e) tußtant Verfassung; Zustand
toestel (-le) tußtäl Apparat; Gerät
toestemming tußtemməng Zustimmung; Erlaubnis
toet (ge-) tuht hupen
toeter (-s) tuhtər Hupe
toets (ge-) tutß prüfen; erproben (Examen)
toeval tufall Zufall
toevallig (-e) tufalləch zufällig
toiings toiəngß Klamotten
toilet (-te) toilet Toilette
toiletpapier toiletpapihr Toilettenpapier
toiletreiniger toiletrejnəchər Toilettenreiniger
toiletspoelstelsel toiletßpullßtälßəl Toilettenspülung
tol toll Maut
tolhek (-ke) tollhäk Mautstelle
tolk (-e) tolk Dolmetscher(in)
toneel (-nele) tuniəl Szene (Film/Theater)
toneelskerm (-s) toniəlßkärm Kulissen
toneelspeler (-s)/toneelspeelster (-s) tuniəlßpiələr Schauspieler(in)
toneelstuk (-ke) tuniəlßtök Theaterstück
tong (-e) tong Zunge
tonnel (-s) tonnəl Tunnel
toon (tone) tuən Zeh; Ton (Musik)
toonbank (-e) tuənbank Schalter (Post)
toonnael (-s) tuənahl Zehnagel
toor (ge-) tur zaubern
toordokter (-s) tuərdoktər Medizinmann *eine Art Zauberdoktor einiger Bantustämme*
top topp Spitze
toppunt (-e) toppönt Gipfel
toring (-s) tuərng Turm
toringgebou (-e) turəng-chəbou Hochhaus
tot tot bis
tot nou tot nou bis jetzt
tot nou toe tot nou tu bisher
tot stilstand kom (gekom) tot ßtəlßtant komm zusammenbrechen (Verkehr)
totaal (-tale) tutahl gesamt
totale bedrag (bedrae) tutahlə bədrach Gesamtbetrag
totsiens totßinß Auf Wiedersehen
tou (-e) tou Seil
touch rugby tatsch rakbi Rugby-Variante
township (-s) taunschəp Wohnviertel der Schwarzen *Sollte nur in Begleitung von Einheimischen besucht werden - kann recht interessant sein.*
traak-my-nie-agtig trahk-mej-ni-achtəch leger (Benehmen)

traan (trane) trahn Träne
tradisie (-s) tradißi Tradition
tradisioneel (-nele) tradischuniəl traditionell
tragedie (-s) trachiədi Tragödie
tragies (-e) trahchiß tragisch
tralies trahliß Gitter
trap (-pe) trap Treppe; Aufgang
trap (-pies) trap (piß) Stufe (Treppe)
trapboot (-bote) trapbuət Tretboot
tree (treë) triə Tritt; Schritt
tref-en-trap ongeluk tref-en-trap onchəlöck Fahrerflucht
trein (-e) trejn Zug; Bahn
treindeur trejndöər Wagentür
treinwa (-ens) trejnwa Waggon (Zug)
trek (-ke) träk Luftzug
trek (ge-) träk ziehen (auch: Zahn)
trekker (-s) träckər Traktor
trem (-s) trem Straßenbahn
treurig (-e) tröərəch traurig
triomfboog (-boë) triomfbuəch Triumphbogen
troeteldier (-e) truttəldihr Haustier
trok (-ke) trock Laster ℹ *wird auch "lorrie" genannt*
trollie (-s) trolli Einkaufswagen
troos (ge-) truəß trösten
trop (-pe) trop Herde; Rudel
trope truəpə Tropen
trots trotß Stolz
trots (op) trotß stolz (auf)
trui (-e) tröi Pullover
trurat trürratt Rückwärtsgang
truratrem (-me) trürattrem Rücktrittbremse
truspieël (-s) trüßpihl Außen- bzw. Rückspiegel
tsotsi (-s) tßotßi krimineller Eingeborener
tuin (-e) töin Garten
tuingereedskap töinchəriətskap Gartengeräte
tuinier (-e) töinihr Gärtner
tuinmeubels töinmöəbəls Gartenmöbel
tuinslang (-e) töinßlang Gartenschlauch
tuis töis daheim
tuisgemaak (-te) töißchəmahk hausgemacht
tuiskom (tuisge-) töißkomm heimkommen
tuisnywerheid (-hede) töißnejwərhejt Gebäckwarenladen ℹ *Hierhin bringen Hausfrauen ihr Gebäck bzw. Kunsthandwerk zum Weiterverkauf.*
tuiste (-s) töißtə Heimat; Heim
turkoois törkoiß türkis
Turks (-e) törkß türkisch
Turkye törkejə Türkei
tussen tössən zwischen
tussenlanding tössənlandəng Zwischenlandung/-stopp
tussenstede-bus (-se) tössənßtiədə-böss Linienbus
tussenstedelike busdienste tössənßtiədələkə bößdinßtə Intercity-Busverbindung ℹ *verkehren zwischen den Hauptzentren, einige Linien sind Translux, Greyhound und Intercape*
twaalf twahlf zwölf
twee twiə zwei
twee keer twiə kiər zweimal
tweede twiədə übernächste
tweederangs (-e) twiədərangß zweitrangig
tweeduisend twiədöißənt zweitausend
tweehonderd twiəhondərt zweihundert
tweeling (-e) twiələng Zwillinge
twintig twəntəch zwanzig
twyfel twejfəl Zweifel
tyd (tye) tejt (Uhr-)Zeit
tyd van die dag tejt fan di dach Tageszeit
tydelike inhegtenisneming tejdələkə ənhächtənəß-niəməng Untersuchungshaft
tydelike oplossing tejdələkə oplossəng Provisorium
tydperk (-e) tejtpärk Zeitraum; Epoche
tydskrif (-te) tejtßkrəf Magazin; Zeitschrift
tydskrifstalletjie (-s) tejtßkrəfßtalliki Zeitungskiosk
tydstip tejtßtəp Zeitpunkt
tydtafel (-s) tejttafel Fahrplan
tydvak (-ke) tejtfack Abschnitt (Zeit)
tydverdryf tejtfərdrejf Beschäftigung; Zeitvertreib

U

u ü Sie; Ihr(e)
ui (-e) öi Zwiebel
uiegras öiəchraß Schnittlauch
uit öit aus
uitbeeld (uitge-) öitbiəlt darstellen
uitbetaling (-s) öitbetahləng Auszahlung
uitdeel (uitge) öitdiəl verteilen
uitdrukking (-s) öitdrökkəng Ausdruck
uiterlik (-e) öiterlək äußerlich

uiterlike öiterləke Äußere
uiters noukeurig öitərß noukö̱ərəch peinlich; übergenau
uitgaan (uitge-) öitchahn ausgehen (abends)
uitgang öitchang Ausfahrt (Straße)
uitgawe (-s) öitchawe Ausgabe
uitgedien (-de) öitchədin unnütz
uitgee (uitge-) öitchiə ausgeben
uitgeput (-te) öitchəpött erschöpft
uitgewery öitchiəwərej Verlag
uitheemse taal öithiəmßə tahl Fremdsprache
uithou (uitge-) öithou aushalten
uitklim (uitge-) öitkləm aussteigen
uitlaatgas (-se) öitlahtchaß Abgase
uitlaatpyp (-e) öitlahtpejp Auspuff
uitlag (uitge-) öitlach auslachen
uitleen (uitge-) öitliən verleihen; ausleihen
uitmonding (-s) öitmondəng Mündung
uitnodiging (-s) öitnuədəchəng Einladung
uitnooi (uitge-) öitnoi einladen
uitoefening (-e) öitufenəng Ausübung (Religion)
uitpak (uitge-) öitpack auspacken
uitroik (uitge-) öitrejk ausstellen (Dokument)
uitruil (uitge-) öitröil austauschen
uitrusting (-s) öitrößtəng Ausrüstung; Ausstattung
uitsaai (uitge-) öitßaai übertragen; senden
uitsaaidiens öitßaaidinß Rundfunk
uitsending (-s) öitßendəng Rundfunkübertragung
uitsig (-te) öitßəch Sicht; Aussicht (vom Berg)
uitslag öitslach Ausschlag
uitsondering (-e) öitßondərəng Ausnahme
uitspattend (-e) öitßpattənt extravagant
uitspool öitßpul (aus-/ab-)spülen
uitspraak (-sprake) öitßprahk (Aus-)Spruch; Aussprache
uitstaan (uitge-) öitßtahn jemanden leiden lassen
uitstaande öitßtahndə hervorragend
uitstalling (-s) öitßtalləng Ausstellung (Kunst)
uitstallingsruimte (-s) öitßtalləngsröimte Ausstellungsraum
uitstappie (-s) öitßtappi Ausflug
uitstekend (-e) öitßtiəkənt prächtig; großartig; ausgezeichnet
uitstel (uitge-) öitßtäl (auf später) verschieben
uittrek (uitge-) öiträk sich ausziehen; (etwas) ausziehen
uitveër (-e) öitfiər Radiergummi
uitverkoop öitverkuəp ausverkauft
uitverkoping (-s) öitfərkuəpəng Räumungsverkauf; Schlußverkauf
uitvind (uitge-) öitfənt erfinden
uitvinding (-s) öitfəndəng Erfindung
uitvoer (uitge-) öitfuhr exportieren; (etwas) erledigen; durchführen
uitweg öitwäch Ausweg
uitwendig öitwendəch auswendig
uitwerking öitwärkəng Wirkung
ultrasonies ultraßuəniß Ultraschall
uniek (-e) ünik einzigartig; einmalig
uniform üniforrəm einheitlich
uniform (-s) üniforrəm Uniform
universiteit (-e) üniwärßitejt Universität; Hochschule
universiteitsjaarbock üniwärßitejtßjahrbuk Vorlesungsverzeichnis
uroloog (-loë) urruluəch Urologe; Urologin
uur (ure) ühr Stunde
uurloon (-lone) ührluən Stundenlohn
Viele Leute bekommen wöchentlich ihren Lohn.

V.S.A. fiə eß ah USA
vaal fahl fad
vaas (vase) fahß Vase
vader fahdər Vater
vadoek (-e) faduk Geschirrtuch
vak (-ke) fack Fach
vakansie (-s) fakanßi Ferien; Urlaub
vakansie pakket fakanßi packet Pauschalreise
vakansiedag (-dae) fakanßidach Feiertag
vakansieganger (-s) fakanßi-changər Urlauber(in)
vakansiehuis (-e) fakanßihöiß Ferienhaus
vakansieoord (-e) fakanßi-urt Ferienanlage
vakansievoorbereiding fakanßifurbərejdəng Reisevorbereitung
vakansiewoning (-s) fakanßiwuənəng Ferienwohnung
vakarbeider (-s) fackarbejdər Facharbeiter
vakleerling (-e) fackliərləng Auszubildende(r)

vakman (-ne) fackmann Fachmann
vakopleiding fak-oplejdəng Berufsausbildung
vakskool (-skole) fakskuəl Berufsschule
vakterm (-e) facktärm Fachausdruck
vakunie (-s) fack-ünni Gewerkschaft
val (-le) fall Fallen; Sturz
val (ge-) fall stürzen; hinfallen; fallen; sinken (Aktien/Temperatur)
valhelm (-s) falhälləm Sturzhelm
vallei (-e) fallej Tal
vals (-e) falß falsch; nachgemacht
valuta walüta Valuta, Devisen
van fan von; aus (Herkunft)
van algemene nut fan alchəmiənə nött gemeinnützig
van plan wees om te... (gewees) fan plan wiəß om tə (etwas) vorhaben
van silwer fan ßəlwər silbern
vanaf vannaf ab
vandag fandach heute
vandag se special fandach ßə ßpeschəl Tagesgericht
vang (ge-) fang fangen
vanselfsprekend (-e) fanßälfßpriəkənt selbstverständlich
vantevore fantəfurə vorher
vark (-ke) fark Schwein
varkvleis farkflejß Schweinefleisch
vars fars frisch
vas faß fest
vashou (vasge-) faßhou festhalten
vasmaak (vasge-) fassmahk sich anschnallen (Auto)
vassit (vasge-) faßət steckenbleiben
vasstel (vasge-) faßtäl feststellen
vaste gelwing faßtə cholwəng Dauerwelle
vasteland faßtəlant Festland
vastyd faßtejt Fastenzeit
vaswerk (vasge-) fasswärk annähen (Knopf)
vat (-e) fatt Tonne; Gefäß
vat (ge-) fatt nehmen; (an)fassen; ergreifen; anspringen (Auto)
vee fiə Vieh
vee (ge-) fiə kehren (mit einem Besen)
veelvuldig (-e) fiəlföldach mehrfach/mehrmals
veer (vere) fiər Feder
veertien fiərtin vierzehn
veertig fiərtəch vierzig
veeteelt fiətiəlt Viehzucht
veeteler (-s) fiətiələr Viehzüchter(in)
vefrissingslap (-pe) fərfrəssəngslapp Erfrischungstuch
veg (ge-) fäch kämpfen
vegetaries (-e) wechətahriß vegetarisch
veilig fejləch sicher; ungefährdet
veiligheid fejləchejt Sicherheit
veiligheidsgordel (-s) fejləchejtßchordəl Sicherheitsgurt
veiligheidshalwe fejləchejtßhalwə sicherheitshalber
veiligheidskontrole fejləchejtßkontruələ Sicherheitskontrolle
veiligheidsregulasies fejləchejtß-rechəlahßiß Sicherheitsbestimmungen
vel (-le) fäll Fell; Haut; Blatt (Papier)
veld (-e) fällt Feld
veldokter (-s) fälldoktər Hautarzt/-ärztin
velduitstappie (-s) fältöitßtappi Landausflug
velkleur fälklöər Hautfarbe
velroom fälruəm Hautcreme; Körpercreme
vennoot (-note) fənuət Geschäftspartner
venster (-s) fenßter Fenster
venster sitplek (-ke) fenßter ßətpläck Fensterplatz
ventilasie wentilahßi Lüftung
ventilator (-s) wentilahtor Ventilator
ventileer (ge-) ventiliər lüften
ver weg fär wäch weit entfernt
veraf fähraf fern
veral fərall vor allem; besonders
verander fərandər verändern; (sich) ändern; wechseln; verwandeln
verandering (-e) fərandərəng Veränderung; Wechsel
verantwoordelik (-e) fərantwurdələk verantwortlich
verantwoording fərantwurdəng Verantwortung
verbaas wees (gewees) fərbahß wiəß staunen (über); erstaunt sein
verband (-e) fərbannt Verband (med.); Mullbinde; Zusammenhang
verbandmateriaal fərbanntmateriahl Verbandszeug

verbeelding fərbiəldəng Phantasie
verbeter fərbiətər verbessern
verbetering fərbiətərəng Verbesserung
verbied fərbitt verbieten
verbind fərbənt verbinden (Tel./med.); (sich) binden
verbinding (-s) fərbəndəng Verbindung (Vorgang); Anschluß (Tel.)
verbitter (-de) fərbəttərt verbittert
verblind fərblənt blenden (Auge)
verbluf (-te) fərblöf verblüfft
verblydend (-e) fərblejdənt erfreulich
verblyf (-blywe) fərblejf Aufenthalt
verblyfplek (-ke) fərblejfpläk Wohnsitz/-ort
verblyfspermit (-te) fərblejfspərmət Aufenthaltsgenehmigung
verbod fərbott Verbot
verbode fərbuədə verboten
verbrand fərbrannt verbrennen
verbranding fərbrandəng Verbrennung (med.)
verbreed fərbriət verbreitern
verbruik fərbröik Verbrauch; verbrauchen
verbruiker (-s)/verbruikster (-s) fərbröikər Verbraucher(In)
verby fərbej vorbei; daneben; am Ziel vorbei
verbygaan (-gegaan) vərbejchahn passieren
verbypad (-paaie) fərbeypat Umgehungsstraße
verbyry (verbyge-) fərbejrej/ vorbeifahren/-gehen
verbysteek (verbyge-) fərbejßtiək überholen
verbysteek verbode fərbejßtiək fərbuədə Überholen verboten
verdedig fərdiədəch verteidigen; sich wehren
verdediging fərdiədəchəng Verteidigung
verdeel fərdiəl teilen
verder färdər weiter; zusätzlich
verder loop (geloop) färdər luəp weiterfahren/-gehen
verder ry (ge-) färdər rej weiterfahren/-gehen
verder weg färdər wäch weiter (Entfernung)
verdien fərdin verdienen
verdienste fərdinßtə Verdienst
verdiep fərdip vertiefen
verdieping (-s) fərdippəng Stockwerk
verdoof vərduəf betäuben
verdowing (-s) vərduəwəng Betäubung
verdra fərdra sich vertragen
verdraagsaam (-same) fərdrahchßahm tolerant
verdrink fərdrənk ertrinken
verdroog fərdruəch vertrocknen
verdubbel fərdöbbəl verdoppeln
verduidelik vərdöidələk erklären
verduideliking (-s) fərdöidələkəng Erklärung; Aufschluß
verdun fərdön verdünnen
verduur fərdühr einstecken (Beleidigung)
verdwaal fərdwahl sich verlaufen; sich verfahren; sich verirren
verdwyn fərdwejn verschwinden
vereenvoudig fər-iənfoudəch vereinfachen
vereer fər-iər verehren
vereers fəriərß zunächst; vorerst
verenig fər-iənəch vereinen; vereinigen
vereniging (-s) fər-iənəchəng Verein; Einigung (eines Volkes)
vererg (-de) fərärch verärgert
verf (ge-) färf streichen (Farbe); malen (Wand)
verfrissend (-e) fərfrəssənt erfrischend
verfrissing (-s) fərfrəssəng Erfrischung
verfyn fərfejn verfeinern
vergadering (-s) fərchahdərəng Versammlung
vergange fərchangə vergangen
vergasser (-s) fərchassər Vergaser
vergeet fərchiət vergessen
vergeetagtig (-e) fərchiətachtəch vergeßlich
vergelyk fərchəlejk vergleichen
vergelyking (-s) fərchəlejkəng Vergleich
vergemaklik vərchəmacklək erleichtern
vergiftig fərchəftəch (sich) vergiften
vergiftiging fərchəftəchəng Vergiftung
vergissing fərchəssəng Versehen; Irrtum
vergroot fərchruət vergrößern
vergroting (-s) fərchruətəng Vergrößerung
vergryp fərchrejp sich vergehen
verhinder fərhəndər verhindern
verhoog (-hoë) fərhuəch Bühne
verhoor fərhuər Verhör
verhouding (-s) vərhoudəng Beziehung (persönlich); Verhältnis
verhuising fərhöißəng Umzug (Wohnung)
verhuur fərhühr vermieten

verhuurder (-s)/verhuurster (-s) fərhührdər/fərhührßtər Vermieter(in)
verjaarsdag (-dae) fərjahrßdach Geburtstag; Jahrestag
verkeer fərkiər (Straßen-)Verkehr [i] *Südafrika hat Linksverkehr.*
verkeerd (-e) fərkiərt verkehrt
verkeerd bereken fərkiərt bəriəkən sich verrechnen
verkeerd skryf (geskryf) fərkiərt ßkrejf sich verschreiben
verkeerd verstaan fərkiərt fərßtahn mißverstehen
verkeerde nommer fərkiərdə nommer falsch verbunden
verkeersaansluiting (-s) fərkiərßahnßlöitəng Verbindung (Verkehr)
verkeerslig (-te) fərkiərßləch Ampel (Straße)
verkeersongeluk (-ke) fərkiərßonchəlök Verkehrsunfall
verkeersradio fərkiərßradiou Verkehrsfunk
verkeersreëls fərkiərßriəlß Verkehrsregeln [i] *Es herrscht Linksverkehr, Anschnallpflicht und eine Promillegrenze von 0,8.*
verkeersteken (-s) fərkiərßtiəkən Verkehrsschild; Verkehrszeichen
verkies fərkiß vorziehen; lieber mögen
verkiesing (-s) fərkißəng (polit.) Wahl [i] *1994 fand die erste demokratische Wahl statt.*
verkiesingsuitslag (-slae) fərkißəngßöitßlach Wahlergebnis
verklaar fərklahr angeben (Zoll)
verklaring (-s) fərklahrəng Erklärung; Aussage
verklee farkliə sich umziehen
verklein fərklejn verkleinern
verkoeler (-s) fərkullər Kühler
verkoop fərkuəp Verkauf; verkaufen
verkoopstrokie (-s) fərkuəpßtruəki Kassenbon
verkoper (-s)/verkoopster (-s) fərkuəpər/fərkuəpßtər Verkäufer(in)
verkort fərkort kürzen; verkürzen
verkoue fərkouə Erkältung
verkoue hê (gehad) fərkouə heh erkältet
verkrag fərkrach vergewaltigen
verkragting fərkrachtəng Vergewaltigung
verlaag fərlahch tief; niedrig
verlam (-de) fərlamm gelähmt
verlang fərlang verlangen; fordern
verlange fərlangə Sehnsucht
verlate fərlahtə öde; verlassen
verlede fərliədə Vergangenheit
verlei fərlej verführen
verleng fərleng verlängern
verlenging fərlengəng Verlängerung
verlengingskoord (-e) fərlengəngßkurt Verlängerungsschnur
verlep fərlep verwelken
verlief fərlif verliebt
verlief op fərlif op verliebt (in)
verlief raak (geraak) fərlif rahk sich verlieben
verlies (-e) fərliß Verlust
verloof (-de) fərluəf verlobt
verloofde fərluəfdə Verlobte
verloop fərluəp vergehen (Zeit)
verloor fərlur verlieren
vermaak fərmahk Unterhaltung
vermaak (-) fərmahk (sich) amüsieren; (sich) unterhalten
vermeerder fərmiərdər sich vermehren
vermeng fərmeng vermischen; vermischt
vermenigvuldig fərmiənəchföldəch multiplizieren; malnehmen
vermenigvuldiging fərmiənəch-földəchəng Einmaleins
vermetel fərmiətəl unverschämt
verminder (-de) fərməndər verringern; reduzieren; reduziert
verminder spoed fərməndər ßputt Geschwindigkeit reduzieren
vermis fərməß vermissen
vermoë fərmuə Fähigkeiten
vermoed fərmutt vermuten
vermoeiend (-e) fərmuiənt anstrengend
vermoor fərmur ermorden
vermy fərmej vermeiden
vernaam (-name) fərnahm vornehm
verniet fərnit umsonst
vernietig fərnitəch vernichten
veronderstelling fərondərßtälləng Voraussetzung
verongeluk fəronchəlök verunglücken
veroordeel fərurdiəl verurteilen
veroorsaak fərurßahk verursachen

verouderd (-e) fəroudərt veraltet
verowering (-s) fəruəwərəng Eroberung
verpak fərpack verpacken
verpas fərpaß verpassen (Zug)
verpleegster (-s)/verpleër (-s) fərpliəchßtər/fərpliər Krankenschwester/Krankenpfleger
verplig fərpləch verpflichten (zu)
verpligting (-e) fərpləchtəng Verpflichtung
verraai fəraai verraten
verrassing (-s) fərassəng Überraschung
Verre Ooste färrə uəßtə Fernost
Verre Oostelik (-e) värrə uəßtələk fernöstlich
verrek fərräk verrenkt
verrigting (-e) fərəchtəng Leistung (Arbeit)
verroes (geroesde) fərruß rostig
verrot fərrot verfaulen
versadig (-de) fərßahdəch satt (Essen)
versamel fərßahməl sammeln
versameling (-s) fərßahmələng Sammlung
versekering fərßiəkərəng Versicherung
versekering (-s) fərßiəkərəng Versicherung
versend fərsent verschicken
versending fərßendəng Versand
versier fərßihr schmücken
versiering (-s) fərßihrəng Verzierung; Dekoration
versigtig (-e) fərßəchtəch vorsichtig
versigtigheid fərßəchtəchejt Vorsicht
verskeidenheid fərßkejdənhejt Sortiment; Auswahl
verskeie fərßkejə mehrere
verskeur fərßköər zerreißen
verskillend (-e) fərßkəllənt ungleich
verskoon fərskuən sich entschuldigen
verskriklik (-e) fərßkrəklək schrecklich; furchtbar
verskyn fərskejn erscheinen
verslaap fərßlahp verschlafen
verslag (-slae) vərßlach Bericht
verslag gee (gegee) fərßlach chiə berichten
verslaggewer (-s)/verslaggeefster (-s) fərßlachiəwər/fərßlachiəfßtər Reporter(in)
versmoor fərßmur ersticken
versoek fərßuk auffordern
versoek (-e) fərßuk Bitte
versoeking fərßukəng Versuchung
versorg fərßorch versorgen; pflegen
versorging fərßorchəng Versorgung; Pflege
versorging van die gesig fərßorchəng fan die chəßəch Gesichtspflege
versper (-de) fərßpär versperrt; sperren; zusperren
verspreek fərßpriək sich versprechen
versprei fərßprej (sich) verbreiten
verstaanbaar fərßtahnbahr verständlich
verstand fərßtant Verstand; Vernunft
verstandelik (-e) fərßtandələk geistig
verstandig (-e) fərßtandəch vernünftig; weise
verstel fərßtäl verstellen (Sitz)
verstelbaar fərßtälbahr verstellbar
versterk fərßtärk verstärken
verstik fərßtək ersticken
verstop fərßtop verstopft
verstopping fərßtoppəng Verstopfung
verstrooid (-e) fərßtroit zerstreut
vertaal fərtahl übersetzen (Sprache)
vertaler (-s)/vertaalster (-s) fərtahlər/fərtahlßtər Übersetzer(in)
verte fährtə Ferne
verteenwoordiger (-s) fərtiənwurdəchər Vertreter(in) (von Firmen)
verteenwoordiging fərtiənwurdəchəng Vertretung (von Firmen)
vertel fərtäll erzählen
vertikaal (-kale) wärtikahl vertikal
vertolk fərtolk dolmetschen
vertraging fərtrahchəng Vorzögerung
vertraging (-s) fərtrachəng Verspätung
vertrek fərträk Abfahrt/-reise; Ausreise; ab-/losfahren; auslaufen (Schiff)
vertrek (-ke) fərträk Raum (Zimmer); Lokal
vertrek tyd (tye) fərträk tejt Abfahrtszeit; Abflugszeit
vertrek van vliegtuig fərträk fan flichtöich Abflug
vertrou fərtrou Vertrauen
vertwyfel fərtwejfəl verzweifeln/verzweifelt
vervaardig fərfahrdəch herstellen
verval fərfall Zerfall; abgelaufen
vervals (-de) fərfalls gefälscht
vervalsing (-s) fərfallßəng Fälschung
vervang fərfang ersetzen
verveeldheid fərfiəlthejt Langeweile

V

vervelig (-e) fərfiələch öde; langweilig
vervoer fərfuhr Transport; transportieren
vervoermiddel (-s) fərfuhrməddəl Transportmittel
verwaarloos fərwahrluəß verwahrlost
verwag fərwach erwarten
verwant (met) fərwannt verwandt (mit)
verwar (-e) fərwarr verwirren; verwechseln (mit)
verward fərwart verwirrt
verwarm fərwarm heizen
verwarmer (-s) fərwarrəmər Heizkörper
verwarming fərwarməng Heizung
verwarrend (-e) fərwarrənt verwirrend
verwelk fərwälk verblühen
verwer (-s) färwər Maler (Anstreicher)
verwerp fərwärp ablehnen
verwerping fərwärpəng Ablehnung
verwesenlik fərwiəßənlək verwirklichen
verwoes fərwuß zerstören
verwoesting fərwußtəng Zerstörung
verwyder vərwejdər entfernen (med.)
verwys fərwejß überweisen (Arzt)
verwysing (-s) fərwejßəng Überweisung (Arzt); Verweis (auf)
verwyt (-e) fərwejt Vorwurf
veskillend (-e) fərßkəllənt verschieden
vesting (-s) feßtəng Festung ℹ *z. B. das berühmte "Kasteel" in Kapstadt*
vet fett fett; dick
vetrek saal (sale) fərträk ßahl Abflughalle
videokamera (-s) widioukamərа Videokamara
vier fihr vier
vier keer fihr kiər viermal
vier-by-vier (-s) fihr-bej-fihr Geländewagen
vier-rigting spanner fihr-rəchtəng ßpännər Kreuzschlüssel
vierduisend fihrdöißənt viertausend
vierhonderd fihrhondərt vierhundert
vierkant (-e) fihrkant Viereck; Quadrat
vierkante meter fihrkantə miətər Quadratmeter
vierkantig (-e) fihrkantəch viereckig; quadratisch
Viktoriaanse argitektuur wikturiahnßə architektühr Viktorianische Architektur
villa (-s) walla Villa
vind (ge-) fənt finden (Verlorenes/Meinung)
vinger (-s) fəngər Finger
vingernael (-s) fəngərnahl Fingernagel
vingerskorsie (-s) fəngərßkorßi Zucchini
vinne fənnə Flossen
vinnig (-e) fənnəch schnell
violet wiulet violett
viool (viole) fiuəl Geige
vir fər für
vir 'n slag fərə slach ausnahmsweise
vir my onthalwe far mej onthalwə meinetwegen
virus (-se) wirröß Virus
vis (-se) fəß Fisch
vissersboot (-bote) fəßərßbuət Fischerboot
vissery (-e) fəßərej Fischerei
visstok (-ke) fəßtock Angelrute
visum (-s) wisöm Visum
visvang (visge-) fəßfang angeln
vlag (vlae) flach Fahne; Flagge
vlak flack flach (nicht tief)
vlak (-ke) flack Fläche
vlakte (-s) flacktə Ebene
vlam (-me) flamm Flamme
vlei (ge-) flej schmeicheln
vleis flejß Fleisch
vleissop (-pe) flejssop (Fleisch-)Brühe
vlek (-ke) fläck Fleck
vlerk (-e) flärk Flügel
vlieënier (-s) fliənihr Pilot
vlieg (ge-) flich fliegen
vlieg (vlieë) flich Fliege
vliegprys (-e) flichprejß Flugpreis
vliegroete (-s) flichruttə Flugroute
vliegtoonbank (-e) vlichtuənbank Flugschalter
vliegtuig (-tuie) flichtöich Flugzeug
vliegtuigkaartjie (-s) flichtöichkahrki Flugticket
vloed (-e) flutt Flut (Wassermasse)
vloei (ge-) flui fließen
vloeibaar (-bare) fluibahr flüssig
vloeistof (-stowwe) fluißtoff Flüssigkeit
vloek (ge-) fluk schimpfen
vloekwoord (-e) flukwurt Schimpfwort
vlooi (-e) floi Floh
vlooimark (-te) floimark Flohmarkt
vlug (-te) flöch Flug

vlug (ge-) flöch flüchten; fliehen
vlugkelner (-s) flöchkälnər Steward
vlugteling (-e) flöchtələng Flüchtling
vlugtydtafel (-s) flöchtejttahfəl Flugplan
vlugwaardin (-ne) vlöchwahrdən Stewardeß
voeding fuddəng Ernährung
voedingsmiddel (-s) fuddəngßməddəl Nahrungsmittel
voedsel futtßəl Nahrung
voedselvergiftiging futtßəl-fərchəftəchəng Lebensmittelvergiftung
voedselvoorraad (-rade) futßəlfuraht Proviant
voël (-s) fuəl Vogel; Schwanz (Penis)
voel (ge-) full empfinden; fühlen
voer furr Futter
voer (ge-) furr füttern
Voertsek! futtßäck Verpiß dich!
voertuig lisensie fuhrtöich laßenßi Fahrzeugschein/-papiere
voet (-e) futt Fuß
voetganger (-s) futtchangər Fußgänger(in)
voetganger oorgang (-gange) futtchangər urchang Fußgängerübergang
voetpad (-paaie) futtpatt Gehweg
voetslaankaart (-e) futßlahnkahrt Wanderkarte
voetstuk (-ke) futßtök Sockel
vogroom fochruəm Feuchtigkeitscreme
vogtigheid fochtəchejt Feuchtigkeit
vokaal (vokale) wukahl Selbstlaut
vol foll voll
vol bespreek foll bəßpriək ausgebucht
vol prag en praal foll prach en prahl prunkvoll
vol vertroue foll fərtrouə zuversichtlich
volg (ge-) folch folgen
volgende folchəndə nächste (Reihenfolge)
volgens folchənß nach; laut; gemäß
volgens plan folchənß plann planmäßig
volgens tydtafel folchəns tejttafel fahrplanmäßig
volgorde folch-ordə Reihenfolge
volk (-e) folk Volk
volkoringbrood (-brode) folkurəngbruət Vollkornbrot
volksfees (-te) folkßfiəß Volksfest ⓘ*u. a. "Die Kaapse Klopse" der Kapmalaier, internat. Eisteddfod in Roodepoort*
volksklere folkßkliərə Tracht
volkslied folkßlitt Nationalhymne ⓘ*"Die Stem" und "Nkosi sikilele"*
volkspele folkßpiələ Volkstänze ⓘ*burische Gruppentänze zu Volksliedern*
volle losies follə lußiß Vollpension
volledig (-e) volliədəch vollständig; komplett
volmaak (-te) folmahk vollkommen; perfekt
volmaak (volge-) folmahk volltanken
volmaak asseblief folmahk assəblif Volltanken, bitte. ⓘ*keine Selbstbedienung an Tankstellen*
volmaan folmahn Vollmond
volmag folmach Vollmacht
volnarkose folnarkuəßə Vollnarkose
volop follop üppig
volstop (volge-) folßtop stopfen (Loch/Maul)
volstruis (-e) folßtröiß Strauß (Vogel)
volstruisplaas (-plase) folßtröißplahß Straußenfarm
voltooi foltoi ergänzen; vervollständigen; vollenden
volume (-s) wolümə Volumen
volvloermatte folfluhrmattə Teppichboden
volwasse folwassə reif (älter)
vonkelwyn fonkəlwejn Sekt
vonkprop (-pe) fonkprop Zündkerze
vonkpropspanner fonkpropßpännər Zündschlüssel
voor fuər vor; bevor; vorn(e)
voorbeeld (-e) fuərbiəlt Beispiel; Vorbild (Person); Muster
voorbehoedmiddel (-s) fuərbəhutməddəlß Präservativ
voorberei fuərbərej (sich) vorbereiten (auf); zubereiten
voorbereiding (-s) fuərbərejdəng Vorbereitung; Zubereitung
voordat fuərdat ehe
voordeel (-dele) fuərdiəl Vorteil
voordelig (-e) fuərdiələch günstig
voordrag (-te) fuərdrach Vortrag
voorgereg (-te) fuərchəräch Vorspeise
voorgrond fuərchront Vordergrund
voorkant fuərkannt Vorderseite
voorkom fuərkom vermeiden
voorkoming fuərkuəməng Verhütung

V

voorkop fuərkop Stirn
voorlees (voorge-) fuərliəß vorlesen
voorlesing (-s) fuərliəßəng Vorlesung
voorlesingsaal (-sale) fuərliəßəngßahl Hörsaal
voorliefde fuərlifdə Vorliebe
voormiddag fuərməddach Vormittag
voornaam fuərnahm Vorname
voornaamwoord (-e) fuərnahmwuərt Fürwort
vooroordeel fuərurdiəl Vorurteil
voorportaal (-tale) fuərportahl Foyer
voorraad (-rade) fuəraht Vorrat
voorreg (-te) fuəräch Privileg
voorsien met fuərßin met liefern; versorgen mit
voorsitter (-s)/voorsitster (-s) fuərßəttər/furßitßtər Vorsitzende
voorskoot (-skote) fuərßkuət Schürze
voorskrif (-te) fuərßkrəf Vorschrift; Rezept (Apotheke)
voorskryf (voorge-) fuərßkrejf etwas verschreiben (med.)
voorsorgmaatreëls fuərßorchmahtriəlß Vorsichtsmaßnahmen
voorstad (-stede) fuərßtatt Vorort
voorstedelike sneltrein fuərßtiədələkə ßnältrejn S-Bahn
voorstel (-le) fuərßtäl Vorschlag
voorstel (voorge-) fuərßtäl (sich) vorstellen
voorstelling fuərßtälləng Vorstellung (Person)
voortplant (voortge-) fuərtplannt (er)zeugen (Kinder); sich fortpflanzen
voortplanting fuərtplanntəng Fortpflanzung
voortsetting fuərtßettəng Fortsetzung
vooruitgang fuəröitchang Fortschritt
vooruitsig (-te) fuəröitßəch (Zukunfts-)Aussicht
voorval (-le) fuərfall Zwischenfall
voorvoegsel (-s) fuərfuchßəl Vorsilbe
voorwaarde (-s) fuərwahrdə Bedingung
voorwaarts fuərwahrtß vorwärts
voorwerp (-e) fuərwärp Gegenstand
vorbalkon (-ne) fuərbalkonn Balkon (Theater)
vorm (-s) form Form; Formular
vorm (ge-) form bilden
vormloos (-lose) formluəß formlos
vors/vorstin forß/forßtən Fürst(in)
vou (-e) fou Falte (Kleidung)
vou (ge-) fou falten
vra frah bitten (betonend)
vra (ge-) frah fragen; (um etwas) bitten
vraag (vrae) frahch Frage
vraelys (-te) fraəlejß Fragebogen
vrag (-te) frach Fracht; Ladung
vragmotor (-s) frachmuətər Lastwagen
vrede friədə Frieden
vreedsaam (-same) friətßahm friedlich
vreemd (-e) friəmt fremd
vreemdeling (-e) friəmdələng Fremde
vreet (ge-) friət fressen
vreugde fröəchdə Freude
vriend (-e)/vriendin (-ne) frint/frindən Freund(in)
vriendekring (-e) frindəkrəng Freundeskreis
vriendelik (-e) frindələk freundlich
vries (ge-) friß frieren
vries (gevries), dit ... dət friß es gefriert
vroeg (vroeë) fruch früh
vroeg opstaan fruch opßtahn früh aufstehen
vroër fruər früher
vroër maak (ge-) frur mahk vorziehen (Termin)
vrolik (-e) fruələk fröhlich
vroom fruəm fromm
vrot frot faul; verfault (Obst)
vrou (-ens) frou Frau
vroueklere frouəkliərə Damenbekleidung
vroulik (-e) froulək weiblich
vroulike skaamdeel froulәkə ßkahmdiəl Scheide
vrug (-te) fröch Frucht
vrugte fröchtə Obst
vrugtebak (-ke) fröchtəbak Obstschale
vrugteboom (-bome) fröchtəbuəm Obstbaum
vrugtekoek (-e) fröchtəkuk Obstkuchen
vrugtesap (-pe) fröchtəßap Obstsaft
vry frej frei; schmusen
vry-skut frej-ßkött freiberuflich
Vrydag frejdach Freitag
vrye tyd frejə tejt Freizeit
vryf (ge-) frejf (die Hände) reiben
vrygeeflik (-e) frejchiəflək großzügig
vryheid frejhejt Freiheit
Vrystaat frejßtaht Freistaat

vrywillig (-e) frejwəlləch freiwillig
vrywillige bystandswerker (-s) frejwəlləchə bejßtantswärkər Entwicklungshelfer(in)
vuil föil schmutzig; dreckig
vuilgoed föilchut Schmutz; Dreck
vuis (-te) föiß Faust
vul (ge-) föll füllen (mit)
vulkaan (-kane) fölkahn Vulkan
vulling völləng Füllung
vullis fölləß Müll
vulpenhouer (-s) föllpenhouər Füllfederhalter
vulstasie (-s) föllßtahßi Tankstelle ℹ *Heißt auch "petrolstasie", die meisten haben 24 Stunden geöffnet.*
vurk (-e) förk Gabel
vuur (vure) führ Feuer
vuurhoutjie (-s) führhouki Streichholz
vuurpyl (-e) führpejl Rakete
vuurtoring (-s) führtuərəng Leuchtturm
vuurwapen (-s) führwahpən Schußwaffe
vy (-e) fej Feige
vyand (-e) fejant Feind
vyandskap fejantßkapp Feindschaft
vyf fejf fünf
vyfduisend fejfdöißənt fünftausend
vyfhonderd fejfhondərt fünfhundert
vyfkeer fejfkiər fünfmal
vyftien fejftin fünfzehn
vyftig fejftəch fünfzig
waag (ge-) wahch wagen; (sich) trauen
waaierband (-e) waaiərbannt Keilriemen ℹ *eigentlich besser bekannt als "fan belt"*
waar wahr wahr
waar? wahr wo?
waarborg (-e) wahrborch Garantie
waarborg (ge-) wahrborch garantieren
waard (-e)/waardin (-ne) wahrt/wahrdən Wirt(in)
waarde (-s) wahrdə Wert; Valuta
waardeloos (-lose) wahrdəluəß wertlos
waardevol (-le) wahrdəfol wertvoll
waardevolle goed wahrdəfollə chutt Wertsachen
waardig (-e) wahrdəch würdig
waardigheid wahrdəchejt Würde
waarheen? wahrhiən wohin?
waarheid (-hede) wahrejt Wahrheit
waarku teen (gewaarsku) wahrßkü tiən warnen (vor)
waarneem (waarge-) wahrniəm beobachten
waarom? wahrom warum?
waarskuwing (-s) wahrßküwwəng Warnung
waarskuwingsdriehoek vir die pad wahrßküwəngßdrihuk fər di patt Warndreieck
waarskynlik (-e) wahrßkejnlək wahrscheinlich
waarvandaan? wahrfandahn woher?
Waarvandaan kom jy? wahrfandahn kom jej Woher kommst du?
wag vir (ge-) wach fər warten (auf)
waggelend (-e) wachələnt wackelig
wagkamer (-s) wachkamər Wartezimmer; -saal; -halle
wagpos (-te) wachpoß Posten (militärisch)
wakker wackər wach
wakker maak (ge-) wackər mahk wecken
wakker word (ge-) wackər wort aufwachen
walg (ge-) walch sich ekeln
walglik (-e) walchlək ekelhaft
wandeling wandələng Spaziergang
wandellaan (-lane) wandəllahn Fußgängerzone
wang (-e) wang Wange
wangpoeier wangpuiər Rouge
wanhoop wannhuəp Verzweiflung
wanhopig (-e) wannhuəpəch verzweifeln/verzweifelt
wanneer wanniər wenn (zeitlich)
wanneer? wanniər wann?
wanorde wann-ordə Unordnung
want want denn
wantroue wanntrouə Mißtrauen
wapen wahpən Wappen (Familie/Dorf)
wapen (-s) wahpən Watte
ware wahrə Artikel (Ware)
warm warrəm warm; heiß
warm hou (ge-) warrəm hou warmhalten
warm maak (ge-) warrəm mahk aufwärmen; erwärmen
warm word (ge-) warrəm wort sich erwärmen
warmte warrəmtə Wärme
was wass Wachs
was (ge-) wass (sich) waschen
wasbak (-ke) wassbak Waschbecken; Spülbecken

wasgoed wasschutt Wäsche
wasgoeddroër (-s) wasschuttdruər Wäschetrockner
wasgoedpoeier wasschutpuiər Waschpulver
waskamers wasskamərß Waschräume
waslap (-pe) wasslap Waschlappen
wasmasjien (-e) wassmaschin Waschmaschine
wat? watt was?
Wat is jou naam? watt əß jou nahm Wie heißt du?
water wahtər Wasser ℹ *Das Leitungswasser ist gereinigtes Regenwasser.*
water nagaan wahtər nahchahn Wasserstand prüfen
waterblommetjiebredie wahtərblommikibriədi Gericht aus Seerosenstielen
waterbottel (-s) wahtərbottəl Wasserflasche
waterdig wahtərdəch wasserdicht
Waterfront wahtərfronnt Vergnügungszentrum in Kapstadt (Hafen)
waterkan (-ne) wahtərkann Wasserkanister
waterkraan (-krane) wahtərkrahn Wasserhahn
watermeter (-s) wahtərmiətər Wasserzähler
waterplek (-ke) wahtərpläk Wasserstelle
waterpyp (-e) wahtərpejp Wasserleitung
waters wahtərs Gewässer
waterski wahtərßki Wasserski
watersport wahtərßport Wassersport
watertenk (-s) wahtərtenk Wasserbehälter
waterval (-le) wahtərfall Wasserfall
watse? watßə was für ein(e)?
watte wattə Watte
watter? wattər welche(r, -s)?
wattestokkies wattəßtokiß Wattestäbchen
wed (ge-) wett wetten; tippen (Pferderennen/Toto)
weddenskap (-pe) weddənßkap Wette
wedstryd (-e) wettßtrejt Wettkampf
weduwee (-s) wiədüwiə Witwe
weeg (ge-) wiəch wiegen (Waage)
weegskaal (-skale) wiəchßkahl Waage
week (weke) wiək Woche
weeklikse (-e) wiəkləkß wöchentlich
weeksdag (-dae) wiəkßdach Wochentag
weelde wiəldə Luxus
weeldering wiəlderəch luxuriös
weens wiənß wegen
weer wiər wieder; Wetter
weerberig wiərbərəch Wetterbericht
weerhou wiərhou sich enthalten
weermag wiərmach Streitkräfte
weerspreking wiərßpriəkəng Widerspruch
weerstaan wiərßtahn widerstehen
weerstand wiərßtannt Widerstand
weerstandskrag (-te) wiərßtanntskrach Abwehrkräfte
weervoorspelling wiərfurßpälləng Wettervorhersage
wees (ge-) wiəß sein (Verb)
weeskind (-ers) wiəßkənt Waise
weet (ge-) wiət wissen
weg (weë) wäch Weg; weg; fort
wegbring (wegge-) wächbrəng wegbringen
wegdoen met (weggedoen) wächdun met entsorgen
wegdrywe (weggedryf) wächdrejwə abtreiben (Schiff)
weggaan (wegge-) wächahn verreisen
weggooi (wegge-) wächoi wegwerfen
weghardloop (wegge-) wächhartluəp weglaufen
wegkruip (wegge-) wächkröip (sich) verstecken
wegneemete (-s) wächniəm-iətə Schnellimbiß
wegry (wegge-)/weggaan (wegge-) wächrej/wächahn wegfahren; weggehen
wegsleep (wegge-) wächßliəp abschleppen
wegsleepwa (-ens) wächßliəpwa Abschleppwagen
wegspring (wegge-) wächßprəng starten
wegstuur (wegge-) wächßtür absenden
wegvat (wegge-) wächfatt wegnehmen
wegvlieg (wegge-) wächflich abfliegen
weier (ge-) wejər sich weigern; verweigern
weiveld (-e) wejfält Wiese
wekker (-s) wäckər Wecker
welgesteld (-e) wälchəßtält wohlhabend
welig (-e) wiələch (Vegetation) üppig
weliswaar wiələßwahr zwar
welkom wälkomm willkommen
welkom heet (ge-) wälkomm hiət willkommen
wen (ge-) wenn gewinnen

wend (ge-) wennt sich an jemanden wenden
wenk (-e) wenk Hinweis; Wink
wens (-e) wenß Wunsch
wens (ge-) wenß (sich) wünschen
wêreld wärəlt Welt
wêrelddeel (-dele) wärəldiəl Erdteil
wêreldkampioenskap (-pe) wärəltkampiunßkap Weltmeisterschaft
wêreldrekord wärəltrekort Weltrekord
werk (-e) wärk Arbeit; Beschäftigung; Tätigkeit
werk (ge-) wärk arbeiten; wirken; funktionieren
werkend (-e) wärkənt berufstätig
werker (-s)/werkster (-s) wärker/wärkßtər Arbeiter(in)
werkgewer (-s) wärkchiəwər Arbeitgeber
werklik (-e) wärklək wirklich; tatsächlich
werklikheid (-hede) wärkləkhejt Wirklichkeit
werkloos (-lose) wärkluəß arbeitslos
werkloosheid wärkluəßhejt Arbeitslosigkeit ℹ *zur Zeit bei über 50% in Südafrika*
werknemer (-s) wärkniəmər Arbeitnehmer(in); Angestellte(r)
werkplek (-ke) wärkpläck Arbeitsplatz (Ort)
werksaam wees wärkßahm wiəß (sich) betätigen
werksdag (-dae) wärkßdach Werktag
werksondervinding wärksondərvəndəng Berufserfahrung
werkspermit (-te) wärkspərmət Arbeitserlaubnis
werktuigkundige (-s) wärktöichköndəchə Mechaniker(in)
werktyd (-tye) wärktejt Arbeitszeit
werkwinkel (-s) wärkwənkəl Werkstatt
werkwoord (-e) wärkwurt Zeitwort
werpsel (-s) wärpßəl Wurf (Tiere)
werwel (-s) wärwəl Wirbel (anat.)
werwelkolom wärwəlkulom Wirbelsäule
wes weß West(en)
Wes-Kaap weßkahp Westkap
wese (-ns) wiəßə Wesen
wesenlik (-e) wiəßənlək wesentlich
Weskus weßköß Westküste ℹ *von Kapstadt bis Namibia*
westelik (-e) weßtələk westlich
wet (-te) wett Gesetz
wetenskaplik (-e) wiətənßkaplək wissenschaftlich
wetenskaplike (-s) wiətənßkapləkə Wissenschaftler(in)
wettig (-e) wettəch rechtlich
wettiglik (-e) wettəchlək gesetzlich
wewenaar (-s) wiəwənahr Witwer
whisky whəßki Whisky
wie? wi wer?
wie se? wi ßə wessen?
wieg (ge-) wich wiegen; schaukeln
wiel (-e) wihl Rad
wil wəll wollen
wil wəll Wille
wild wəlt Wild
wild (-e) wəlt wild
Wildekus wəldəköß "Wild Coast"
wildplaas (-plase) wəltplahß Wild-Farm
wildsvleis wəltßflejß Wild(bret)
wildtuin (-e) wəltöin Wildpark ℹ *Der bekannteste ist der Krüger National Park, aber auch viele Private bieten Safaris an.*
willekeurigheid wəlləköərəchejt Willkür
wind (-e) wənt Wind
winde wəndə Blähungen
winderig (-e) wəndərəch windig
windgat (-te) wəntchat Luftikus
windmeul (-ens) wəntmöəl Windmühle
windskerm (-s) wəntßkärrəm Windschutzscheibe
wingerd (-e) wəngərt Weinberg
wink (ge-) wənk winken
winkel (-s) wənkəl Laden
winkel vir skryfbehoeftes wənkəl fər ßkrejfbəhuftəß Schreibwarengeschäft ℹ *Das bekannteste ist CNA, dort sind auch Telefonkarten erhältlich.*
winkelier (-s) wənkəlihr Ladenbesitzer(in)
winkelsentrum (-s) wənkəlßentröm Einkaufszentrum
winkelvenster (-s) wənkəlfenßtər Schaufenster
wins (-te) wəns Gewinn
winskopie wənßkuəpi Schnäppchen
winter wəntər Winter ℹ *niedrige Temperaturen im größten Teil des Landes von Juni bis September*

W

wintersport wəntərßport Wintersport
wiskunde wəßköndə Mathematik
wissel (ge-) wəssəl wechseln; umtauschen (Geld)
wisselaar (-s) wəssəlahr Autobahnkreuz/-dreieck
wisselkoers wəssəlkurrß Wechselkurs
wisselstroom wəssəlßtruəm Wechselstrom
wit wət weiß
wit wyn wət wejn Weißwein
wit-en-swart wət-en-ßwart schwarz-weiß
witblits wətblətß Schnaps
wittebrood wəttəbruət Hochzeitsreise; Flitterwochen
Witwatersrand wətwahtərßrannt Anhöhe auf der Johannesburg gebaut ist
wodka wottka Wodka
woede wuddə Wut
woedend (-e) wuddənt wütend
Woensdag wunßdach Mittwoch
woestyn (-e) wußtejn Wüste ℹ *z. B. die Kalahari Sandwüste mit dem Kalahari Gemsbok Nationalpark*
wol woll Wolle
wolk (-e) wolk Wolke
wolkekrabber (-s) wolkəkrabbər Wolkenkratzer
wolkloos (-lose) wolkluəß wolkenlos
wond (-e) wonnt Wunde
wond (ge-) wont verwunden
wonder (ge-) wondər sich wundern (über)
wonderlik (-e) wondərlək wunderbar; toll; großartig
woon (ge-) wuən wohnen
woonbuurt (-e) wuənbührt Wohnviertel
woonstel (-le) wuənßtäl Wohnung
woonstelblok (-ke) wuənßtälblock Häuserblock
woonwa (-ens) wuənwa Wohnwagen
woord (-e) wurt Wort
woordeboek (-e) wuərdəbuk Wörterbuch
woordeskat wurdəßkat Wortschatz
word (ge-) wort werden
word genoem wort chənum heißen
wors worß Wurst
wortel (-s) wortəl Wurzel
woud (-e) wout Wald

wraak wrahk Rache
wrak (-ke) wrack Wrack
wreed (wrede) wriət grausam
wyd (wye) wejt weit
wyer maak (ge-) wejər mahk erweitern; weiter machen
wyn wejn Wein ℹ *Südafrika ist weltbekannt für seine guten Weine.*
wynbou wejnbou Weinanbau
Wyntoer (-e) wejntuhr Weinprobe
wys (ge-) wejß zeigen
wysbegeerte wejßbəchiərtə Philosophie
X-straalfoto ('s) ekß-ßtrahlfuətu Röntgenaufnahme
X-strale ekß-ßtrahlə röntgen
Xhosa (-s) kohsa Xhosa
ydel ejdəl eitel
ys ejß Eis (Winter)
ysig (-e) ejßəch eisig
yskas (-te) ejßkas Kühlschrank
yster ejßtər Eisen
ywer ejwər Fleiß
ZA sett-ah internationales Kennzeichen für Südafrika
zip səp Reißverschluß
Zoeloe (-s) sulu Zulu
Zoeloeland sululannt Zululand
zoem (ge-) summ summen (Insekten)

XY
Z